目　　录

明 宪 宗 传

方志远 著

人 民 出 版 社

第一章　皇位继承

一、初为太子

农历八月十五日,是中国传统的中秋节。这是一个喜庆的日子,民间素有拜月、赏月、吃月饼的习俗,以应合家团圆之意。

但明正统十四年(1449)的八月十五日,夜幕笼罩着的北京城却显得异常冷清。正统皇帝朱祁镇亲自统率几十万大军抗击蒙古人的内犯,从上月十六日离开京师,至今已是整整一个月。但传入京师的,却尽是揪人心肺的噩讯:

大军离开北京的第二天晚上,驻跸龙虎台,不知从哪个营房传出蒙古人袭营的警报,顿时引起全军的混乱。折腾了一夜,才知道是场虚惊,尚未见敌,锐气已尽。

刚出居庸关,便遇上连日大雨,道路泥泞,伍不成列,军纪荡然。

七月底,大军来到大同以东的阳和卫,西宁侯宋瑛、武进伯朱冕的部队半月前曾在此与蒙古人遭遇,全军覆没。至今仍是伏尸蔽野,众心为寒。

八月初,军至大同,雨下得更大了。盛传蒙古人兵锋甚锐,当者披靡,于是掉头而东,仓皇班师。①

---

① 《明英宗实录》卷一八〇。

白天刚刚接到邸报，两天前，即八月十三日，恭顺侯吴克忠、都督吴克勤的后卫部队在宣府东南遭到蒙古人的袭击，双双战死；成国公朱勇、永顺伯薛绶率领的四万增援骑兵，也在鹞儿岭遇伏，全军覆没。整个北京城顿时陷于一片惊恐不祥的气氛之中，宫中八月十五观赏海棠、玉簪花的礼仪也无人顾得上了。①

但是，京城内的后宫嫔妃、文臣武将、庶民百姓却万万没有想到，比他们的预感更为惨痛的悲剧在白天已经发生。几十万北伐大军打"胡"不成反被"胡"打，在土木堡（今河北怀来县城南）溃败，皇帝朱祁镇成了蒙古人的俘虏。这就是历史上被称为"土木之变"的事件。②

当时的蒙古分为鞑靼、瓦剌、兀良哈三部，以瓦剌势力最大，在太师也先的统领下，连年内犯。但其目的，也不过是掠夺子女玉帛，并无重新问鼎中原、恢复大元帝业的奢望。

朱祁镇这年虽然才二十三岁，但做皇帝已有十五个年头，只是不论治国安邦的才干，还是抗御外侮的谋略，均不见有何长进。当他在老师、司礼监太监王振的鼓动下，憧憬着效法太祖太宗为大明帝国立不世之功而御驾亲征之时，也着实自我陶醉了一阵子。一旦沦为臣虏，那龙子龙孙自命不凡的气势本该烟消云散，但凑巧的是，虽然几十万军队死伤狼藉，数百名随行官员命丧荒野，朱祁镇单人匹马，却没有受到任何伤害。

只此一端，即使心灰意懒的朱祁镇重又有了一些信心，更使瓦剌人惊异万分。也先之弟伯颜帖木儿就告诫众人："两军相斗，枕藉死者以数十万计，今以万乘之军蹈不测之地，而镞矢不沾，寸兵

① 刘若愚：《酌中志》卷二〇《饮食好尚》。
② 谷应泰：《明史纪事本末》卷三二《土木之变》，载《明英宗实录》卷一八一。

不及,知天意固有在也!"就是也先本人,对于朱祁镇能在千军万马之中安然无恙也甚是吃惊,但他并不像兄弟那样诚惶诚恐,而是立即意识到奇货可居。于是,朱祁镇成了蒙古人向明朝廷进行要挟与敲诈的砝码。

土木堡距京师北京不过一百多里,事件发生后的当天深夜,就开始有败兵陆续逃回,但谁也弄不清楚整个战场的真实情况,更不知朱祁镇的下落。朱祁镇"陷虏"的消息是在第二天即八月十六日深夜由怀来守将的报使带到北京的,报给了朱祁镇的生母、皇太后孙氏和同父异母兄弟、留守北京的郕王朱祁钰,宫内顿时一片慌乱。消息又不胫而走,一夜之间传遍了北京城。

天不亮,在京的官员们便不约而同地会聚到皇城午门之外,商议对策。

当时北京城内羸马疲卒不足十万,人心惶惶。翰林院侍讲徐理善观天象,根据他对星象的观察,明朝天命已去,唯有南迁方可纾难。此言一出,立时便有附和响应者。

所幸的是,朱祁镇出征时虽然带走了京营主力,却将一些有威望、有主见的大臣留在北京。礼部尚书胡濙是永乐、洪熙、宣德、正统四朝元老,任礼部尚书也有二十多年。按当时的制度,廷议例由礼部主持。徐理南迁之议首先遭到胡濙的反对:"文皇(即成祖)定陵寝于此,示子孙以不拔之计。"兵部侍郎于谦则声色俱厉叱道:"欲迁者可斩!为今之计,速召天下勤王兵以死守之。"胡濙、于谦的意见立即得到大学士陈循、吏部尚书王直及司礼监太监兴安、金英的支持。这些都是实权派人物,他们一表态,外廷便稳住了。但宫中孙太后仍是疑惑不定,多亏太监李永昌反复开导:"陵庙宫阙在兹,仓廪府库百官万姓在兹,一或播迁,大事去矣,独不鉴南宋乎?"孙太后这才勉强定下了心。①

既然排除了迁都的意见,就得认真考虑如何对付瓦剌的进攻和也先的要挟。为此,孙太后于八月十八日命郕王祁钰监国:"迩者虏寇犯边,皇帝率六军亲征,已尝敕尔朝百官。今尚未班师,国家庶务,不可久旷,特命尔暂总百官、理其事。尔尚夙夜祗勤,以率中外。"又命文武群臣,凡合行大小事务,均听郕王发落。②

这一举措,使浮动的人心趋于安稳,故而得到朝野上下的拥戴。谁知仅隔一日,司礼太监金英就传出一条令举朝文武瞠目结舌的"皇太后圣旨"。这道"圣旨"说将立皇帝的庶长子朱见深为皇太子,让有关衙门拟定合行事宜,择日具仪以闻。礼部有关册封皇太子仪式的意见尚未提出,太后的正式诏令就出来了:

> 迩因虏寇犯边,毒害生灵。皇帝恐祸连宗社,不得已躬率六师,往正其罪,不意权留虏庭。尚念臣民,不可无主,兹于皇庶子三人之中,选其贤而长者曰见深,正位东宫。仍命郕王为辅,代总国政。③

这位被立为皇太子的朱见深,就是后来庙号为宪宗的成化皇帝。但此时,却是个不满两周岁的娃娃。

朱祁镇当时有三位皇子,均为庶出。长子见深,生于正统十二年(1447)十一月二日,这时仅一岁零十个月;次子见清(后改名见潾)生于正统十三年四月五日,时为一岁零四个月;三子见湜,生于正统十四年七月十八日,刚刚一个月大。④ 见深虽为长子,但贤

---

① 《明英宗实录》卷一八一,正统十四年八月癸亥。参见陆容:《菽园杂记》卷一;《明史》卷一七〇、卷一七一。

② 《明英宗实录》卷一八一,正统十四年八月乙丑。

③ 《明英宗实录》卷一八一,正统十四年八月己巳。

④ 王世贞:《弇山堂别集》卷三三《亲王》。

与不贤,实在难以预言。国人有"三岁看大,七岁看老"之说,小孩有无出息,至少得到三岁以后才能看出。当然,见深虽然只有一岁零十个月,但按中国的传统计岁法,出生已有三个年头,故也可将就称作三岁。况且,据称生时"红光满室",是明朝十七位皇帝中第二位有此异征者。①

不过,朱见深能立为太子,既不是"贤且长",也不是"红光满室",完全是因为太后孙氏的个人打算。

孙氏是宣宗朱瞻基的继配。其父名忠,世代务农,其母生孙氏时,尚在田头劳动,故史称"生后塍间"。据称当时有群鸦数万,绕而聒噪,自然也是异兆。后来,孙忠用钱买了个吏员资格,补鸿胪序班,出任永城县主簿。这孙氏从小容貌姣美,不到十岁,已成当地著名的美人。宣宗的母亲仁宗张皇后也是永城人,张皇后之母彭城夫人每次进京,总要夸赞孙氏聪明美貌。经张皇后同意,彭城夫人将年仅十岁的孙氏带进了皇宫,顿时博得后宫嫔妃的齐声赞誉,连明成祖朱棣对其也刮目相看,命儿媳、当时还是太子妃的张皇后善为抚养调教,已有让其侍奉皇太孙朱瞻基之意。

但是,永乐十五年(1417)为朱瞻基选妃时,据钦天监官所奏,星气在奎娄之间,当自济河求佳女,于是选中了百户胡荣的第三个女儿胡善祥。成祖见胡氏贞静端淑,遂册为太孙妃。而在宫中已有七年、自以为非己莫属的孙氏只得为太孙嫔。

名分既定,仁宗继位后,朱瞻基为皇太子,胡氏便为皇太子妃;至瞻基继位,胡氏也顺理成章被立为皇后,孙氏为贵妃。但是,朱瞻基所属意的,并非皇后胡氏,而是天姿国色又善解人意的贵妃孙

---

① 《明宪宗实录:》卷一。头一位是成祖朱棣,见《罪惟录》帝纪卷三《太宗文皇帝纪》。

5

氏。为此,他经常和母亲张氏闹别扭。

孙氏美固然美,却未必贤。由于从小被人娇宠纵容,孙氏养成了不甘屈居人下的性格。自进宫之日起,她便在朱瞻基身上下了功夫,苦于先有成祖做主,后有张皇后力持,胡氏始终压自己一头。寻找机会将胡氏压下去,自己做皇后,便成了孙氏处心积虑之事。既然蓄意寻找机会,机会总会是有的,即使一时没有机会,也可以制造机会。

宣宗从小身体强健,勤习武艺,并随成祖北征蒙古,历经战阵,只是风流倜傥,喜欢拈花惹草。《罪惟录》说他"颇事游幸,亦间微行"。尽管措辞很有分寸,却也透露了宣宗的脾性,或许因此掏空了身子,在生育问题上似乎并不在行。他二十八岁继位,正值盛年。在位十年,有名分的妃嫔达十五人,即皇后胡氏、孙氏、惠妃赵氏、吴氏,敬妃曹氏,贤妃吴氏、赵氏,顺妃徐氏,贵妃何氏,恭妃诸氏、李氏,淑妃焦氏、刘氏,成妃何氏,此外还有无名分的秀女、才女,但这些女人只给他生了两儿两女。胡后从永乐十五年册被封为皇太孙妃,至宣德三年,十年之中并无生育,于是成了宣帝废后的借口。

经过与英国公张辅、吏部尚书蹇义、户部尚书夏原吉和内阁大学士杨士奇、杨荣等人的多次密议,宣宗采纳了杨士奇的建议,让胡后主动上表辞位,以保全面子。

宣德三年(1428)三月,根据胡后自己的"请求",废其皇后之号,赐号"静慈仙师",同时册孙妃为皇后。理由是,胡氏多病,不能生育,孙氏则为宣宗生了"皇长子"。皇长子出生后的第八十四天,即被立为皇太子。这皇太子便是后来的明英宗朱祁镇。①

---

① 按:朱祁镇生于宣德二年十一月十一日,宣德三年二月六日立为皇太子。

宣宗的第二个儿子，即英宗唯一的兄弟，便是郕王朱祁钰，生于宣德三年八月初三，比祁镇小九个月，生母是贤妃吴氏。

工于心计的孙氏既因子贵名正言顺做了皇后，继而为皇太后，自然深知名分的重要。如今，儿子祁镇被蒙古人所掳，生死难测，而吴氏之子祁钰成了监国。一旦祁镇有意外，祁钰兄终弟及做了皇帝，那太后岂不是吴氏？自己一生视名利为性命，先前已为胡氏压了十年，又岂能让名分一直比自己低的吴氏压过一头？

孙太后在命郕王为监国后的第四天，便唯恐不及地立祁镇不到两周岁的儿子为皇太子，便是出于这番考虑。见深既为太子，那么即使祁镇死于蒙古，继承皇位的也不应是吴氏之子祁钰，而是祁镇之子、她孙氏的长孙见深。

由于孙氏的精于算计，便使全然不谙世事的见深成了皇位的法定继承人。虽说是国危立长君，但周武王死后，成王幼年继位，叔父周公、召公辅政，已有先例。在孙太后看来，内外臣子对于她的这一安排是提不出异议的。

二、景帝易储

出乎孙太后的意料之外，正统十四年八月二十八日，即见深被立为皇太子以后的第六天，在京文武百官就联名给她上了一份奏疏，奏疏的要害是这样几句话："圣驾北狩，皇太子幼冲，国势危殆，人心汹涌。古云：'国有长君，社稷之福。'请定大计，以奠宗社。"①

这份奏疏在孙太后看来，很是突然。见深为太子，祁钰总国政，一切均安排得妥妥帖帖，怎说"国势危殆，人心汹涌"？难道非

---

① 《明英宗实录》卷一八一，正统十四年八月丙子。

要重新立个皇帝,国势才不危殆,人心才不汹涌? 但这份奏疏显然是经过充分酝酿才递上来的。根据明朝的制度,皇后出于寒微之家,外戚一般不得参与朝政。任孙太后有百般机变,面对群臣的联合行动,也是孤掌难鸣,只得作出让步。

其实,即使孙太后不让步,也难以阻止郕王的面南称尊。南京翰林院侍讲学士周叙在给郕王的奏疏中声言:"昔周公辅成王,当承平之日;今殿下辅皇太子,于有事之秋,视周公之时又甚艰大。虽曰日望圣驾早还,以慰臣民之思,然虏情叵测,时月悠迈,天下之大,苍生之众,易以摇惑,殿下得不于此深谋远虑之乎?"①这份劝进书,既代表了外廷的普遍看法,也破除了孙太后关于成王继位、周公辅政的理论依据。但也玩了一个小小的花样:土木之变后固然是有事之秋,但当年成王继位时又岂是承平之时? 只是弄起文墨来,鸿胪寺序班的女儿却不是翰林学士们的对手。

郕王朱祁钰经过"退让再三",接受了群臣的劝进,于九月六日即皇帝位,这就是代宗景泰皇帝。祁钰即位的同时,遥尊仍在蒙古人手里的兄长祁镇为太上皇。于是形成了一个在中国历史上绝无仅有的非常滑稽的三角关系:皇帝的哥哥是太上皇,太上皇的儿子却是皇太子,皇太子的叔父则是皇帝。

根据传统习惯,皇帝的父亲才称"太上皇",如汉高祖刘邦尊其父刘太公为太上皇;唐高祖李渊、睿宗李旦、宋高宗赵构、清高宗弘历传位给儿子,被尊为太上皇。另外,安史之乱时唐肃宗李亨尊逃亡在四川的父亲玄宗为太上皇,靖康之变后宋高宗尊被女真人掳往五国城的父亲徽宗为太上皇,还有隋末李渊奉隋炀帝之孙杨侑为帝,并以杨侑的名义尊炀帝为太上皇。但从未有过以弟尊兄

---

① 《明英宗实录》卷一八二,正统十四年九月壬午。

为太上皇者。祁钰和他的谋士实际上是故意犯了一个程序上的错误,他们本来应先将皇太子朱见深扶立为帝,以新君的名义尊其父正统帝为太上皇。但是,如果扶立太子后再将其废去,更难向天下交代。于是干脆省掉这一环节,由郕王直接即位。虽然在名分上亏了一辈,也顾不了许多。

祁钰即位时照例发了一个冠冕堂皇的诏书,强调了形势的紧迫及皇太后的旨意,并加入了明英宗让人带回口信的情节。《明实录》所载的即位诏书没有提到口宣英宗诏旨"使自虏中还者"的姓名。《御批历代通鉴辑览》则说:"都指挥岳谦使卫特拉(瓦剌)还,口传帝旨,以王长且贤,令继统以奉祭祀。"口传诏旨的是岳谦。按岳谦本为锦衣卫指挥同知,随英宗朱祁镇北征,因通蒙古语,兼为通事。祁镇被俘后,经也先授意,派岳谦与太监喜宁至京师征金银彩币,九月四日即祁钰即位的前两天升为都指挥佥事,或许是"口宣诏旨"有功之故。

清乾隆帝对岳谦口传诏旨,祁钰承继大统之事颇有看法。他认为,祁镇"仓猝陷敌,正臣子枕戈誓志之时。郕王以介弟之亲,谊均休戚,尤宜与廷臣协力同心,筹良策以还车驾,方为无忝大义。况既奉命监国,庶务原足资代理,何必亟称尊号,始能系属人心乎?乃群臣以太子冲幼,国赖长君,请于太后,不过揣测郕王觊觎大位之隐,巧为迎合耳。至岳谦所述继统之旨,得自口传,视灵武致宝、靖康手敕更无实据,安知非希意矫称。乃竟持为受命之券,袭位改元,不复以故君如念,其情伪自不可掩"。如果排除其中的感情色彩,这段议论可说是义正词严。但祁镇复辟之后,虽由太后下诏废祁钰仍为郕王,历数其罪,也只说是"贪天位"而已,并未指其矫称旨意。从这一层看,岳谦传旨当是祁镇所遣。

不管是否有祁镇的旨意,郕王祁钰的即位便意味着见深皇储

9

地位的动摇。只是这位未满两周岁的皇太子,既浑然不知被立为太子的意义,也全然不晓父辈们权力斗争将对他产生的影响。

根据当时各方面的记载,英宗朱祁镇对比他小几个月的皇弟郕王祁钰是很够情义的。按明朝制度,亲王成年后便得"就藩",即离开京师往所封地居住,开始有拱卫皇室、弹压地方之意,后来形同幽禁。宣宗死时,祁钰才七八岁,自然不可能就藩。但到土木之变时,已二十出头,英宗仍让他"奉藩京师",北征蒙古时又让他"居守北京"。而郕王对这位"大兄皇帝",则显然有些蔑视,觊觎皇位的想法也非止一日。一旦登上皇位,竟然不愿"大兄皇帝"活着回来。但祁镇大难不死,偏又回来了。只是在位时宠信王振,善恶不分,出征蒙古又丧师辱国,因而虽被迎还北京,却无人提及让其复位。英宗被幽禁南宫后,其政治影响也悄然消减,可知人心的向背。

朱见深皇太子的地位是和他父亲的皇位紧密相连的。孙太后这时已无法控制局势,景帝祁钰一面尊她为"上圣皇太后",一面又尊自己的生母宣宗贤妃吴氏为"皇太后",虽比孙太后少了两个字,但亲疏已见。上一辈的名分既然已经确定,景帝开始着手解决下一辈的问题了。

景泰三年(1452)正月,礼部尚书胡濙、吏部尚书王直、都御史杨善、王文均无故晋爵;四月,内阁学士陈循、高穀各赐白金一百两,江渊、王一宁、萧镃、商辂各五十两。对于这些举动,李贤等人在成化时修《英宗实录》,谈迁在明末清初著《国榷》,都认为是景帝为易储做准备。而据陆容《菽园杂记》所载,景泰元年(1450)六月底,景帝便有意无意对太监金英说:"七月初二日,东宫生日也。"金英却叩头答道:"东宫生日是十一月初二日。"七月初二是景帝之子见济的生日,十一月初二,则是太子见深的生日。七与十一音近,景帝以此作模糊试探,却被金英明白无误地顶了回去。不久,金英便被景帝以结党市恩、纵容家人中盐等罪名下狱,直到景泰三年五月因易储大赦时才出狱。①

金英的劝谏只是推迟,却不可能阻止景帝易储的行动。正如当年祁镇子以母贵及见深子以父贵立为太子一样,景帝既然认为坐稳了龙廷,自然不能容忍他人之子为太子,易储也只在早晚之间。

景泰三年四月二十一日,一份由通政司实封投入的来自广西的奏疏令景帝激动不已,②疏中写道:

> 高皇帝龙飞淮甸,定鼎开基,所期圣子龙孙,传之亡穷。胡寇犯边,太上轻屈万乘,被遮虏廷,扈从群臣、天下将士,十丧八九。逆虏乘胜,长驱迫京,岩邑几殆。非列圣在天之灵,预诞圣躬,继登大宝,天下臣民,何所归向? 此皇天所以眷陛下也。陛下即位已逾二年,东官尚仍太上之旧,岂念太后、太上,有所不忍? 臣惟太子天下之本,古人云:"天与不取,反受其咎。"窃恐日月淹久,议论妄生,人心易摇,予夺兴乱,即欲循前代逊让之美,复全天叙之伦,势有不可。近者土星逆行太微垣,臣测天意,殆有垂谕。愿早与亲信大臣密议易建,以一中外之心,绝觊觎之望。

这是景帝盼望已久的、并以为是代表民心天意的文书。上奏疏者是远在数千里之外的广西思明土官都指挥黄𬭤。难怪景帝看了奏疏后连称:"万里外乃有此忠臣!"

黄𬭤是思明(今广西宁明县一带)土知府黄纲的庶兄,黄纲以

① 陆容:《菽园杂记》卷一。王世贞《弇山堂别集·史乘考误》认为绝无此事,但理由不足。
② 按明制,自洪武十年设通政司后,四方陈情、建言俱实封至御前开拆。《明史·职官志·通政司》说节写副本等事当在天顺铸关防以后才有。

病去职,其子黄钧袭位。黄弦不满,发兵偷袭思明府,杀黄纲父子。事发之后,黄弦被捕下狱,为侥幸计,遣千户袁洪至京师行贿,求免一死。袁洪的关节打到吏部侍郎兼翰林院学士江渊处,江渊察知景帝有易储之心,教其迎合上意,倡易储之说。[①]

景帝在收到黄弦奏疏的当天就发下让廷臣集议。第二天的廷议照例由礼部尚书胡濙及侍郎萨琦、邹干主持。参加廷议的有在京五府、六部、内阁、都察院、通政司、大理寺等衙门堂上官及六科给事中、十三道监察御史。虽说人人皆知景帝易储之意已决,但人人又觉得此举不合情理,而且势必留下隐患。太子见深未及五岁,才德自是无从说起,但立为东宫已近三年,天下皆知;英宗朱祁镇虽说复位无望,但潜在影响尚在;还有那位孙太后,尽管深处内宫,但其心计和手段却令人生畏。因此,参加廷议的官员们谁也不敢率先表态,几位地位较低的言官则出于职责的要求,婉转表示了不同的意见。

眼看廷议就要陷入僵局,司礼监太监兴安再次表示了他对景帝的耿耿忠心,厉声喝道:“事不可已,不可者无署名,何迟疑!”于是,廷议变成了强行签名。首先署名的是少保、户部尚书兼文渊阁大学士陈循,他是内阁首辅,无可推托。接下来是主持廷议的少傅兼太子太傅礼部尚书胡濙和少傅兼太子太保吏部尚书王直。后来王世贞在评论此事时认为:“居密勿而主此事者,陈芳洲(循)辈也,执笔着此议者,胡忠安(濙)也,为六卿首者,王文端(直)也。”王直本来对此事有些看法,却又不敢力持异议,只是嗫嚅而有难色。陈循却是气度恢宏,提笔濡墨,塞入王直手中。王直别无选

① 查继佐:《罪惟录·帝纪》卷七。但《明史》认为江渊教唆黄弦上易储疏只是一种猜测,见卷三一八《广西土司二》。

择,签上了自己的名字。随即参加廷议的九十一位官员也一一签名,得出一个廷议结果:"父有天下传之子。三代享国长久,皆用此道,宜从(黄)竑言。"

接下来便是逼着两位太后表态。吴太后为景帝生母,自不待言。孙太后虽然心中激愤,却也无法阻止事态的发展。后宫唯一提出反对意见的是景帝皇后汪氏,但也是孤掌难鸣。

经过短时间的准备,易储诏书于五月初二日正式颁布,似乎一切都是合情合理,光明正大,没有争斗,没有阴谋,而且特别强调"亲亲之谊"。这就是中国古代政治文化的缩影。一切丑恶的真相均予以掩盖,公开的只是用以欺骗民众的温情与假象。明明是先有预谋,却说是"见允于舆情";明明是逼着孙太后表态,却说是"方闻于圣母";明明是将反对易储的汪后废掉,却说是"皇后之谦冲"让位;明明是骨肉相残、兄弟操戈,却说是"亲亲之谊,尤所当敦"。

当然,这些变故对见深来说并没有产生太过深刻的印象,不管是两岁时因孙太后的利己之心而被立为皇太子,还是五岁时因景帝的利己之心而被废为沂王,他都是在太后孙氏的监护下生活。直接操持他饮食起居的,仍然是那位万姓窈窕淑女。因此,过了若干年,当他登上皇帝宝座后,对这场既没有给他带来欢乐,也没有给他造成痛苦的长辈们的斗争表现出令人惊讶的冷漠和超脱,也就不足为怪了。

三、重为东宫

中国有句古话,说是"谋事在人,成事在天";又说"命中有时终须有,命中无时莫强求",虽然带有浓厚的宿命论色彩,有时却不能不令人叹服它的不可抗拒性。尽管朱祁钰因命运的安排做了皇帝,又处心积虑地将儿子见济立为皇太子，却仍然注定是位悲剧人物。

　　景帝朱祁钰比他哥哥英宗朱祁镇小一岁，得子却早于祁镇，故易储诏书说其子"序在伦先"。但是，直到景泰八年（1457）正月祁镇复辟，祁钰也只有过见济这位"长子"，而没有"次子"。见济生于正统十一年（1446）或十二年（1447）的七月初二日，景泰四年（1453）二月。当他尚未满七周岁时，景帝就为他举行了冠礼，可见其心之殷殷。同时又为五岁的废太子沂王见深及荣王见清行冠礼，又见其心之惴惴。①　但就在行冠礼后的半年，即景泰四年十一月，见济就因病夭折。而被废的太子见深却长得结结实实。这一变故，无疑给景帝的心理上造成巨大的压力。

　　见济既薨，而景帝又别无子嗣，朝臣中便开始酝酿起重立见深为太子的风潮。率先发难的，是监察御史钟同和礼部郎中章纶。

　　钟同是景泰二年景帝钦点进士，吉安永丰人。这位三十刚出头的血性汉子，自幼便受着传统道德的熏染。他父亲钟复是宣德八年一甲第三名进士，正统时为翰林修撰，与侍讲、安福人刘球过往甚密。刘球在正统八年（1443）上封事指斥时弊，曾约钟复共同署名。钟复意欲同行，却被其妻劝阻。刘球那份著名的"谏伐麓川疏"奏进后，被权阉王振害死，而钟复不久也因病而死。钟妻每与人言及此事，总是悔恨不已，怪自己没能促成丈夫的为国尽忠。钟同长成之后，立志要效法刘球，以伸父亲未尽之志。

　　景泰五年（1454）五月，景帝见到了钟同的"论时政疏"。疏中极言复储之事："父有天下，固当传之于子。乃者太子薨逝，足知天命有在。臣窃认为，上皇之子即陛下之子。沂王（见深）天资厚

---

① 　查继佐：《罪惟录·列传》卷三《皇太子传》。按明制，皇太子冠年应为十五岁，至少也应是十二岁。见《明史》卷五四《礼志八》。

重,足令宗社有托。伏望扩天地之量,敦友于之仁,蠲吉具仪,建复储位,实祖宗无疆之休。"①

若要论理,钟同的理由是充分的。大明江山,是太祖高皇帝开辟,凡高皇帝子孙,都有资格受之,景帝不应将其视为己有。但钟同却过于书生意气,完全不懂景帝的心境。议复沂王,是可以接受的,却不该揭人伤疤,将见济之死归于"天命有在",而景帝最忌讳的,就是这个天命。

钟同上疏,是与章纶约好的。章纶是浙江乐清人,正统四年(1439)进士,景帝即位后,由南京礼部主事召为礼部仪制郎中,是位礼仪制度的专家。但和钟同一样,不通世故人情。钟同上疏的两天后,章纶也递上了他的"修德弭灾十四事",在论及复储时,竟将在南宫的正统帝和废后汪氏也抖了出来,钟同言及见深,倒也罢了,章纶竟敢翻当年的老账,指责景帝自食其言,更令其无地自容。

章纶的奏疏呈上之时,已是日暮,宫门业已上锁。景帝怒不可遏,命人从门隙中传出手敕,当晚便将章纶下于诏狱。两天后,又追捕钟同下狱,严刑逼供,命二人供出主使者及交结南宫状。原来,景帝最担心的,还是那位被幽禁的"大兄皇帝"。当然,以后事态的发展说明景帝的担心是有道理的。

钟、章二人虽是读书人,未经苦难,却是天生的硬汉,任凭炮烙穷治、惨毒滨卒,却无一语涉及旁人。他们上疏,本来就是借夭变陈言,而被刑之际,又恰逢天色突变,京师之内风卷狂沙,暴雨滂沱。虔诚信佛的景帝不由心里吃惊,密令锦衣卫缓刑。章纶、钟同这才得以保住性命。②

---

① 《明史》卷一六二《钟同传》。
② 查继佐:《罪惟录·帝纪》卷七。

北京的事情刚刚平息，南京却又送来了一份言语。虽然婉转，但景帝却认为是尽含讥讽之意的奏疏。上疏的是南京大理寺少卿刘球和钟同的同乡江西吉水人廖庄。廖庄开始兜了个圈子："臣向在朝，见上皇遣使册封陛下，每遇庆节，必令群臣朝谒东庑，恩礼隆洽，群臣皆感叹，谓上皇兄弟友爱如此。"这廖庄是宣德五年（1430）进士，其时祁镇、祁钰兄弟还均在襁褓之中，自然有点倚老卖老。可是语锋一转："今陛下奉天下以事上皇，愿时时朝见南宫。"有这段话作铺垫，接下去便入正题："太子者，天下之本。上皇之子，陛下之犹子也，宜令亲儒，习书策"，却不提建储之事，只说是"以待皇嗣之生"。① 这倒令景帝堵着一口气，动不起火来，但气总是要出的。

第二年，景泰六年（1455）八月，廖庄因母丧赴京给勘合，往东角门朝见。景帝看着他那副不卑不亢、镇定自若的神态，想起那份冷嘲热讽的奏疏，说什么"上皇兄弟友爱如此"，明明是说自己薄情寡义；说什么"以待皇嗣之生"，明明是诅咒自己断子绝孙，不由怒火重新燃起。喝令锦衣校尉，即在台阶之前将廖庄廷杖八十。廖庄被打得真魂出窍，却硬是咬紧牙关，不哼不响。景帝还是不解气，命校尉持着沾满廖庄血肉的刑杖前往狱中，对下狱已经一年的章纶、钟同施刑。校尉们知景帝恼怒钟同首倡复储之议，下手尤狠，竟将其活活击毙狱中。②

既然有仗义执言、欲君为尧舜者，也就有见风使舵、陷君为桀纣者。眼见章纶、钟同因请复见深为太子而得罪，给事中吴江、徐正便密请召见，劝景帝将沂王遣出京师，以绝众人之望，并增高幽

① 《明史》卷一六二《廖庄传》。
② 陆容：《菽园杂记》卷四，载《明史》卷一六二《钟同传》。

禁英宗的南宫城墙,以防不测。二人本拟以此邀功,不料却被景帝谪戍铁岭。可见,景帝在丧子之后,心情也是异常矛盾的。事隔多年,储瓘在弘治时论及此事认为廖庄、钟同、章纶所以得罪,是因为触犯了忌讳,而并非只因请立沂王。见济既薨,景帝别无子嗣,不立见深,更立何人?[①] 但这个弯子却要景帝自己来转,不容旁人置喙,更不能由中下级官员纷纷攘攘。

打的打了,谪的谪了,再也无人提及复立东宫之事。但景帝也从此精神恍惚,至景泰七年十二月,竟然一病不起。景泰八年(1457)的正月元旦朝贺礼及庆成宴也都因病而免。于是,一场关于皇位继承的风波重又在决策者集团中兴起。

景泰三年(1452)廷议易储时,态度最为坚决的是司礼监太监兴安和内阁学士陈循、王文等人,他们和景帝已成荣辱与共之势。吏部尚书王直、礼部尚书胡濙等人虽然也在易储议案上署了名,则只是例行公事而已,与景泰并无过于密切的关系,与被幽禁南宫的朱祁镇及废太子朱见深之间也无过多的怨怼。因此,群臣在考虑景帝身后事宜时的态度也不一样。

景泰八年(1457)正月十四日,群臣照例来到奉天门外的左顺门前问安。据太医传出的消息,知景帝病势已非常沉重,不免人心惶恐。倒是司礼太监兴安遇事不乱,他从左顺门内一出来,劈头便说:"公等皆朝廷股肱耳目,不能为社稷计,徒日日问安何益!"经他一说,众人才猛然醒悟,一起来到午门外的左掖门。在这里,他们讨论过土木之变的善后事宜,争执过废立太子的尴尬难题。如今,又来到这里商议景帝身后之事。人是故人,地为故地,气氛却更为压抑。如果说第一次是同仇敌忾、义无反顾,第二次是大势已

---

① 谈迁:《国榷》卷三〇。

定、无容选择,这一次却是吉凶未卜、前途叵测,每个人都在仔细掂量自己的前程和退路。

王直、胡濙等部院大臣倾向于复立沂王见深为太子,但内阁诸臣则态度暧昧。陈循本来敢作敢为、甚有担待,易储之议第一个署名的就是他,这次却是一声不吭。相反,倒是平日遇事退避、资历也较浅的萧镃更为坦率,当吏部侍郎李贤问及他对复立沂王的看法时,竟断然答道:"沂王既退,不可再也!"王文也是快人快语:"今只请立东宫,安知上意谁属!"却不知这一痛快,却招致了塌天大祸。有人猜测,王文与景帝的心腹太监王诚谋迎襄王瞻墡(仁宗之子)的世子祁镛继位,这成了英宗复辟后诛杀王文的真正的"莫须有"罪名。① 唯一视此事为儿戏的是都御史萧维桢,当萧镃主草写上,"早建元良"时,他竟提笔改"建"为"择",成了"早择元良",并自鸣得意笑道:"吾带亦欲更也!"②

如果景帝对这份"早择元良"的联名疏作出积极反应,重立见深为太子,事情也许还有转机。但他却下了一道给自己、也给许多大臣带来灾难的诏谕:"卿等忧宗庙爱君之心,朕已知之,但今失于调理,所请不允。"并表示十七日将视朝。③

到正月十六日,有关王文与王诚谋迎襄王世子的传闻已不胫而走,以吏、礼、兵三部尚书王直、胡濙、于谦为首的部院大臣及科道官重议复立见深为太子事,内阁诸臣见事态紧急,也开始倾向复立见深为太子。大家推举兵部侍郎兼左春坊大学士商辂主草奏

① 查继佐:《罪帷录·列传》卷二《皇后列传》载,孙太后曾召见于谦,问祁钰死后,祁镇可否复位,于谦认为:"失国得罪祖宗,恐不足以示天下后世。"又问复立故太子见深可否。答曰:"罪人之子,已废不复。"是于谦对复立东宫也不以为然,从而构成了在英宗复辟后被杀的重要因素。
② 夏燮:《明通鉴》卷二六;《明史》卷一六八《陈循传》,卷一一九《诸王列传四》。
③ 《明英宗实录》卷二七三,天顺元年正月己卯。

疏。商辂是正统十年(1445)英宗钦点的状元,也是有明二百七十年间唯一在乡试、会试、殿试中夺魁的"三元"进士,《明史》说他"为人平粹简重,宽厚有容,至临大事、决大议,毅然莫能夺"。见众人推己,商辂也不推辞,援笔书道:"陛下宣宗章皇帝之子,当立章皇帝子孙。"两句话掷地有声,宣宗只有祁镇、祁钰二子,祁钰既无子嗣,那么皇储自非祁镇之子莫属,即使有人谋迎襄王世子,也不为舆情所接受。奏疏拟定,天已向晚,第二天便是常朝日,景帝日前曾谕示十七日早朝,因此众人也不急于一夜,议定第二天早朝时面争廷折,定要复立沂王为太子。

但是,与议众人中尽管有于谦这样的政治家,有商辂这样的学问家,但多为胸怀坦荡、不设城府的君子。谁也未曾料到,就在他们光明正大地议国事于朝堂,准备和平完成皇位交替时,一群野心家却在密室策划一场铤而走险的阴谋。

这场阴谋的主要策划者是石亨和徐有贞。

石亨是陕西渭南人,《明史》说他"生有异状,方面伟躯,美髯及腹,善骑射",使一柄大刀,舞动如飞,每有战事,当先陷敌,屡立战功,是当时不可多得的猛将。正统十四年(1449)八月土木之变前,已经是都督同知的石亨随西宁侯宋瑛、武进伯朱冕,与蒙古骑兵在阳和口遭遇,战事惨烈,宋瑛、朱冕战死,石亨仗着马快刀狠,竟单骑杀出重围。由于得到兵部尚书于谦的赏识,石亨被召到京师掌五军营,在瓦剌进攻北京时,力战德胜门外,又在西直门外解怀宁伯孙镗之围。北京解围后,石亨论功第一,晋爵武清侯,佩镇朔大将军印,后加太子太师。于谦改革京军时,石亨又兼提督团营,成了景泰一朝最为显赫的武官。[①]

---

① 《明史》卷一三三《石亨传》。

徐有贞原名徐珵，南直吴县人，宣德八年（1433）进士，选庶吉士，凡天文、地理、兵法、水利、阴阳方术，无一不精，长得短小精悍，谋略过人，可以说是景泰、天顺时首屈一指的学问家和权术家。但因土木之变后首倡南迁，坏了名声，故而不得升迁。后打通了内阁陈循的关节，又改名为徐有贞，才得由翰林编修升为谕德，因治河有功，在景泰七年（1456）已官至左副都御史，七年间升了四品八级（由正七品编修至正三品左副都御史）。①

但无论是石亨还是徐有贞，在景泰时都感到受了压抑。论德高望重，有五朝元老吏部尚书王直、礼部尚书胡濙；论居中策划，有内阁陈循、王文；尤其是兵部尚书于谦，既负经济之才，又有再造之功。如果附和众议，仍立见深为太子，景帝若有不测，新君继位，受重用者还是王、胡、陈、于。

就在众人汲汲于向景帝力陈恢复见深皇储地位时，一位默默无闻的小人物，善星象占卜的鸿胪寺主簿万祺石破天惊地向急于寻找出路的石亨指点迷津："皇帝在宫，奚事他求！"

石亨闻言，如梦方醒，立即与张軏、曹吉祥密谋。张軏为靖难元功河间王张玉之子、英国公张辅之弟，积功为前军都督府右都督，掌京营兵；曹吉祥为御马监太监，正统时曾领兵征麓川、征兀良哈、征邓茂七，帐下有一批为其效死力的达官锐卒，是正统时最有权势的宦官之一，景泰时又分掌京营。石、张、曹均为京军中的实权派人物，比起那些坐议立谈的文官，他们行事要果断得多，只是还缺少一位出谋划策、总揽全局的人物。他们找到当年往宣府迎回英宗的太常卿许彬，许彬向他们推荐了"善奇谋"的徐有贞。

在徐有贞的策划下，并得到孙太后的支持，石亨、徐有贞、张

---

① 《明史》卷一七一《徐有贞传》。

轨、曹吉祥及靖远伯王骥、左都御史杨善等于景泰八年（1457）正月十六日，即商辂等人议定上疏请复立见深为太子的当天、景帝准备抱病视朝的前一天的深夜，发动了一场拥戴英宗复辟的政变，史称"夺门之变"。

这次政变对于明朝的政治经济总格局并未产生太大的影响，却导致了当时最高决策阶层的重大变化。

景泰时期的决策人物在英宗复辟后大多遭到清洗：兵部尚书于谦、大学士王文、都督范广及司礼监太监王诚、施良、张永、王勤被杀，大学士陈循、工部尚书江渊、刑部尚书俞士悦及侍郎项文曜戍铁岭卫，大学士萧镃、商辂及侍郎王伟、古镛、丁澄削籍为民，吏部尚书王直、礼部尚书胡濙、大学士高毂致仕。内阁、六部全部改组，部院大臣尽遭贬斥，取而代之的是夺门功臣及其亲信。徐有贞、许彬入了内阁，王骥、杨善分掌兵部和礼部，石亨、张轨、曹吉祥掌京营、参与朝政。

孙太后在被压抑了八年后重又扬眉吐气，景帝生母吴太后仍降格为"宣庙贤妃"，天下又只有一位太后了。朱祁镇在南宫幽禁七年，重又成了十里皇城的主人、天下臣民的君父，做了八年皇帝的朱祁钰被废为郕王，那位母因子贵的杭皇后则因惊惧而自杀。

但是，"夺门"的成功对于朱见深来说，却是难言祸福。以常情而论，父亲再次登上皇位，父有天下传于子，见深作为长子，自然也为皇位的第一继承人；但以当时的局势论，祁钰病重无子，见深众望所归，祁钰早晚龙驭升天，见深顺乎自然继位。从这一角度看，英宗的复辟，倒是推迟了见深继位的时间。更何况天有不测风云，君有不测恩威，谁能担保皇太子问题不再出变故？

英宗在处理完恩怨睚眦之后，于天顺元年（1457）三月初六日颁诏天下，复立沂王见深为皇太子，但偏偏这份诏书就出了问题。

英宗的那位正统十四年曾被立为皇太子、景泰三年又被废改封为沂王的"元子"明明叫朱见深，而这道册立皇太子的诏书却说是"见濡"。莫非又冒出另一位皇长子？一时间人们纷纷猜测，莫明其故。原来这又是英宗及其夺门功臣们的忙中出错。

见濡就是见深。英宗不知是早有想法还是灵机一动，或者是起草诏书时的笔误，反正把"见深"写成了"见濡"，同时还将第二子"见清"写成了"见潾"，而诏书中又未做任何说明，弄得人们虚惊了一场。在明朝的十六位皇帝及九十八位皇子中，还没有第二位像见深这样在名字上出差错而且又一直未弄清楚的。

《明史·宪宗本纪》说见深"初名见濬"，天顺元年（1457）复立为皇太子时"改名见深"。谈迁《国榷》也说是复立为皇太子时改名为见深。但王世贞《弇山堂别集》却说，初名为见深，后改"见济"："宪宗纯皇帝讳见济，英宗第一子。正统十二年十一月初二日生，母曰孝肃太后周氏。初名见深……天顺元年三月初六日改今讳（见济），复立为皇太子。"按见济为景帝祁钰的儿子，曾被立为皇太子，不久病逝。王世贞说见深改名为见济，显然是错的；但是"初名见深"，却有根据。

天顺元年三月初六，《明英宗实录》所载英宗复立皇太子的诏书说："立元子见濡为皇太子"（见前），是改名为见濡，而见深则是"初名"。《明宪宗实录》说："上（宪宗）初名见深，至是改名见濡。诏书失写其故，颁行天下，人皆惊相问曰：'此非向所立太子乎？何名之不同也。'"此后，成化十一年十二月复景帝帝号时的诏书自称为"侄嗣皇帝见濡"。其他如上皇太后尊号、祭天地祖庙，也均自称"见濡"。而在此之前，正统十四年（1449）九月册为皇太子时，诏书称"于皇庶子三人之中选其贤而长者曰见深正位东宫"。景泰三年也是降"见深"为沂王（均见前文）。可见，是初名"见深",后改名"见濡"。

但是,弘治四年(1491)修成《明宪宗实录》时,主修儒臣却以这样一句话作为首句:"宪宗继天凝道诚明仁敬崇文肃武宏德圣孝纯皇帝讳见深,英宗睿皇帝之长子。"从而又一次造成混乱。《明史》的作者及谈迁也因此误以为见深是天顺以后所改的名字。

按道理说,本书传主明宪宗成化帝名字应该是朱见濡。但由于《实录》用了他的初名,而《明史》又将"初名"说成"今名",已经约定俗成,何况名字不过是个符号,故本书径以"见深"为传主之名而不作更改,以免重蹈覆辙。但仍予辨明。

见深被复立为皇太子时,已有十岁,但到第二年即天顺二年(1458)四月才出阁读书。内阁学士李贤、彭时、吕原及翰林院东宫讲官第一次见到这位废而复立的皇太子,自然要夸赞一番,说见深"广额丰颐,方面大耳,目睛如漆,黑光彩射",致使左右侍者不敢仰视;又说见深"玉色和粹,音响洪亮,侍臣瞻仰,无不欣悦"。从此以后,见深每天都在文华殿东廊读书,同时也练习骑射,为日后继承皇位、亲理国政做准备。

虽然明朝修国史的翰林院官一再说见深复位深得人心,而且说英宗对见深"特钟爱焉",并对钱皇后及周贵妃称道见深:"此太平天子也,福德非吾所及。"但英宗对见深实际上并不满意,所以在重病期间,便"有间东宫于帝者"。至于是谁在进行易储的活动,由于史文不载,已无从考证,或许根本无人"间东宫",而是英宗自己有所考虑。这时英宗除见深外还有六位皇子,即德王见潾、秀王见澍、崇王见泽、吉王见浚、忻王见治、徽王见沛,大有选择余地。英宗为此召见大学士李贤。李贤在天顺多事之秋,左右弥缝、多方斡旋,好不容易使国家渡过了危机,自然不希望在皇储问题上节外生枝,再起风波,所以力劝英宗三思而后行。英宗仍是疑惑不定:"然则必传位太子乎?"李贤不愧久在官场,应付自如,他将英宗的疑问变为肯定:"宗社幸甚。"

　　看到李贤如此肯定的态度,英宗也就不再犹豫了,命人召来太子见深。李贤赶忙扶着见深拜倒在英宗脚下。已经十七岁的见深这时自然知道该怎么做,加上毕竟是亲生骨肉,抱着父亲的双脚,失声痛哭起来。英宗看看这个已经长大成人,但一直由母亲孙太后抚养而和自己并无太多接触、太深感情的儿子,不由得也流下了眼泪。父子间的距离竟在这瞬间便缩短了。

第二章　成化初政

一、君临天下

　　天顺八年(1464)正月十七日是英宗通过夺门之变重新登上皇帝宝座的八周年纪念日,但他三十八岁的生命也在这天走到了尽头。只是因皇储位分已定,英宗得病也非止一日,新老交替的程序及礼仪也有祖宗家法,所以没有出现任何混乱。经文武百官耆老人等按惯例三上劝进笺,朱见深于天顺八年正月二十二日即皇帝位,成为大明皇朝第八位君主。他这年说是十八岁,但实际上刚过十六岁。①

　　故君去世,颁布遗诏;新君登极,颁诏大赦天下。这既是明朝的定制,也是中国历代皇朝调整各种关系、革除弊政、缓和矛盾的契机。就像遗诏大多不是死者的本意一样,即位诏书也不过是以新君名义公布的当政大臣们的意见。

　　此时在内阁为首辅的是众望所归的老牌政治家李贤,同在内阁的,还有陈文和彭时。在九卿中,吏部尚书王翱、户部尚书年富、礼部尚书姚夔、工部尚书白圭、都御史李宾,均一时之选。英宗一生先宠王振,有土木之播尘;后溺曹吉祥,有京师之变乱,能有善终,已是万幸,却还给后人留下一批贤臣良辅,也算是一大德政。

---

　　① 《明宪宗实录》卷一。

由李贤主笔的大赦诏令长达三千五百字,共四十三款,几乎涉及内政外交的各个方面,以及官吏军民各色人等。兹摘录如下:

一、天顺八年二月二十二日即新君即位这天的凌晨以前,官吏军民人等犯有死罪,除在十恶之条以内者,其余不管已发觉未发觉,已结案未结案,均免其死罪。

二、自天顺五年七月初二日以后,官吏军民人等有因事被罚运砖、运灰等劳役,及充军伴、伙从、膳夫等,悉予解除还家。官吏犯有贪赃罪者发回原籍为民,犯有贪赃但未定罪者,一概免予追问。

三、武职犯罪人员除失机、谋逆、结党、强窃、人命等项,均还职役;在京文职犯罪人员,除贪赃乱伦等项,均送吏部选用。

四、所有囚犯在追赃物有尚未全部追回者,一概免予追赔。

五、广东、广西、湖广、四川、江西、浙江、福建、云南、贵州等处"贼寇"生发,多因官司采买物件、守令不得其人,以致饥寒交迫,身不由己,故而啸聚为盗。情犯虽重,诏书到日,有能悔过自散者,悉免其罪,听从复业,户下拖欠税粮等项悉予蠲免,并免杂泛差役三年。

六、天顺六年十二月以前军民人等所欠各项税款,悉予蠲免,天顺七年受灾税粮悉予免除,改元后的成化元年税粮减免三成。

七、天顺七年十二月以前各处为皇家岁造织造的纻丝、纱、罗、绫、绸等项,岁办野味及翎角、课铁、生漆、皮毛、木料、纸张,江西饶州、浙江处州烧造磁器等项未备者,悉皆蠲免;经办内官人等,诏书到日,立即回京。

八、住坐、轮班工匠有在逃及失班者,一概免罪。住坐匠笃疾残废及年龄在六十岁以上者免役。

九、在京在外军民骑操、孳牧、原养、寄养马匹、马驹,有倒死、走失、亏欠、被盗等项,悉予免追。

十、各省各边镇守内臣凡正统年间所无者,下番内外官员人等,以及差去各处采办物件、缉访等项的旗校,诏书到日,即便回京。

十一、各处内外官员人等今后不许进贡马匹、花木、鸟兽、水陆品味及土特物产。

十二、各边官军今后凡杀败贼寇所获物件自行收用,不必入官,军官不许侵取;有阵亡病故者,棺敛送还本土。

十三、除谋逆外,军民词讼不问轻重,悉自下向上陈告,不许越诉。

十四、官、吏人等请休、病假、探亲有违限违禁者,免予追究。

十五、在京富户及府军前卫幼军今后如有事故,不必签补;各处原起民壮、民快除有贼主处暂留外,其余尽行放免归农。

十六、文武官员有住支禄米俸粮者,照旧关支;军民饥荒,凡领取赈济仓粮者,悉免还官。今后如有荒歉,有司不必申请,即行赈济。

十七、各处民间纳粮田土有水冲沙壅不堪耕种者,所在官司勘实之后,除去粮税。

十八、医士、厨役、乐工人等年老不堪应役、无丁替代者,悉放为民,有司另行签补。

十九、逃军、逃囚、逃匠人等从诏书到日开始,限三个月之内,允许自首免罪,军还原伍,民放宁家,匠仍当班。

二十、凡问讯囚犯，今后须依《大明律》科制，照例采用运砖、做工、纳米等项发落，不许深文妄引参语，滥及无辜。

二十一、天顺元年有因奸党充军者，放回原籍为民；其正犯典刑，家属充军者亦皆赦免。房屋、田地入官者给还住种。因连坐复职调卫者，仍还原卫。

二十二、学官有由举人署职九年考满该升、年四十以下有愿会试者，听其自便。

二十三、各处帝王陵寝及名臣贤士坟墓有被人毁发者，所在官司即时修理如旧。

二十四、孝子顺孙、义夫节妇，有司应开具实迹奏闻旌表，以励风俗。

二十五、天下军民近年以来，贫困已甚。各处一应造作，除修理城垣、仓库、运河等项，由地方官报经朝廷批准者以外，其余内外衙门并殿宇、寺观、塔庙、房屋、墙垣等项造作，一应不急之务，悉皆停罢，与民休息。各衙门非奉朝廷明文，不许擅自移文兴工，一文不许擅科，一夫不许擅役，违者重罪不饶。

二十六、给事中御史职当言路，今后凡朝廷政事得失，天下军民利病，许直言无隐；文武官员有贪暴奸邪者，务要指陈实迹纠劾。

二十七、以上诸条宽恤恩典，诏书到日，有司即便奉行；如有延缓者以违制论，许巡按御史察究问罪。①

明朝经历十六帝十七朝，这类诏书也就发了十七次。见深即位之时，外无强敌，内无大患，可说天下太平，故诏书也只涉及有关国计民生的老生常谈之事。但几千年的中国政治，就是在老生常

---

① 《明宪宗实录》卷一，天顺八年正月乙亥。

28

谈之中走过的。多一事不如少一事,兴一利便出一弊,是中国古代所有稳健派政治家的格言。对此,主持起草诏书的李贤是深有体会的。他所希望的是天子为太平天子,宰相是太平宰相,除此别无他求。然而,这份诏书又确实符合见深的性格,为成化一朝的统治方针奠定了基本格局和总体旋律,社会各阶层均可从这份诏书中找到符合自身利益的条款。虽然说上有政策下有对策,谁也不指望有关部门会切实遵照执行,但毕竟所有的人都可以将其作为维护自身利益的法律根据。见深即位后的一系列善政,都是以这份诏书为出发点的。只是年轻的皇帝做梦也想不到,这份以他的名义颁发的即位诏书,也正是官僚集团日后对他进行约束和规范的依据。这也可说是明朝中后期政治史上的一大特征。

天顺八年(1464)二月初一(甲申朔),见深身穿孝服来到皇城奉天门右侧的西角门视事。这是他即位后第一次在公开场合露面。看着文武百官匍匐跪拜、山呼万岁,见深或许会感慨万分。从不足两岁因机缘被立为皇太子,十五年后名正言顺成了皇帝,其间兄弟相残、父子猜忌,屡经变故。大家争来争去,不都是为着这一天,为着让天下臣民都匍匐在自己的脚下?见深虽然只是消极地受人摆布,但毕竟处于矛盾的中心,这做皇帝果真有意思?该怎么做?从来没有处世经验的年轻皇帝实在是心中无谱。

所幸父亲英宗即位时年仅九岁,为了不致耽搁国事,宣德时出现的内阁票拟、内监批红遂成为定制。凡事有各该衙门提出方案,内阁大学士为皇帝拟出处理意见,司礼监代表皇帝朱笔批示。① 到见深即位时,一般庶事已用不着皇帝操心。与其说是皇帝,倒不

---

① 参见方志远:《明代内阁的票拟制度》,《江西师范大学学报(哲学社会科学版)》1987 年第 4 期。

如说是以内阁为首的文官集团和以司礼监为首的宦官集团主宰着国家的命运。皇帝是被推着走的,只要不对着干就行。

望着年纪轻轻却又显出几分老成、虽说视事却一言不发的皇帝,文武百官大概也是忐忑不安,这位新君将是中兴英主还是守成令主? 抑或像他父亲那样是个昧于世事、缺乏主见的庸主? 在他手下办事,是凶是吉、是祸是福? 谁也没底。稍微踏实一些的,恐怕还是大学士李贤,相信这位新君不会太和自己为难。其实,不用多久,大臣们将会发现,无论从哪个角度说,这位新主子都是相当忠厚宽容的。

二、平反冤狱

英宗复辟后,先是用夺门诸臣之言,杀于谦、王文,清除景泰班底。继而石亨、曹吉祥共倾徐有贞,终于酿成曹石之变。虽说后期倚任李贤,其实猜忌甚重,又恐廷臣结党朋比,先后倚重锦衣卫指挥逯杲、门达,造成人心浮动。

于谦、王文的冤死,固然令人扼腕,但毕竟关系重大,不是立时便可翻过来;曹、石败亡,也是罪有应得。唯用锦衣卫官校为耳目,动辄陷害告讦、锻炼成狱,中外重足而立。最后连李贤也几乎不免。[①] 因此,英宗一死,革除锦衣卫的告讦之风便成了官僚集团的一致要求。此时逯杲已死,门达便首当其冲。恰恰王纶、钱溥结党事发,使革除锦衣卫告讦有了契机。

王纶是内府十二监四司八局中典玺局局丞,供事东宫,故《明

---

① 《明史》卷三〇七《佞幸列传》。

史》称其为"东宫局丞""东宫内侍"。① 按明朝惯例，太子继位后，东宫内侍自然递转入司礼监掌机务。钱溥是翰林院侍读学士，因曾在内书堂教书而与王纶有师生之谊。明朝的翰林院，实际上是内阁的下属机关，内阁成员也多由翰林院出身。故新进士一入翰林，人们就以"储相"视之。② 钱溥此时已是侍读学士，从五品，只要有人从中斡旋，超擢詹事府少詹事入阁并非难事。在此之前，天顺元年（1457），吕原曾以翰林院侍讲（正六品）、岳正更以翰林院修撰（从六品）入阁办事。

此念一起，钱溥便遣人往宫中向王纶打探消息。王纶也正想加强自己的势力，于是亲赴钱宅，商议英宗后事。此事看来很是平常，但在当时却属内外官结党，罪在不赦。偏偏钱溥与大学士陈文比邻而居，二人素来交厚，如钱溥请陈文一起共商大计，或许结局大不一样。但钱溥计不及此，或者心有顾忌，想背着陈文，但行踪却为陈文所窥伺。尽管陈文与李贤有矛盾，但毕竟资历较浅，居李贤之下，也并不委屈。今钱溥将自己甩到一边，与王纶密议，一旦入阁，岂不又多一政敌？为自身计，陈文和李贤结成了同盟，共同倾轧钱溥。而王纶急不可待地觊觎司礼监，又直接触犯了掌印太监牛玉，这是英宗晚年最为信赖的宦官。致命的是，王纶、钱溥未能抓住见深这座靠山，恰恰相反，却在关键时刻引起了见深的不满。

英宗大殓的这天，皇宫内外上自天子、下至旗校内使，均穿缞服，以示对大行皇帝的哀悼和怀念。其时天寒地冻，王纶不知是漫不经心，还是有意显摆，却在缞服之外套了一件貂裘。见深一眼瞥

<hr>

① 《明史》卷一六八《陈文传》，卷三〇七《佞幸列传》。
② 《明史》卷七〇《选举志三》。

见,心中甚是不快。牛玉乘机历数其过,最大的罪状自然是交结钱溥。见深此时已得李贤、陈文的奏告,只是未作处置。王纶一不谨慎,撞在枪口上。见深即命将王纶、钱溥下狱,并追究同党。①

门达在英宗病重时,亦揣测王纶当柄政,预为结纳。没想到王纶一倒,自己也被牵扯上了。钱溥、王纶既是内外官交通,依律当斩,但大赦令刚发,从轻发落,王纶降为内使,发南京闲住;钱溥降顺德知县。受牵连的还有兵部右侍郎韩雍、顺天府尹王福、南宁伯毛荣及都督马良、冯宗、刘聚等人。门达坐调贵州都匀卫带俸差操。

这本是见深即位后的一次官僚集团内部的派系斗争,内外廷的当权派牛玉、李贤等相互配合,将急于夺权及往上爬的王纶、钱溥压了下去,并乘机排斥异己。故时人对此颇有微词。陆容就认为钱溥“为权贵所挤,而有顺德之行”。② 但对于门达的被贬,却是举朝称快,并由此革除天顺后期旗校的告讦,成为见深即位后的一大善政。

门达刚离北京,科道官便群起攻之,认为门达之罪远不止结交王、钱。见深为太子时,对门达的种种劣迹也有所耳闻,当即令将门达逮捕还京。经都察院会同五府、六部、通政司、大理寺、六科十三道官廷审,公布了门达的罪行:“素恃恩宠,不畏法度,以至内直垂帘,全无忌惮。窃弄威权,大张声势。忤其意者,过求细故,必加陷害。屡兴大狱,巧于锻炼,别置狱舍,以鞫罪囚。有不承服,辄称奉旨,残酷特甚。荐用官校,以为牙爪,分遣于外,骚扰州县。又纵

① 《明宪宗实录》卷一,天顺八年正月壬午;《明史》卷一六八《陈文传》;沈德符:《万历野获编》卷六《(内监)内臣交结》。
② 陆容:《菽园杂记》卷六。

令诸子弟为奸利事,交通外人,多纳贿赂。"①关键在于屡兴大狱、残酷特甚。如将门达放在汉唐,大致可入酷吏列传。最高统治者有时需要用酷吏来打击敌对势力、清除腐败,却又不能让他们搞得过分,以致人人自危。新君继位,需要更始,需要给臣民以恩惠。门达作为前朝暴政的工具,作用已经丧失,自当铲除。但按见深之意,并不想过于严厉惩罚门达,所以在廷议拟斩之后,他改为谪广西充军。②

门达是直隶丰润县人,袭父职为锦衣卫百户,机警而有才干,又富心计。他刚掌锦衣卫北镇抚司时,曾以平反冤狱为舆论所称道。后来为迎合英宗对大臣的猜忌之心,才专以刺事炼狱为能。可以说,是英宗将他本性中的残忍给挖掘了出来。后来写《实录》的刘吉、丘浚等人也认为,门达资禀本善,只是因为不学无术,昧于道理,是以恃宠立威。言下也存同情之心,只是不敢公然指责英宗而已。英宗病重时,锦衣卫大门曾被狂风摧折,京城一时传言:"锦衣卫倒矣!"③很难说不是一语双关。王锜《寓圃杂记》记载了一则很有意思的事:

有位名叫杨暄的油漆匠,对门达动辄陷人以罪非常不满。见深即位后,门达怕同僚袁彬受到重用,命逻卒发其阴私,想置之死地。杨暄和袁彬素不相识,只是抱打不平,上疏为袁辩白,同时揭发了门达二十多件违法之事。杨暄的奏疏送进宫时,见深正在和宦官击球,命门达进行处理。门达命旗校将杨暄捕至,问其主使。杨暄告诉他,自己并不识字,是大学士李贤让自己将奏疏送去的,

① 《明宪宗实录》卷二,天顺八年二月丙申。
② 《明史》卷三〇七《佞幸列传》。
③ 《明宪宗实录》卷二,天顺八年二月丙申。

至于上面写了什么，自己也不清楚。门达正想扳倒李贤，见有如此良机，便在第二天早朝时奏明见深。见深不明就里，命众大臣在午门会审杨暄。李贤更是摸不着头脑，随同来到午门。门达得意地朝李贤拱拱手："以先生所命，彼与我无干也。"等将杨暄押至，门达命其复述昨天的话。杨暄却当众反咬门达："此（门）达以酒肉赐暄，使暄言如此。"门达由此得罪。[1]

尽管王锜声称自己曾见到过杨暄，听他说过此事，却并没有多大的真实性。但由此也可以看出人们对深文锻炼、专事告讦者的厌恶。

在处理门达的同时，李贤等人说服见深顺势将锦衣卫指挥张山，都指挥牛循、聂惠，千户陈瑄、侯爵，百户李瑷、段祥、陈让、杨旬及门达子门升、侄门清、婿杨观等人一并问罪，又拆毁门达私自在城西设置的锦衣卫狱。[2] 召回行事老成、为人宽厚的袁彬掌锦衣卫事。《明史》说："先是，掌锦衣卫者率张权势、罔财贿，（袁）彬任职久，行事安静。"[3] 成化初年政局安定，与这一举措当不无关系。

对门达的处置，给了天下臣民一个信号，门达的所作所为，本为英宗所纵容，既然门达被问罪，那么在天顺时蒙冤受屈者理当得到平反。天顺时最大的冤狱，当是于谦、王文案，但牵涉面太广，又直接关系到英宗的面子，因此，平反是先从与曹吉祥、石亨直接相关的案子着手的。

天顺八年（1464）六月初一，监察御史白侃的一份奏疏揭开了成化朝平反的序幕。奏疏提到天顺六年五六月间发生的一件事。

御史杨瑄在畿内巡视马政，至河间府，有乡民控诉曹吉祥、石

① 王锜：《寓圃杂记》卷七《杨暄》。
② 《明宪宗实录》卷三。
③ 《明史》卷一六七《袁彬传》。

亨夺其田地,杨瑄据实奏闻,并列出曹、石二人怙宠专权等事。又有掌道御史张鹏、周斌等以星变准备劾曹、石诸违法事,约十三道御史交章论奏,却被给事中王铉将消息泄露给石亨。经曹、石一番哭诉,诬告张鹏等为景帝权阉张永的从子,结党排陷为张永复仇。结果,英宗不但不惩罚曹、石,反倒下诸御史于狱,右都御史耿九畴也被怀疑为主使者而投入锦衣卫狱。耿九畴之子翰林检讨耿裕遭牵连,谪为泗州判官。①

这件事后来被解释为英宗受了曹吉祥、石亨的欺骗所致,罪在曹、石。曹吉祥、石亨在天顺时已得罪而死,曹吉祥更有谋反罪,故攻击他们是不用承担政治风险的。见深见到白侃的奏疏,很是爽快,批复说:"(张)鹏等既为权奸所陷,吏部其即复其官。"②其实,耿九畴早在天顺二年(1458)就召回北京,拟为礼部尚书,因年老改为南京刑部尚书,张鹏、杨瑄也早就平反,只差耿裕,尚在定州,于是召回北京,复为检讨。这份奏疏的真正意图,是为了打开一个平反冤狱的缺口。

半年之后,即成化元年(1465)二月,监察御史赵敔上疏,公开提出为于谦平反之事,见深在读赵敔此疏时,很是感慨:"御史言是,自昔奸凶之徒不诬人以恶,则不能甚人之罪,不甚人之罪,则不能大己之功。朕在青宫,稔闻(于)谦冤。盖谦实有安社稷之功,而滥受无辜之惨,比之同时骈首就戮者,其冤尤甚。所司其悉如御史言,亟行之。"③

为于谦平反,是深得人心之举。当于谦被刑之日,据记载是阴

---

① 《明史》卷一六二《杨瑄传》,卷一六〇《张鹏传》,卷一五八《耿九畴传》;夏燮:《明通鉴》卷二七。
② 《明宪宗实录》卷六,天顺八年六月癸未。
③ 《明宪宗实录》卷一四,成化元年二月己丑。

霾四合,天下冤之。有一锦衣卫指挥朵儿,本出曹吉祥部下,却到于谦受刑之地,以酒祭奠,曹吉祥大怒,举鞭抽打。但第二天,朵儿酹祭如故。都督同知陈逵出于李时勉门下,收殓于谦遗体,后归葬杭州。英宗母孙太后知于谦受害,尽管素有嫌隙,也是嗟悼累日。英宗在世时对此也是追悔莫及。①于谦建功立业时,见深还在冲龄之中,但对于谦却有一种仰慕之意。成化二年(1466)八月,当于谦子于冕请予祭祀时,见深认为于谦之功与众不同,特命翰林院撰写祭文。其文曰:"卿以俊伟之器,经济之才,历事先朝,茂著劳绩,当国家之多难,保社稷以无虞,惟公道而自持,为权奸之所害,在先帝已知其枉,而朕心实怜其忠。"这几句褒辞,一时为天下所传诵。②人们被压抑多年的情绪,开始伸张、迸发。

于谦平反之讯传开,与于谦同时被害的都督同知范广之妻宿氏也为其夫诉冤。范广为辽东人,精骑射,骁勇绝伦,土木之变后,经于谦力荐,由辽东都指挥佥事擢都督佥事。与也先军先战于德胜门,再战于紫荆关,所向披靡。但因揭发石亨不法事,为其所怨,又受都督张辄所忌。英宗复辟后,被诬以党附于谦,谋立外藩,下狱致死。其子戍广西,妻子宅第尽赐蒙古降丁皮儿马黑麻。③见深对此也早有所知,故见宿氏奏章,不禁感叹:"(范)广骁勇,为一时诸将冠,中外共知。奸臣欲张大其功,乃以计杀之。"令其子范昇嗣广原职,以昭雪其冤。④

随后,夺门之变后被杀的太监王诚、施良,被削籍的内阁诸臣陈循、萧镃、俞士悦,吏部左侍郎项文曜以及王文等人,均在家属的

---

① 《明史》卷一七〇《于谦传》。
② 《明宪宗实录》卷三三,成化二年八月丁卯。
③ 《明史》卷一七三《范广传》。
④ 《明宪宗实录》卷二九,成化元年四月戊申。

要求下，赐祭平反。前兵部右侍郎王伟复官。其余在天顺时被贬谪的官员，也大都恢复了职位。

借故搭车是中国历史上的普遍现象，在为于谦等人平反的过程中，一些陈年老账也被抖了出来。

先是监生黄徽，言其祖黄福历事五朝，官至少保兼尚书，死后赠太保，谥忠宣，唯子孙未被录用。乞如户部尚书夏原吉之子的恩例，量授一职。黄福在宣德、正统时尽管知名度很高，但见深对他没有什么印象，顺手丢给吏部处理，被吏部压了下来。①

接着是已故国子监祭酒李时勉的孙子李颙言其祖历官四朝，曾效勤劳，请如吏部侍郎曹鼐之例，改谥加赠。李时勉见深却是知道，他是江西安福人，永乐二年（1404）进士，性情刚直，慨然以天下为己任。永乐时因事下狱，洪熙时又因直言，被仁宗命武士在便殿中用"金瓜"打断三根肋骨，如不是在狱中偶得他人帮助，早死多时。正统初因不媚事王振，被戴枷三日。明朝开国一百年，国子监祭酒以直节重望为士类所依归者，没有比得上李时勉的。一见李颙的奏章，见深便连声称赞："（李）时勉在先朝，直言敢谏，于忠无忝，毅不足以尽之。"即将原谥文毅改为忠文，赠礼部侍郎。② 按谥法，李时勉初谥"文毅"时，评语是："勤学好问，果而能断。"而见深所定"忠文"，评语是："临难不忘国，勤学好问。"③

看来，见深倒真是有心人。曹鼐死于土木之难，景泰时初谥"文襄"，意为"勤学好问，因事有功"，实不恰当。天顺时改谥"文忠"，意为"勤学好问，危身奉上"，比较合适了。李颙本意，亦欲得"文忠"，不料见深却给了"忠文"，强调的是一个"忠"字。明朝得

---

① 《明宪宗实录》卷四一，成化三年四月庚戌。
② 《明宪宗实录》卷六六，成化五年四月庚申。
③ 王世贞：《弇山堂别集》卷七七《谥法考二》。

"忠文"二字谥的只有王祎和李时勉二人。王祎在明初奉旨往云南抚谕故元梁王被害,死前正气凛然,不辱使命。① 从李时勉一生来看,虽未遇难,却几经磨难,愈挫愈坚,比曹鼐死于乱军之中,更加难能可贵,足与王祎比肩。

为李时勉定谥,事情虽是很小,却可见见深在初政时还是较肯动脑子的。

三、景帝加谥

于谦等人虽说有再造社稷之功,但在景帝易储的问题上,不能不说是起了推波助澜的作用。为于谦等人平反,乃至复陈循、王文的原官,对见深来说,是需要捐弃前嫌的。新君的高姿态,使人们开始考虑当时最为敏感的问题,即对景帝的定论问题。

英宗复辟以后,废景帝仍为郕王,死后给了个谥号曰"戾",②释义为"知过不改"。③ 又毁其所营寿陵。终天顺之世,无人敢提及景帝之事,即使到了成化,人们对此事仍讳莫如深。首先挑起这一问题的是湖广荆门州训导高瑶。高瑶是福建闽县人,字庭坚,景泰七年(1456)举人,会试不中而由乡举为教官。成化三年(1467)五月,高瑶上疏陈景帝之冤:

> 正统己巳之变,先帝既已北狩,皇上方在东宫,宗社危如一发。使非郕王继统,国有长君,则祸乱何由而平,黠虏何由而服,銮舆何由而还?六七年间,海宇宁谧,年谷屡丰,元元乐业,其功不小。迨夫先常复辟,其贪天之功以为己力者,遂加

---

① 《明史》卷二八九《王祎传》。
② 有记载说郕王实被缢死,见查继佐:《罪惟录·帝纪》卷七《代宗景皇帝纪》。
③ 王世贞:《弇山堂别集》卷七〇《谥法考一》。

厚诬,使不得正其终。节惠隋祀,未称典礼。人心犹恋,天意可知。昔周公有身代武王之功。及三叔流言,避住居东,致天动威,以彰周公之德。成王警悟,遂亲逆之出郊。反,风感应如响。今者灾异迭见,无乃天之动威,以彰郕王之功欤?伏望皇上特敕礼官集议,追加庙号,以尽亲亲之恩,则伦纪以厚,而天心可回矣!①

高瑶的奏疏并未公开指责英宗,而是把责任推给"贪天之功以为己力者"的徐有贞、曹吉祥、石亨等人,话却说过了头,举例比附尤其不当。但见深并未怪罪,而是将奏章下礼部廷议。当时科道官多因言宫闱事获谴,参加廷议的五府、六部、六科十三道官员对此都不敢妄加置喙。一议议了半年,到当年十二月,不能再拖了,礼部将球踢回给见深,说是"郕王继位六七年间,行事具在《实录》,其庙号非臣下所敢轻议,请自上裁"。② 这明显是一种推卸责任的观望态度,事在《实录》,难道要皇帝自己去翻《实录》,然后自己拿主意? 倒是左春坊左庶子黎淳直截了当地表明了立场。这黎淳是湖广华容人,天顺元年(1457)的状元,他在以个人名义所上的奏章中说:

> 正统十四年八月册立陛下为皇太子,至九月,群臣又奉郕王即帝位,改元景泰。缘陛下为皇太子在前,郕王即帝位在后,事理有碍。至天顺元年正月,英宗睿皇帝复位,钦遵圣烈慈寿皇太后(即孙太后)圣旨,仍复景泰为郕王,诏告天下,永为遵守。然后人伦正、天理得,名正言顺,而事成矣。高瑶建言,乃欲加郕王庙号,臣惟朝廷既立皇太子,则异时居天子之

---

① 《明宪宗实录》卷四一,成化三年五月壬午。
② 《明宪宗实录》卷四九,成化三年十二月庚子。

位乃皇太子也。曾未半月，群臣又立一亲王为天子，则前时所立之皇太子将何为哉？此景泰三年皇太子之废有由然也。在当时，虽曰主少国疑，四方多事，然周成王之时，姬旦实有功之叔父，何不遂取天位？虽曰神器久虚，不可无人，然共和之际，周召皆王国之懿亲，何不共分姬室？特以君臣有定分而不敢耳……今多官会议，依违苟简，略无定见，犹欲烦渎圣听，取自上裁，岂臣愚所能喻哉……若误听高瑶之言，一加郕王庙号，必将祭告太庙，改易旧制，而行附庙承祧之礼焉。必将迁启梓宫，改造山陵而加珠襦玉匣之典焉。必将追赠皇太后皇后之称焉，必当尽复当时所用之人所行之政焉……①

果然是状元手笔，学问文采均高过高瑶一头。但接下来却议论过头，将西汉昌邑王、更始帝比明景帝，尤为失伦。难怪见深在他的奏疏上批下四个字："献谄希恩。"谈迁称赞这四字批文："赫哉明纶！"②但对于黎淳的宏论，见深也不好具体评论，只得和稀泥："景泰已往过失，朕不介意，岂臣下所当言！"有理三扁担，无理扁担三，事情被压了下来。但此事既被挑出，皇帝又不置可否，自然要被再度提起。

时隔两年，成化六年（1470）八月，巡按直隶御史杨守随上书言五事，首先论及景泰的谥号："郕王受命艰危时，削平祸乱，功甚大。殆乃谥以'戾'，公论不平。此非先帝意，权奸逞私憾者为之也。亟宜改易，彰陛下亲亲之仁。"③当时，见深外为各省水旱相仍担忧，内为后宫皇储之事烦恼，没有心思管这桩旧案，只批了几个字："所言事俱处分已定。"搁在了一边。将杨守随批得莫名其妙，

① 《明宪宗实录》卷四九，成化三年十二月庚子。
② 谈迁：《国榷》卷三五。
③ 《明史》卷一八六《杨守随传》。

哪里"处分已定"？

至成化十一年（1475），为皇储之事操心已久的见深终于找到了解决问题的办法，立纪妃所生的儿子祐樘为皇太子，这位皇子虽然并不是十分机灵，却也颇解父意，父子相处，其乐融融。见深心情一好，不由想起高瑶、杨守随所言景泰帝的谥号问题。如果当年没有这位叔父，父亲能否活着从蒙古回来暂且不说，只怕北京一破，自己早已死于乱军之中，还谈得上什么君临天下、恩被四海？心念一动，下了一道旨意：

> 向者朕叔郕王践祚，戡难保邦，奠安宗社，亦既有年。及寝疾临薨之际，奸臣贪功生事，妄兴逸构，请去帝号。先帝寻知诬枉，深怀悔恨，以次抵奸于法。不幸上宾，未及举正。朕嗣承大业，于兹一纪，每思先儒有言，祖父有欲为之志而未为，子孙善继其志而成就之，此所谓孝。闻以帝号之复，质诸圣母皇太后，亦云此先帝本意，宜即举行。朕祗服慈训，敦念亲亲，诞告在廷，用成先志。其郕王可仍旧皇帝之号，所有前谥，礼部会议以闻，务合人心，毋乖典礼。仍会所司修饬陵寝，如敕奉行。①

虽说先有高瑶，后有杨守随的奏章，但仍是见深在位二十四年中很少见的主动行为。而且旨意非常得体，既不提高瑶、杨守随等人的呼吁，也不说自己的恩惠，只强调英宗在世之时已有此意。自己为郕王正名，不过是谨秉先儒的教诲，谨守为子的孝道，继承父志而已。又将已去世的英宗钱后搬了出来，以证明此事。既然皇帝主动开口，群臣乐得做顺水人情。事先，见深征询了商辂为首的

---

① 《明宪宗实录》卷一四八，成化十一年十二月戊子。

内阁的意见，商辂极言郕王有社稷功，位号当复。① 接着，以英国公张懋领衔，文武群臣联名上表，顺着见深的意思先将郕王的功业大大称颂了一番，继将石亨、曹吉祥的得罪说成是英宗的觉悟，又将见深大大地歌颂了一番，最后拟上谥号："恭仁康定景皇帝。"如果按景帝在皇储问题上的所作所为，用不悔前过的"戾"字谥是合适的。但对他保社稷、安黎民的功业，如杨守随所说，则是"以一箐而掩众善"。② "景"字谥法释义为"耆意大图，布义行刚"，虽不及成祖"经天纬地"的"文"字、宣宗"法度大明"的"章"字，却也颇能概括景帝一生的作为。但这"恭仁康定"四字谥，却拖了个尾巴。景帝之前，明朝有六位皇帝，除建文帝外，均既有庙号也有帝号，而且都是十六字尊号。朱元璋为太祖高皇帝、朱棣为太宗（嘉靖时改为成祖）文皇帝、朱高炽为仁宗昭皇帝、朱瞻基为宣宗章皇帝、朱祁镇为英宗睿皇帝。建文帝因被成祖赶下台，改其年号，追废为庶人，自然无庙号无年号，至万历时恢复建文年号，崇祯十七年（1644）七月（当时明朝已亡），南京弘光政权给了他一个庙号"惠宗"，帝号"让"。由于成化时的平反，景帝的待遇好得多，但有了帝号，却无庙号，尊号也只有"恭仁康定"四字。也是到弘光政权时，才画上一个句号，给了"代宗"的庙号，尊号则增加了十二个字，成了"代宗符天建道恭仁康定隆文布武显德崇孝景皇帝"。③

　　成化十一年十二月二十四日，在奉天门举行景帝加谥仪式。仪式的规格不高，却庄严隆重。

　　这天一早，文武百官均常服于奉天门外丹墀序立，见深身着盘

　　① 《明史》卷一六七《商辂传》。
　　② 《明宪宗实录》卷八二，成化六年八月乙卯。
　　③ 谈迁：《国榷》卷二八。

领窄袖、前后及两肩各织金色盘龙的黄袍,头戴乌纱裹顶、折角向上的翼善冠,亲自来到奉天门,出席加谥仪式。但见深对此事也不是没有顾虑,尤其不愿太过张扬。所以当礼部请将景帝加谥事诏告天下时,便予以拒绝。因为景帝事毕竟不同于于谦事,于谦之冤,天下共知,礼遇再隆重,也不过是给忠臣们加恩,激励来者。景帝这事却直接关系到皇族内部的骨肉相残,而且还有许多已不能挑明也无法查证的隐事。对于在景泰时曾被伤害的见深,能够做到这一步,已是难能可贵,因此王世懋评价此事,大加赞叹,"大哉宪皇追称景帝,所挽回元气多矣"。①

四、顺乎舆论

中国古代圣贤大都有强烈的参政议政意识,无论是说天、说地、说人,都离不开政治,修身齐家时想的也是治国平天下。他们本来就是读书人的代表,他们的思想又反过来影响一代又一代的读书人。读书就是为了做官。当然,由于人格的高下,有人做官是为了施展抱负,报效国家,欲致君于尧舜,欲保民于安康;有人做官是为了肥私利己、宰割众生,利唯恐不多,官唯恐不大。

在明代,由于程朱理学的熏陶和最高统治者的鼓励,士大夫敢说敢为成为风气。因上书言事而受惩罚是一种光荣。而且惩罚越重,名气也越大。李时勉、钟同、章纶、廖庄等人便是如此。一旦遇上尊重士论、礼遇臣下的主子,那更是肝脑涂地,在所不惜。

逐门达、祭于谦、谥郕王,见深继位后所做的一桩接一桩顺乎人心的事,使群臣觉得这位新君与他那有些冥顽不化的父亲确实

_____

① 谈迁:《国榷》卷三七。

不一样。于是,上书言事便一浪高过一浪。

天顺八年(1464)二月十二日,见深读到了他即位后第一份对新政提出全面意见的奏章。户科给事中童轩在这份奏章中说了五件事。第一,编纂治国要典。请皇帝在亲政之暇,与翰林儒臣即内阁大臣讲求祖宗成宪及历代圣贤关于修身用人贵善惩凶的言行,将其编纂成册,以为大明朝不刊之典。第二,重行保举制度。方面大吏及七卿僚佐由在京三品以上大臣推荐,皇帝亲自考核选用;有徇私滥举者,由科道官纠劾;任职以后有犯赃者,行保主连坐法。第三,广开言路。童轩特别指出,天顺末年,台谏官多因直言得罪,致使以言为讳,结舌自保,希望新君改变这一局面,凡有上书论事者,可行者行之,乖谬者不罪,即言者无罪,闻者足戒。第四,赈济灾民。第五,加强边备。核心在于广开言路。

见深显然是认真看了奏章,大加称赞,认为"所言俱有理",并表示要身体力行。[①] 皇帝的态度鼓舞了士气。接着,刑科都给事中金绅上八事,御史吕洪等不甘落后,也是八条建议。南京翰林院侍读周洪谟别出心裁,他的奏章说为君之道有三,即力圣学、修内治、攘外侮。力圣学在于正心,修内治在求真才、去不肖、旌忠良、罢冗职、恤漕运,攘外侮在选将帅、练士卒、理阵法、治兵器、足馈饷、靖边陲,每个要点都有具体说明。对于这些,见深都是一一批示,让有关部门参酌采纳。

当然,说是采纳,操作起来又谈何容易。加上见深也不过是批批而已,到底采纳了多少,谁也不会去追问。倒是内阁提出的几件具体事情,很快就办了。大学士李贤等人先是提出,自宣德至天顺,屡选宫人,其中许多颇有忧思怨嗟,而浣衣局没官妇女尤其艰

---

① 《明宪宗实录》卷二,天顺八年二月乙未。

44

苦。请量留其中有职务及不愿出宫者,其余全部释放归家。这件事自然极易办到,而且影响很大,见深立即采纳,结果"中外欣悦"。接着,又提出内府供用过于浪费,见深也命减去南北两京供用库及司、苑等局岁用白粮、豆麦、茶、蜡各三成。到八月,李贤等人见工部督造仪仗车驾,认为大赦令刚发,百姓尚未休息,不应即用民力。见深对此很是惭愧,连称:"此朕偶徇有司之请,未之思尔",即令停造。①

李贤等人再接再厉,搬出《皇明祖训》,说祖训有关于宫内禁止修建寺观及烧香降香祷告的条令,而近来有番僧入内诵经,至晚才出,又有内使私送银物于寺观者,要求禁止。对此,见深回答得很有意思:"祖训具在,敢不祗率。"②其实只是应付而已,番僧照旧出入。但只要皇帝有纳谏之心,也就够了,哪能指望件件都听?

明朝的皇帝大多有一个特点,即办事随意性大,自制力弱,尤其是不尊重大臣,动辄凌辱,从太祖太宗起就是如此。自宣宗开始,又增加了爱古玩、乐游嬉的毛病,乃至恶作剧。宣宗因喜程宗的才学,想让他入宫教女官,但宫廷禁闱,男子不得入内,于是便骗入喝麻醉药,再行阉割。等到程宗醒来,已成了宦官。英宗则喜欢踢球,玩起来没完没了,还只有王振才能管得住。至于见深,自小喜欢书画古玩,文官们也早有耳闻。而根据《祖训》的要求,人主是不能有这些喜好的,否则,便会误国误民。仁宗高炽有卖弄文字的习惯,吟吟古诗,作作词曲,大学士杨士奇便说诗词为雕虫小技,人主不该沉湎于此。

要致君为尧舜,至少是做一个守成令主,不断提意见,随时匡

<hr>

① 《明宪宗实录》卷三、卷八。
② 《明宪宗实录》卷三,天顺八年三月辛酉。

正固然重要,但这只是治标而非治本。治本是要让君主修心正性,自我约束。办法则是让他读书,当然是读圣贤的书。手法也是现成的,即开经筵,由饱学之士向皇帝宣讲经史大义。汉宣帝时,曾召诸儒讲五经于石渠阁,唐玄宗也曾选耆儒于集贤院讲经史。入宋之后,便有经筵制度。每年春二月至端午日,秋八月至冬至日,逢单日由讲官轮流入侍讲读。洪武时,明太祖曾命翰林学士宋濂、待制王祎及殿阁大学士吴沈、朱善等讲《大学》《周易》等书。永乐、宣德时,成祖、宣宗也曾召翰林官讲《大学》《孟子》,但并未形成制度。① 至正统时,英宗幼年即位,"三杨"(杨士奇、杨荣、杨溥)辅政,经太皇太后同意,由礼部进经筵仪注,定每月的初二、十二、二十二由内阁及翰林官会讲文华殿,其余单日令讲读官四人入讲经史。② 因这年三月初一是殿试天下贡士之日,初二则是亲阅对策之日,所以第一次经筵并未按期在三月初二举行,而是改在三月初九日。③ 从此,经筵成了文官们借古讽今、对皇帝灌输儒家伦理道德的讲坛。

见深即位后,金绅、吕洪、周洪谟的奏章均提到讲学之事。至天顺八年(1464)五月,翰林院编修张元祯在奏疏中则明确提出应开经筵,要求皇帝风雨寒暑不废,日御文华殿,午前讲学,午后论治。④ 见深对这条意见倒是很重视,让礼部进经筵仪注、内阁推举讲读官,而且表示:"自古圣帝明王,未有不资学问而能致天下于太平者。"⑤ 有鉴于此,定于天顺八年八月初二开经筵,太保会昌侯孙继宗和少保

---

① 《明会典》卷五二。
② 《明英宗实录》卷一四,正统元年二月丙辰。
③ 《明英宗实录》卷一五,正统元年三月乙亥。
④ 《明宪宗实录》卷五,天顺八年五月乙丑。
⑤ 《明宪宗实录》卷五,天顺八年五月乙丑。

吏部尚书兼华盖殿大学士李贤知经筵事,李贤与陈文、彭时及翰林院学士万安,侍讲学士李泰,侍读孙贤、刘珝、牛纶日侍讲读。

这个名单很有意思,李贤、陈文、彭时是内阁大学士,理所当然得参加经筵讲读。而万安等人则各有来头,牛纶是天顺、成化之际最有权势的宦官领袖、司礼监掌印太监牛玉的侄子,英宗临终遗言就是由牛玉起草的;①李泰是太监李永昌的侄子,又过继为养子。李永昌在土木之变后受命与太监兴安、兵部尚书于谦总理军务,极有权势;②这二人是因为有中贵为援,得侍日讲。孙贤是景泰五年(1454)殿试状元,万安、刘珝、李泰均为正统十三年进士,与彭时同科,彭时为状元,刘、万、李选庶吉士。孙贤、刘珝为李贤、彭时器重,万安则和李泰交好。

在明朝,虽说进士一选庶吉士,便被视为"储相"。其实,选庶吉士后,还得通过各种努力乃至多方钻营,才能在散馆时留在翰林院,并争取为经筵讲官,这样皇帝才有印象,以后入阁才有把握。这届讲官中,万安、刘珝先后入阁。孙贤病休、牛纶受牛玉牵连除名、李泰暴死,否则也都是入阁人选。

当然,所有这些关系,年方十七又深居内宫的见深是弄不清楚的。在开经筵之前,有些人的姓名也没听说过。

天顺八年(1464)八月初二,是初开经筵的日子。在明朝,经筵尤其是初开经筵有非常隆重的仪式。经筵在位于奉天殿东边的文华殿举行。开经筵的前一天,在文华殿正殿内预设御座,御座的东边稍北是御案,③御案的东边稍南设讲案,两案相向。初二早朝

---

① 《明史》卷三〇四《宦官列传一》。

② 《明史》卷三〇四《宦官列传一》,卷一六八《万安传》。

③ 按:此据《明宪宗实录》卷六,天顺八年八月丁酉条;《明史》说御案在御座东边稍南(卷五五《礼志九》)。

后,见深常服来到文华殿,升御座,司礼监官已在御案及讲案上分别放好四书及经史各一册。事前由翰林官撰写的讲章(即讲稿),便放在册内。摆放也有规矩,都是书册置于东而经册置于西。锦衣卫的大汉将军早已排列殿外侍卫,参加经筵的官员也在殿外侍候。

见深一落座,经筵仪式便开始了。鸿胪寺官引知经筵及侍班、讲读、执事、侍仪等官先在殿外丹陛上行五拜三叩头礼。礼毕,以次进殿,依品级东西序立。按已定名单,知经筵事为孙继宗和李贤,陈文、彭时同知经筵事,经筵官为太常寺少卿兼翰林院学士刘定之,詹事府少詹事兼国子监祭酒司马恂、大理寺左少卿孔公恂、翰林院学士柯潜、万安,侍讲学士李泰,太常寺少卿兼翰林院侍读孙贤、刘珝、牛纶,左春坊左庶子兼翰林院侍讲王佐、徐溥。吏部尚书王翱、户部尚书张睿、礼部尚书姚夔、兵部尚书马昂、刑部尚书陆瑜、工部尚书白圭、都察院右都御史李宾、通政司通政使张文质、大理寺卿王概为侍班。因兵部尚书马昂有官衔(太子少保),故列班在户部尚书张睿、礼部尚书姚夔之前。出席仪式的还有翰林院史官,他们在经筵上的职责是"展书"。又有御史、给事中各二人为侍仪,他们在殿内分东西向北站立,专门纠劾经筵上的违仪行为。①

众人进殿就位后,有序班二人将御案举起放在御座前。另二人将讲案置于御案南面,二案相对。经筵的执事是鸿胪寺官,一声"进讲",讲官便出列进讲,每次二人。因是本朝首开经筵,故大学士李贤和陈文亲自进讲。李贤讲《大学》一章,陈文讲《尚书·尧典》首章。二人来到讲案前稍南,面北站立,在鸿胪寺官的口令声

---

① 《明宪宗实录》卷六,天顺八年六月戊戌。

中鞠躬、跪拜、叩头、起、立。然后由翰林院史官一人出列至御案前,跪着为皇帝将《大学》讲章展开,退立讲案东侧。李贤走前一步,在讲案前站定。他看了看眼前这位几经周折才继承了皇位的天子门生,心中升起一股前所未有的责任感。《大学》是《礼记》的一篇,相传和《中庸》都为孔子的弟子曾子所作。宋代配以《论语》《孟子》,朱熹又撰《四书章句集注》,从此有"四书"之说。明永乐时,胡广等人奉旨编成《四书五经大全》,为士子必读课本。明朝科举分乡试、会试、殿试,其中乡试、会试均为三场。洪武十七年(1384)颁科举定式,初场试四书义三道,经义四道。《大学》为四书之首,讲的是格物、致知、诚意、正心、修身、齐家、治国、平天下的道理。

李贤曾举河南乡试第一名,进入仕途后,历官吏、户、兵三部。英宗复辟后,以吏部右侍郎兼翰林学士入值文渊阁,从天顺元年(1457)七月始一直为内阁首辅。讲治国平天下自然非他莫属。对于李贤,见深是充满感激之情的,如果不是他,皇位是否归自己都很难说。李贤讲毕,退立。展书官再一次走至御案东首,跪着将书册合上,退回原班。

另一展书官出班,至御案前西首,跪着展开经册,然后退立于讲案西侧。轮到陈文讲《尧典》了,他和李贤一样,跨上一步,站在讲案前。

陈文是江西吉安府庐陵县人。在明朝,作为江西人,尤其是吉安府人是非常风光的。成祖初立内阁,在文渊阁办事的一共七人,其中五人来自江西,而先后领衔的解缙、胡广、杨士奇全是吉安府人。景泰时内阁有五位核心人物,其中陈循、萧镃都是江西吉安府泰和县人。这些都是陈文的前辈。李贤是河南乡试第一名,陈文则不但是江西乡试第一名,而且是殿试第二名,翰林院出身,故素以才学自诩，又年长三岁，对李贤是看不大起的。[①] 而李贤对江西人也是充满成见。但经过天顺八年（1464）初对钱溥、王纶的打击，两人关系有所缓和。比起李贤，见深对陈文更为熟悉，他曾是见深的东宫讲官，身材修长，眉目清朗，口才极好，是天生的教官料。只是他所讲的《尧典》，是关于尧舜禅让的传说，很难发挥出水平。

陈文讲毕，退到原来的位置，和李贤并肩而立。展书官又趋向前，跪合经册，退而回班。李贤、陈文再次随着鸿胪寺官的口令，鞠躬、跪拜、叩头、起身、站立、退就原班。序班将御案、讲案搬回原处。至此，经筵结束。经筵官、侍班人等行礼后，见深自回乾清宫休息。

等皇帝离开文华殿，内阁、部院大臣及翰林史官等也鱼贯而出。尚膳监已在左顺门准备了酒宴，这是皇帝招待所有知经筵、同知经筵、侍班大臣及进讲、展书、写讲章、执事等官的。

从天不亮就开始进宫、上朝、经筵，折腾了大半天，虽说劳乏，但众人都觉得做了一件大事。谁不愿天下太平、君为尧舜？而经筵则是辅君的第一步，有了好的开端，事情也就好办了。李贤、陈文、彭时及负责日讲的万安、李泰、孙贤、刘珝、牛纶更是觉得责任重大，从明天开始，他们在早朝后还有日讲。经筵是象征性仪式，日讲才真能畅抒己见。[②]

但讲官们谁也未曾料想，就在经筵后的不久，皇帝便沉陷于没完没了的宫闱纠纷之中，再也拔不出足来。而且，这第一次经筵给他的印象也太深了，坐在那里一动不能动，不啻是受了一场罪。

---

① 《明史》卷六八《陈文传》。
② 《明宪宗实录》卷八，天顺八年八月甲申。

第三章　皇族事务

一、皇后废立

天顺八年(1464)八月二十二日,见深即位刚好七个月。这一天也是他即位后的第三个经筵日,却传出一个令文武群臣及天下百姓震惊的消息:刚刚册立一个月的皇后吴氏,被见深给废了。这不要说在明代,即便是中国有史以来,也难找第二次。想当年风流倜傥的宣宗废胡后,尚颇费筹划,最后还是杨士奇出了个勉为其难而又两全其美的办法(见第一章)。见深看上去雍容大度、优柔寡断,怎么说干就干?

见深在给文武群臣的敕谕中说了废皇后的原委:

> 朕勉遵先帝之命,册立皇后。不意太监牛玉偏徇己私,朦胧将先帝在时选退吴氏于母后前奏请,立为皇后。朕观吴氏,轻浮粗率。《诗》云:"靡不有初。"初尚不谨,何以克终?朕负天下之重,处礼之变,册立中宫,为风化之原。不幸所遇如此,岂得已哉!敷告群臣,悉予至意。①

在中国历史上,大凡公文多属官样文章,所说之事,真中有假,假中有真,真假莫辨。能够摆到桌面上的,则说真;摆不上桌面的,则将真相隐去,换以伪装,就像当年宣宗逼胡后让位和此后见深为

---

① 《明宪宗实录》卷八,天顺八年八月癸卯。

于谦平反的诏书那样。胡后上表让位是真,但杨士奇替宣宗出主意,逼迫胡后上表的真相则被隐去,反说是胡后情真意切,主动让位。曹吉祥、石亨、徐有贞等"权奸"对于杀于谦确实起了重要作用,英宗在杀于谦之后有悔恨之意也有可能,但将英宗的责任推得一干二净,尤其是说由于杀于谦的缘故而将曹、石、徐等人置之于法,则是弥天大谎。但中国的老百姓也很好糊弄,皇后姓胡姓孙没有关系,只要不是妲己、褒姒就行,即便是妲己、褒姒,也没有办法;不管杀于谦的是曹、石、徐还是英宗皇帝,只要能为于谦平反、出口怨气就行,其实,就是不为于谦平反,也无可奈何。如今,新皇帝见深玩的又是这套把戏,与吴后性情不合是真,但废后的关键原因则抹去。

吴氏是顺天人,羽林前卫指挥使吴俊之女,见深为太子时,英宗为其选妃,中选者有王氏、吴氏、柏氏三人,据称对王氏更为满意,但尚未确定名分。恰逢孙太后去世,数月后,英宗也一病不起,不久去世,故见深为太子期间,尚未及册立太子妃。英宗钱皇后和见深母周氏对三女却不很满意,故在天顺八年(1464)三月初八日,英宗死后的五十天,便命礼部具榜京城内外,官民人家,凡有家教良好的十五至十八岁女子,送礼部遴选。① 但没有选到比王、吴、柏三女更合适的。主选官牛玉极力向太后推荐吴氏,认为吴氏聪明知书,多才多艺。经太后目测同意,见深于天顺八年七月二十一日册吴氏为皇后。册制说:"尔吴氏毓秀勋门,赋质纯粹,有端庄静一之德,有温和慈惠之仁,姆师之训素闲,礼度之容不爽。"② 又诏告天下,说明大婚是先帝的遗命、皇太后的兹训。

---

① 沈德符:《万历野获编》卷三《(宫闱)宪宗废后》;另见《明宪宗实录》卷八,天顺八年八月癸卯。
② 《明宪宗实录》卷七,天顺八年七月壬申。

52

吴氏的被废，见深在诏谕中说了两个原因。一是"轻浮粗率"，在给吴氏本人的敕谕中更说是"言动轻浮，礼度粗率"，"留心曲调，习为邪荡"。这个评语和大婚时的册制评语全然是两回事，吴氏仍是吴氏，由此也可见官样文章的可信程度。但有一点则是肯定的，即吴氏聪敏知书，爱好音乐，就因为这个性格，导致了她的悲剧。二是牛玉做了手脚，说吴氏在英宗时未入选，入选的是王氏，但牛玉"偏徇己私"，接受了吴俊的贿赂，而奏请太后立吴氏。

弘治时大学士刘吉、徐溥、刘健领衔所修的《宪宗实录》说了一句胆子很大的话："吴后立未逾月而废，当时传言，或谓后宫先有擅宠者，被后杖责，故及。然宫闱事秘，莫得而详。又谓有恶牛玉之专者，欲夺其权，有所承望而然，故罪独归于玉云。"①虽说是"传言"，却是吴氏被废的真正原因，也与吴氏本人的性格有直接关系。

见深为太子时，与祖母、宣帝孙皇后的宫女万氏已有很深的感情，但万氏出身既微，且年长见深十九岁，其关系又未经英宗及钱后、周氏确认，只要钱、周二太后还在，立万氏为皇后就是不可能的。但万氏在见深心目中的地位，却不是其他女性可以替代的。

吴氏聪敏知书，且多才多艺，年方二十立为皇后，按中国传统说法，当主持六宫，母仪天下。虽然两宫太后健在，六宫之事不能全由皇后做主，但平辈的嫔妃，则以皇后为尊。也就是因为这样，吴氏的架势便也拉了起来。殊不知对别人可以拉架子，对万妃却不行。虽然是皇后，见深对她还谈不上有多少感情。大婚之前，从未见过面；大婚之后，如废后诏所说，见深便觉吴氏"轻浮粗率"。这里既有感情上的格格不入，恐怕也是一种固有的偏见。

---

① 《明宪宗实录》卷八，天顺八年八月癸卯。

据当时留下的各种资料看,见深性格偏于内向,在他生命的前十七年中,接触最多的女性是万氏。长时间的潜移默化,万氏的言行举止,成了见深认识女性的一种模式。吴氏显然和万氏不是一种类型的女性,且对男性至少对这位已知男女风情的皇帝丈夫缺乏应有的了解,自然也就说不上去迎合爱抚,因而难以得到见深的欢心。作为皇后,是皇帝合法的原配妻子,尤其是吴氏这种聪敏自信的女子,自然也就容不得丈夫对自己冷淡而对其他女性表现特别的热情。这种由地位和性格而决定的妒忌与排他的心理,使她立即对万氏产生不满,其间的矛盾也随之激化并很快爆发。《明史》说:"先是,宪宗居东宫,万贵妃已擅宠。后既立,摘其过,杖之。"[1]《罪惟录》说:"万贵妃谲智善媚,上宠专宫,后恶之,数加诘责。"[2]虽然都是站在皇后的立场上谴责万氏,却不能掩盖一个事实,即皇后吃醋,因吃醋而利用权势对竞争对手进行惩罚和报复。由于吴后为自己所选,故牛玉在吴后与万妃之争中理所当然地站在吴后一边。

《罪惟录》记载了一件看似小事却直接导致皇后被废、牛玉被逐的事情。按明朝制度,皇帝"幸"后宫,是由司礼监安排的,这天轮到见深"幸"吴氏,吴氏照例得沐浴以待。但万氏却不管这个规矩,径自先在浴堂沐浴,全然不将吴氏放在眼里。牛玉作为司礼监太监,对此事极为不满,逢人便说万氏的不是。[3] 如果只是皇后与妃子间的争端,恐怕见深还沉得住气,司礼监太监的卷入,如按当时的制度,是其职责范围内事;但在见深看来,却是皇后与太监联合起来对付妃子,欺侮他的心上人。加上牛玉自英宗后期便擅权

①　《明史》卷一一三《后妃列传一》。
②　查继佐:《罪惟录·列传》卷二《皇后列传》。
③　查继佐:《罪惟录·列传》卷二《皇后列传》。

内府,在见深即位之初更借故铲除王纶、钱溥,并牵连多人。王纶久在内府供职,又是内书堂出身;钱溥曾任内书堂教官,在天顺、成化时有头脸的宦官中影响很大,成化一朝最著名的宦官怀恩便是钱溥的学生,而且私交很深。① 万氏入宫三十年,人情稔熟。既然牛玉在万氏问题上得罪了皇帝,不满者便借机揭发了他在选后时接受贿赂的不法行径。本来行贿受贿这种事情在中国古代是司空见惯的,《汉书》就有画师毛延寿因未得贿赂而将王昭君画丑的记载,只是不要撞在枪口上,一旦有事得罪,这些事便成了罪状。

　　见深废后便是以牛玉为突破口的。先是将牛玉和另一太监吴熹下都察院狱,追究在选后问题上的作弊。牛玉供出吴后之父吴俊。吴俊本为羽林前卫都指挥使,因女选后而升为中军都督府同知,②这时和儿子吴雄同时下狱。所供狱词说,皇帝在东宫时,英宗为其择配,榜谕中外,分命中官往来,得十二人,英宗亲自选了王氏、吴氏、柏氏三人,留于宫。三人之中,对王氏更为满意,准备册为皇太子妃,但逢皇太后孙氏病逝,接着英宗去世,事情便拖了下来。宫内有人将孙太后和英宗相继去世的事情与三人尤其是王氏的入选联系起来,故有见深即位后皇太后重命择配之举。其实是为了换掉王氏。吴俊父子得知消息,通过同姓宦官吴熹对牛玉行贿。牛玉说服太后,于是立了吴氏。③

　　都察院将这份供词呈上,见深命公、侯、伯、都督及六部尚书、侍郎、都御史、大理寺卿及科道官会议处置办法。既然皇帝主意已定,牛玉、吴俊又对行贿受贿之罪供认不讳,便达成了一个废后的

---

①　陆容:《菽园杂记》卷七;查继佐:《罪惟录·列传》卷二九上《宦寺列传》。

②　《明宪宗实录》卷五,天顺八年五月辛巳。

③　《明宪宗实录》卷八,天顺八年八月癸卯;沈德符:《万历野获编》卷三《(宫闱)宪宗废后》。

议案。经太后同意,废皇后吴氏,搬出坤宁宫。这位吴后从此便在西内别馆居住,日后哺养孝宗,使万妃不得专宠,也算是报了一箭之仇。①

吴后既废,牛玉、吴熹谪南京孝陵种菜,吴俊、吴雄父子戍登州。又罢牛玉的姻家三千营总兵官怀远侯孙镗闲住,牛玉之侄太常寺少卿兼翰林院侍读牛纶及外甥吏部员外郎杨琼除名。②

吴后虽废,中宫之位不可久虚。既然废吴氏时说到英宗在世之日,已钦选王氏,那么中宫之位自非王氏莫属。见深的第二次婚礼是在废吴后的两个月,即天顺八年(1464)十月十二日举行的。整个婚礼与三个月前和吴后的婚礼完全一样,只是换了个新娘。

王氏虽然做了皇后,但日子并不好过,小心谨慎,唯恐得罪。见深对她十分冷淡,据载是"终其身不十幸",见深在位二十三年间,和王氏在一起不到十次,连见深自己都觉得有些过分,表示"慢女多矣"。③

二、万妃专宠

吴后被废,王后受冷落,乃至成化朝的种种弊端,作史者都认为是因为一个尤物,即万贵妃在作祟。

暂不说万贵妃的种种作为,以她本人来说,倒真是个悲剧人物。

万氏小字贞儿,生于宣德五年(1430)。《明史·恭肃贵妃万氏传》说:"宪宗年十六即位,妃已三十有五",误。按见深生于正

---

① 《明史》卷一一三《后妃列传一》。
② 《明宪宗实录》卷八,天顺八年八月甲辰。
③ 查继佐:《罪惟录·列传》卷二《皇后列传》。

统十二年（1447）十一月，即位时十六岁，按中国传统年数为十七岁，《实录》说万妃生于宣德庚戌年，即宣德五年，见深即位时应是三十三周岁，称三十四岁。《明史》将见深减一岁而万氏加一岁，是为了扩大二人的岁龄差距。

万氏于宣德八年（1433）四岁时选入宫，成了宣宗孙皇后身边的小宫女。其实，万氏和孙后身上倒真有许多相似处。万氏是山东诸城人，与孙后老家山东邹平相距不远，为同乡；万氏四岁入宫，孙后十岁入宫，经历相似；万氏父万贵初为县吏，孙后父孙忠也是吏员出身；万氏因聪明伶俐、善解人意为孙后所喜，孙后入宫时，同样以美而慧为仁宗张皇后所爱。所不同的是，孙后入宫后不久就被封为皇太孙嫔，后来顺理成章成为皇太子嫔、皇贵妃，深得宣宗之宠；万氏却一直在孙后身边，不知是孙后离不开她，还是不愿让她步自己的后尘，以免给儿子增加麻烦，反正一直不让她与英宗接触，也就说不上与英宗的名分。本来，万氏小英宗三岁，年龄甚是相配。[①]

正统十四年（1449），英宗北狩，见深不到两岁被立为皇太子，从此便在孙太后身边抚养，而服侍见深饮食起居的，便是万氏。如在寻常人家，女子十五六岁就该嫁人了，万氏这时已经十九岁，既不能得侍英宗，又久在宫中，过惯了花团锦簇的日子，出宫嫁人的事只怕想也不曾想过，于是死心塌地像过去服侍孙太后一样服侍皇太子见深。从两岁开始，直到十七岁做皇帝，整个童年和少年时代，见深从万氏身上得到的，首先应是无私的母爱，既而是成熟女性的温馨，乃至把万氏看成是全部感情的依托。但是，由于年龄相差悬殊，要立万氏为皇后，实际上是不可能的。更何况，孙太后既

<hr>

① 《明史》卷一一三《后妃列传》；《罪惟录·列传》卷二《皇后列传》。

然不让万氏染指英宗，又岂能允许她成为自己的孙媳妇。孙太后去世于天顺六年（1462）九月，当时见深十五岁，万氏三十二岁。他们的关系由母子、由姐弟发展到夫妻，恐怕就在这前后。而且，也像当年孙氏缠着宣宗废胡后一样，万氏也让宪宗废了吴后，这却是孙太后始料不及的。如有天意，抑或也是一种报应。

只是虽然因为万氏而废了吴后，却又立了王后，而这王后又是一位能够忍辱负重、克制感情的人，从不使性子，也从不和任何人发生正面冲突。见深驾临，她尽妻道；见深一二年不来，她无怨言；见深有病，她尽心调理看护；即便被宦官挡驾，她也面不改色。或是生性淡泊，或是涵养极佳，任何人对她都挑不出毛病。① 遇到这位对手，万氏也是无奈。即便是抓住她一两件错事，总不成见深又来一次废后。所以在名分上的事，万氏也就知难而退了。但她无疑是实际上的皇后，见深完完全全成了她感情上的俘虏。

据记载万氏并无倾城倾国之貌，恰恰相反，是"貌雄声巨，类男子"，又年长见深十七岁，所以不管是当时的文武大臣、渔夫樵子，还是以后的学者文士，对此都表示不可理解。见深生母周太后曾质问道："彼有何美，而承恩多？"② 《实录》解释说："妃亦机警善迎合上意，且笼络群下。"③ 《明史》也说她"机警，善迎帝意"，见深每次出游，"妃戎服前驱"。④ 可见万妃不仅会讨好见深，上下关系也处理得很好，而且与众不同，总能使见深有新鲜感。民间传说更作了渲染："万氏丰艳有肌，每上出游，必戎服佩刀侍立左右，上每顾之，辄为色飞。"而且说成化二十三年（1487）正月，当见深得到

---

① 查继佐：《罪惟录·列传》卷二《皇后列传》。
② 查继佐：《罪惟录·列传》卷二《皇后列传》。
③ 《明宪宗实录》卷二八六，成化二十三年正月辛亥。
④ 《明史》卷一一三《后妃列传一》。

万氏去世的消息,半天说不出话来,最后竟长叹一声:"万侍长去了,我亦将去矣!"从此,悒悒无聊,不久便去世。[1]

这种感情远不只是一般的男女情爱,而是见深从小形成的对万氏的依恋之情,是任何人都取代不了的。见深自己在回答周太后时说:"彼抚摩吾安之,不在貌也。"[2]既是实情,只怕也有搪塞之意。或许,其中还包含着见深自认为对万氏欠有感情债。

正因为如此,对于万妃的一切要求,见深总是尽可能地满足。对于万妃的越轨言行,见深总是予以容忍。只要有人敢对万妃无礼,见深便予惩治。万妃先是受宠于孙后,继又受宠于见深,却又不能名正言顺地立为皇后,且时时受人指责,不免有所抱憾。见深为此,对她更是百依百顺,宫中太监见万妃得宠,便百般迎合。成化一朝的许多稗政,如中使采办、苛敛民财,方士得宠、出入宫闱,汪直用事、滥施刑罚等,虽然不能归责于万妃,但也不能说与她完全没有关系。所幸的是无论王皇后还是其他嫔妃,均知万妃与见深的关系,也接受吴后被废的教训,虽然见深长住万氏所居的昭德宫,却无人敢于发难、争锋,后宫总算没有再次闹腾,见深也就省去了许多尴尬。

实际上,万贵妃自从见深在成化十一年(1475)第二次立太子以后,已深自收敛,对见深的行动并不过于干涉,这也是见深对她始终怀情的原因之一。

三、太后风波

后妃之间的矛盾因万氏的专宠而平息,生母周太后的发难又

---

① 沈德符:《万历野获编》卷三《(宫闱)万贵妃》。
② 查继佐:《罪惟录·列传》卷二《皇后列传》。

使见深处于更为难堪的境地。

英宗即位后,经孙太后做主,立钱氏为皇后。钱氏为南直淮安府海州(今江苏灌云县北南城镇)人。其父名贵,嗣祖职为燕山护卫副千户,从成祖、宣宗北征,屡迁为都指挥佥事,正统七年(1442)因钱氏将立为皇后而升中府都督同知。明朝后妃多出身微贱,除成祖徐皇后为徐达之女外,惠帝后马氏之父马全为光禄少卿;仁宗皇后张氏之父张麒,以女为燕世子妃,授北平兵马司副指挥;宣宗胡后之父胡荣,因长女入宫为女官,授锦衣卫百户,永乐时期其女为皇太孙妃,授中军都督佥事。改名孙忠。自钱贵授中军都督府都督同知后,这个位子便成了皇帝岳父的专职,宪宗吴皇后之父吴俊、王皇后之父王镇,均在女儿行将册封前授此职。①

钱氏可说是明朝最为善良的皇后之一。按惯例,女为皇后,父当封爵。英宗念钱氏家族卑微,多次要授其父爵位,均被钱氏婉言谢绝。因此直到钱氏去世,其家仍不得封。英宗被蒙古所虏,钱氏倾中宫所有资助营救活动。英宗迎回北京后,被幽禁在南宫,郁郁寡欢,钱氏终日相伴,曲为劝解,相濡以沫。英宗复辟后,景帝废后汪氏降为郕王妃,钱后以礼待之,直如妯娌。但钱氏又是最为不幸的皇后之一。英宗北狩时,因日夜泣哭祷告,一腿致残,一目失明;英宗先后在位二十二年,宫中事全由孙太后做主,谁也不得置喙,到孙太后天顺六年(1462)九月去世,钱后头上一座山才被搬去,但只是过了一年零四个月,英宗便去世了;尤其是一生未曾生育,注定了晚年更为不幸。英宗对这位皇后又是敬重,又是怜悯,临终特立遗命:"钱皇后千秋万岁后,与朕同葬。"由大学士李贤书之

---

① 《明史》卷三〇〇《外戚列传》。

于册。①

　　见深的母亲周氏是昌平农家女,英宗郊猎时逐兔入周家,家人仓皇躲匿,周氏当时才十岁,却并不惊慌。英宗大为惊异,携其回宫,生子见深。英宗复辟后,复立见深为皇太子,册周氏为皇贵妃。周氏生于农家,缺乏教养,又富个性,不甘人下。子为太子,母以子贵,便不将钱后放在眼里,时时有所流露,甚至纵容太监奏请孙太后,希望改立自己为皇后,被英宗骂了一顿,说她"有子骄人"。②英宗死前,特别叮嘱见深,钱后死后与自己合葬,便是担心周氏发难。

　　不出英宗所料,见深刚继位,麻烦便来了。按明制,新君在为故君加尊谥的同时,也得为其遗孀加尊号。如果见深是嫡子即皇后之子,那么没有任何问题,只需给钱氏加以尊号即可。但偏偏是庶出,按惯例除皇后外,也得给生母加尊号。这种情况在明朝还只是出现过一次,即景帝称帝时,英宗母孙氏已被尊为皇太后,景帝生母是宣宗贤妃吴氏,正统十四年十二月,景帝先加皇太后孙氏的尊号为"上圣皇太后",然后加生母吴氏为"皇太后",③虽然都是皇太后,但孙氏多了"上圣"二字,表示嫡庶之分。如按此办理,本应不会有任何风波,偏偏周氏不依。

　　按明朝制度,内阁设诰敕、制敕两房,"凡内阁制度、诏旨、诰命、册表、金文、玉牒、讲章、碑额及题奏、揭帖等一应机密文书,各王府敕符底簿,制敕房书办;凡文官诰敕及番译敕书并四夷来文揭帖、兵部记功勘合底簿等项,诰敕房书办"。④ 皇太后尊号之类的

────────────────

①　《明史》卷一一三《后妃列传》;查继佐:《罪惟录·列传》卷二《皇后列传》。
②　查继佐:《罪惟录·列传》卷二《皇后列传》。
③　《明英宗实录》卷一八六,正统十四年十二月庚戌、癸丑。
④　《明会典》卷二一一。

61

册文，自当由制敕房办理。但两位太后，一是嫡母（钱氏），一是生母（周氏），如何办理，则既非制敕官可以办理，也并非内阁可以做主的了。

见深关于议两宫太后尊号的旨意一到，中官夏时便来内阁，说是钱后久病，不足以母仪天下，不当称太后，周贵妃是皇帝的生母，应独得太后的尊号。内阁李贤、陈文、彭时心里雪亮，这其实是周氏的意思。但他们有自己的原则，李贤为内阁首辅，照例先发表意见。他认为英宗的遗诏对后妃的名分已作交代，两宫应该并尊，李贤说的是祖宗法度。彭时则从圣贤道理来力争。他认为，朝廷所以服天下，在于正纲常、定名分，如果从太后开始便不予遵守、肆意破坏，何以服天下之人？说起大道理，读书不多的宦官当然不是大学士的对手，夏时只好回去复命。但不久又转回，传达了周氏的旨意，说是"子为皇帝，母当为太后，岂有无子而称太后者？"并搬出宣德十年（1435）英宗独尊孙皇后为太后作为依据，却不知更给人以把柄。

彭时是正统十三年（1448）的状元，授修撰，第二年景帝监国时便入内阁办事。论治理国家，他不如李贤，可搬弄掌故则是他的拿手好戏。既然周氏搬出宣德故事，彭时便以宣德故事为例，指出："今日事与宣德间不同。胡后表让位，退居别宫，故在正统初不加尊。今名分固在，安得为此？"夏时见彭时这么说，竟然撂出一句没头没脑、没大没小的话："如是何不草让表？"彭时自然不吃这一套，抬出了已故的英宗："先帝存日未尝行，今谁敢草？若人臣阿意顺从，是万世罪人也。"夏时无言可对，便危言恫吓，说彭时等人受了钱氏的好处，心怀二志，欲陷皇帝于不孝。彭时越是不屈，声色也厉，搬出了老祖宗："太祖、太宗神灵在上，孰敢有二心？钱皇后无子，何所规利而为之争？臣义不忍默者，欲至主上圣德耳。若推大孝之心，则两宫并尊为宜。"李贤也在旁极力争辩。夏时虽奉周氏之命，但周氏在这之前并没有建立起权威，李贤、彭时又是英宗朝的顾命大臣，威望素著，加上理亏，便不再坚持独尊周氏。内阁在赢了第一回合后，并不罢休，在上宝册时，坚持给钱氏加了二字，说是"以便称谓"，其实仍分嫡庶，让钱氏压过周氏一头。钱氏的尊号为"慈懿皇太后"，周氏的尊号只是"皇太后"。

几天之后，中官覃包到内阁，说内阁拟上的尊号完全符合皇帝的本意。只因迫于生母的执拗，不好自行做主，幸亏李贤、彭时力争，否则误了大事。当时同在内阁的还有陈文，本来也是一张铁嘴，但在这场是非之争中却没有吭声，如今见大事已定，且得到皇帝的赞成，不禁面露愧色。①

天顺八年（1464）二月中旬发生的这场争论，由于涉及面小，内阁又是密勿之地，如果不是彭时在笔记上记载，大概便无人知晓了。

尊号是由内阁定，上尊号的礼仪却是由礼部定。二月二十六日，见深给礼部下了由内阁起草的敕谕，说是"母后皇后（钱氏）宽惠柔顺，配地承天，表正六宫，母仪四海，母妃皇贵妃（周氏）静庄淑慎，赞辅茂修，鞠育眇躬，备隆恩德"，②让该部议定仪式。说钱氏宽惠柔顺倒也不诬，说周氏静庄淑慎，实在是自欺欺人。

三月初一，举行了盛大的两宫太后的上尊号仪式。告天地、太庙、社稷及英宗几筵后，见深亲自奉册宝往清宁宫和仁寿宫，为两位太后上尊号。当然，得先见钱太后，再见周太后，并诏告天下。内容不外乎两个方面：一是告知天下军民人等，皇帝有孝母之心，

---

① 《明史》卷一七六《彭时传》；参见彭时：《彭文宪公笔记》。
② 《明宪宗实录》卷二，天顺八年二月己亥。

太后有贤淑之德,两宫一体,母子一体,天下太平,百姓安康。二是"孝既尽于尊号,仁当推以逮下",故上自宗室、官宦,下到士农工商,各有恤典。①

对天下百姓来说,皇家经常有大典是件好事,多多少少可以得点实惠。至于内部的争斗、宫闱的丑闻,则姑妄听之,也姑妄议之,于百姓的生计,在大多数情况下,却是毫不相干的。

上尊号的风波总算过去,钱太后辛苦一生,终于得到她应该得到的荣誉。但周太后的性格,却使她得不到作为太后的欢乐。周太后已有言在先:"岂有无子而称太后者?"如果钱太后是个强者,又如果后家有势力,周太后想不致如此放肆。但钱太后恰恰是个弱者,不但性格弱,既不敢与周太后争个高低,也不敢召见见深,狠狠地进行教训,更不敢召见大臣,宣讲周太后的不是。实际上,她也无法这样做。而且身体也弱,既残废一条腿,又失去一只眼。仅此一端,也足以使这位弱女子更为自卑,更加振作不起来。

做了四年有名无实的太后,钱氏于成化四年(1468)六月郁郁去世。太后去世,朝廷又得忙碌一番。当然,历朝早有成例,用不着皇帝操心,但周太后在附葬问题上的再次发难,使见深陷于更为窘迫的境地。

英宗临终前有四条遗令,其一为皇太子百日后完婚,其二即为钱皇后千秋万岁后同葬。鉴于见深即位后两宫并尊,则不仅钱氏当附葬英宗的裕陵,周氏亦当附葬。内阁李贤、彭时等人曾计议在营建裕陵时筑三穴,因周太后反对而未行。其实,周太后和内阁都在两宫并尊时便考虑到附葬问题。内阁坚持遵照英宗遗命,让钱后附葬,为了解除周太后的顾虑,已放出两宫附葬的口风。但周太

① 《明宪宗实录》卷二,天顺八年三月甲寅。

后则坚决不愿与钱后合葬。她一是担心没有二后附葬的先例,钱氏附葬,自己日后便被挤出皇陵;二是在尊号上让步于心不甘,必欲在山陵上压倒钱氏。当得知内阁主张钱氏附葬裕陵时,周氏再次让中官夏时出马来到内阁。

这时李贤、陈文已先后去世,彭时为首辅,商辂、刘定之补入内阁。商辂在景帝时与彭时同入内阁,英宗复辟后削籍为民,成化三年(1467)二月召回北京。刘定之为江西永新人,正统元年(1436)会试第一名,殿试的探花(陈文是榜眼),也是位舞文弄墨的好手。①

夏时向内阁三臣传达了周太后的责怪:"前议三穴不果,而后为之乎?"彭时仍像四年前那样不屈不挠,冷冷地回了句:"虑今日,是以有前议。"②见深对母亲的一再发难也感到烦恼,但他虽然是周氏的儿子,却一点没有周氏的个性,倒像是钱氏的儿子,唯唯诺诺,对这位近乎蛮横的母后毫无办法。彭时等人唯恐见深顶不住周氏的压力,反复上疏陈说道理,但周氏就是不依。见深左右为难,只得将此事下礼部会议,从而使矛盾公开化,也把周氏争地位要面子的德性暴露给了文武大臣和天下百姓。

礼部尚书姚夔是正统七年(1442)的进士,在乡试、会试中均考第一。从景泰四年(1453)开始,任礼部侍郎,参加过土木之变后劝进景帝、景帝病重期间请复太子的活动,而且起过重要作用。自天顺七年(1463)开始,任礼部尚书,在这个职务上已有五年,积累了相当丰富的经验。而且主持过英宗丧礼、见深登极礼及两个大婚礼、两宫太后上尊号礼等重要典礼的廷议,对周氏的性格也早

---

① 《明史》卷一七六《商辂、刘定之传》。
② 查继佐:《罪惟录·列传》卷二《皇后列传》。

已熟知。① 见皇帝将钱太后附葬之事交礼部集议，姚夔知道事关重大，于接到旨意的第二天即召在京文武大臣及翰林院、科道等官九十九人集议陵庙礼制。

将太后陵庙事交礼部廷议，无论从哪个角度说，都表现出见深缺乏一个有作为的君主应该具备的个性和谋略。

如果他不赞成生母周太后关于另寻别地安葬钱太后的意见，而又要维护母亲的体面，则应该和内阁彭时等人采取共同行动，在小范围内征询说服周太后的办法。周太后虽说近乎蛮横无理，却并无政治斗争的经验，其后族也没有形成势力，应该说是不难对付的。

当年祖父宣宗曾经遇到过三次非常难堪的事。一为国，即从安南撤兵；一为家，即铲除汉王朱高煦的势力；一为己，即逼迫胡后让位。三次都是召集亲近大臣进行策划，然后采取行动。其中尤以安南撤兵为得意之作。安南自永乐时被征服，设布政使司管理，战火连年，明政府鞭长莫及，既不能支撑长期的战争，又无戡平动乱的良策。从理智上说，应该撤郡县，以甩开这个包袱；但朝中大臣感情上接受不了。当时核心重臣共五人，即英国公张辅，吏部尚书塞义，户部尚书夏原吉，内阁大学士杨士奇、杨荣，五人中，杨士奇老谋深算、善于斡旋，杨荣见事明快、敢于发表意见。这二人与宣宗关系最为密切，且容易在许多问题上达成共识。夏原吉精明能干，为国家利益义无反顾，他主张继续对安南用兵；张辅是当年征服安南的统帅，身经百战，为朝廷开辟南疆，从安南撤兵必然挫伤他的感情；塞义厚重诚实，但并无多少独立见解。根据这种情况，宣宗首先找二杨密议，告知欲从安南撤兵的打算及理由，取得

---

① 《明史》卷一七七《姚夔传》。

两人的支持。然后召二杨、蹇、夏共议,由宣宗自己提出安南问题,却不表态。杨荣首先陈述己见,实际上是宣宗的意见,放了第一炮。夏原吉果然表示反对,一比一。在二人相持不下时,蹇义照例不置可否,于是杨士奇出面,反复分析对安南用兵的利弊,最后的结论是安南不能不弃。夏原吉欲反驳,但由于没有准备,提不出强有力的理由,于是宣宗拍板定案。然后再征询张辅的意见,以示尊重。结果,在朝中没有产生任何负面影响,便从安南撤回兵力。①

但是,宣宗的机灵既没能传给英宗,也没能隔代传给见深。在钱太后附葬问题上,彭时等人已明确表示态度,并提出了两全其美的办法,见深本可与彭时等议定说服周太后的方案,并让他们面见周太后,大学士们自会陈说利益,说服太后。当年孙太后何等精明,也不是文官们的对手,何况周太后不过一乡村悍妇。但见深计不出此,却让礼部廷议。见深说是孝心,不忍违背母后的意愿,却恰恰将周太后的狭隘自私暴露无遗。

后来清乾隆帝在评论此事时,将见深狠狠地损了一通:"天子之孝,自与常人不同,且常人尚有几谏之义,而不徒以从顺为孝,况宗庙社稷之所系乎。宪宗徇母后私意,以致群臣哭谏,不成国体。卒之仍从众议,徒显母后之过,又安得谓孝乎!"②在雄才大略的乾隆眼中,见深这位皇上简直是胡闹。

如果见深和母亲站在一个立场上,也应对部院大臣进行分化拉拢,文官集团不是铁板一块,迎合钻营之徒大有人在。如陈文在尊号问题上便没有表态。在这一点上,见深连他叔父景帝祁钰也不如。祁钰为了达到易储的目的,对内阁陈循等人反复进行安抚,

---

① 《明宣宗实录》卷一一,洪熙元年十一月壬戌;卷一六,宣德元年四月乙丑。
② 《御批历代通鉴辑览》卷一〇五。

又对司礼太监金英进行试探,有不同意见的,即予革除,然后付诸廷议。见深没有进行前期准备工作却懵懵懂懂让礼部集文武廷议,等于为彭时、姚夔等人提供了公开发难的机会,即便有人想迎合太后意图,也不敢公然提出己见。等到廷议达成一致意见,便再也不好反悔了。

廷议的结果可想而知,主张遵照英宗遗命,以钱太后附葬裕陵的意见一边倒,并以姚夔领衔向见深上了请命疏,疏上当天,见深便亲自作了批复:"卿等所言,固是正理,但圣母在上,事有窒碍,朕屡请命,未蒙俞允。朕平昔孝奉两宫如一,若因此违忤,岂得为孝。今当于裕陵左右择吉地安葬,崇奉如礼,庶几两全。卿等其体朕意。"这个批答甚是可笑,虽然反复说自己是孝子,却将周太后推给别人当靶子。在文官们看来,其实是在求援。

第二天,詹事府少詹事兼翰林院学士柯潜、国子监祭酒邢让带领三十二员翰林春坊官及教官上疏,对不让钱太后附葬的理由逐一进行驳斥,矛头直指周太后,要求见深:"当念先帝,遵典礼为重,而于母后,从义不从命。"以魏国公徐俌领衔,三十五位公、侯、驸马、伯、都督、锦衣卫指挥等高级武官也上疏,对彭时、姚夔等人的提议进行声援。接着,以礼科给事中魏元为首的三十九名给事中、以河南道康永韶为首的四十一名监察御史也分别联名上疏。最后是姚夔领衔,四十四名尚书、侍郎、都御史及通政司、大理寺堂上官再次上疏。文武官员们一致认为,周太后之命固重,但重不过祖宗之法;太后之意固不可违,但先帝之意更不可违。

上疏之后,由姚夔领头,包括内阁、五府、六部、九卿、詹事府、翰林院、科道在内的近两百名文武官员一齐来到文华门前,演出了明朝有史以来的第一次官员请愿活动。他们表示,如果太后不回心转意,将一直跪下去。大家对太后不遵祖宗法度、破坏人伦纲常的行为痛心疾首,尤其是一批由进士而居科道的言官更是慷慨激昂。见深将所有奏疏一一过目,也深受感动,来到清宁宫,从巳时磨到申时,恳请太后顺从人心。周太后在祖宗法度和圣贤伦理上毕竟理亏,见犯了众怒,儿子又不为自己出头,只得表示妥协。见深这才松了口气,却并不出来抚慰群臣一番,只是在几道奏疏上批了同样的文字:"卿等所言,皆合朕意,合葬之礼,蒙允行矣!"这便是旨意,由司礼监太监传出,文武群臣跪了大半天,总算为朝廷争了脸面,顿时欢呼雀跃,高呼万岁,各自回府。①

根据内阁和礼部的意见,钱太后得了个"孝庄献穆弘惠显仁恭天钦圣睿皇后"的尊谥,葬于裕陵左侧。"孝庄"云云倒无紧要,关键在一个"睿"字,这是英宗的谥号,合葬的妻子可以有几位,但得帝谥的却只能是皇后。在这一点上,周太后也作了留意。虽然她在弘治十七年(1504)三月去世时得谥"孝肃贞顺康懿先烈辅天承圣睿皇后",但到嘉靖十五年(1536),仍被除去"睿"字帝谥,以别嫡庶。争了一辈子,最后还是受人摆布。②

不过,周太后在营造山陵时仍通过管事太监做了手脚。钱太后的墓穴位于裕陵左侧,距英宗玄堂虽仅数丈,却不相通。在裕陵右侧则预为周太后留了一个墓穴,这个墓穴和英宗的玄堂却是相通的。弘治时,孝宗曾和大学士刘健、谢迁、李东阳共观裕陵图,他们一方面认为是内官所为,于理不合;另一方面也认为"先帝亦不得已耳",可见见深是知道这件事的。孝宗认为室则天地闭塞,通则风气流行,准备开隧道连通。但钦天监认为开隧道会震动地脉,

① 《明宪宗实录》卷五六,成化四年七月戊午。参见《明史》卷一七六《彭时传》,卷一七七《姚夔传》,卷一八〇《毛弘、魏元传》。
② 郑晓:《今言》卷一;《明史》卷一一三《后妃列传一》。

阴阳家则认为不利子孙,结果还是没有动工。①

由此看来,在钱太后附葬问题上,文武百官只是取得了道义上的胜利,周太后则取得了实际上的胜利,都得到了心理上的平衡。何良俊评论这件事时,说因为百官哭谏,"上感动,母后亦悟"。②显然是受了舆论欺骗,周太后其实未悟。在见深向她请命的三个时辰中,或者是母子俩合谋,或者是周太后以退为进,别有谋算。等营建事实已成,见深也无可奈何了。而见深依违其间,用他自己的话来说,是两全其美,但对钱太后,毕竟是问心有愧。

四、皇子悲欢

钱太后好歹总算安葬了,但见深的心情却好不起来。即位后的半年内便举行了两次大婚礼,但不管是先废的吴后,还是后立的王后,均未生下一男半女。如今即位已经四年有余,万寿节一过,便是二十二岁,该叫二十三了。先帝英宗在这个年龄时已经有两个儿子,所以可放心去北征,即便被蒙古人俘虏,还有太子可立。可自己膝下却无儿无女,也实在令人心烦。

其实,见深倒是有过儿子的,这儿子是万氏所生。真不负见深依她、疼她,她也真是有能耐,在生育问题上竟也独占鳌头。

成化二年(1466)正月十九日,再过三天,便是见深即位二年的庆典,儿子来得真是时候。见深立时便派中使往山川寺观挂袍行香,以祈荫佑。随即册封万氏为贵妃,同时被册封的还有早就选在后宫的柏氏,但比万氏低一等,为贤妃。③ 这段时期,可以说是

①　《明史》卷一一三《后妃列传一》;查继佐:《罪惟录·列传》卷二《皇后列传》。
②　《四友斋丛说》卷七《史三》。
③　《明宪宗实录》卷二五,成化二年正月壬戌;卷二七,成化二年三月辛亥。

万贵妃最为风光的时期。常言说子以母贵,以自己和皇帝的关系,儿子又是长子,只要王皇后再坚持三五年不生育,或只生女儿,那皇太子还不是自己儿子的?一旦儿子被立为皇太子,然后继承皇位,自己不也可以和当年孙太后一样,口含天宪叱咤天下?见深在这段时间也可以说是踌躇满志。十七岁为天子,十九岁得皇子,两宫太后相安无事,后宫六院风平浪静,大藤峡瑶民捣乱,也在上年年底被韩雍平定。虽然湖广一带有流民闹事,不过是癣疥之祸,克日当平。

但天有不测风云,人有旦夕祸福,皇长子连名字还未取,便在当年十一月二十六日病逝夭折。① 这件事对见深来说倒不是十分介意,自己春秋正盛,不怕不儿孙满堂,按当时的医疗卫生状况,高出生率高死亡率也是常事。但这种事情对万贵妃的打击实在太大了,且不说十月怀胎,骨肉相连,单说一个已经三十六七岁的女子,这生儿子的难处恐怕只有她自己知道。本来是将满腔希望寄托在儿子身上,如今成了泡影。

自从皇长子去世后,一晃两三年过去,后妃之中不但没有一位替见深生儿育女,而且连怀胎的都没有发现。见深这下可真有些着急了。到钱太后去世时,万贵妃已是四十岁的人了,许多记载都说见深常住昭德宫,万贵妃嫉妒专宠,应该正是这段时间。作为女人,她知道自己的弱点,大皇帝十七八岁,如果没有儿子,以后还有何指望?令她伤心的是,自从儿子去世后,她却再也没有怀孕了。她固然着急,见深也开始着急,文武群臣更为着急。在他们看来,不仅仅是皇位的继承问题,还有一个道德标准问题。自从万贵妃生了皇长子后,他们一直在沉寂,皇长子死后,他们仍然在沉寂,实

---

① 《明宪宗实录》卷三六,成化二年十一月甲申。

际上就是等万贵妃再生儿子。既然等了三年,还是没有儿子,他们不再等待了,况且,在陵寝问题上对周太后的胜利,也鼓舞了群臣干预皇家事务的信心。

成化四年(1468)九月初三日夜,有显见星五度,向东北移动。五天之后,便形成一条三丈多长的巨大尾巴,直指西南,成了彗星。从这天开始,彗星凌晨出现在东方,其尾西指,黄昏则出现在西方,其尾东指。向南犯三公、北斗、瑶光、七公,转入天市垣。出垣渐小,犯天屏第一星,直到十一月十四日才逐渐消失,历时七十天。①

这是明朝建立一百年来在天际运行时间最长、范围最大的一次彗星,引起了朝野各界的恐慌。人们很自然地将天变和人事联在一起。先是内阁彭时等人上疏,说是"比年以来,地震水旱相仍,民不聊生,迩者彗星复见,灾异尤甚。皆臣下不职所致,乞赐罢免"。接着是吏部尚书李秉为首的朝廷各部门官员,以会昌侯孙继宗为首的五军府官员,也因彗星出现提出引咎辞职。② 对于这些虔诚又是例行公事而且是有目的的辞职报告,见深一一作了批复,一方面表示"玄象示警,朕惕然修省",一面也要求群臣"竭诚修职,共回天意"。等到大臣们先后作出自我检查后,科道官们便开始涉及他们认为的实质性问题了,那就是将没有皇子和对万贵妃的专宠联系起来。六科给事中魏元等首先打个招呼:"今春以来,灾异迭见。"然后词锋一转,直指万贵妃:

外间传闻,陛下于中宫或有参贰之者,礼部尚书姚夔等尝以为言,陛下谓内事朕自处置。屏息倾听,将及半年,而昭德宫进膳不闻有减,中宫不闻有增。夫宫墙虽深,而视听犹咫尺

---

① 《明史》卷二七《天文志三》。

② 《明宪宗实录》卷五八,成化四年九月丙寅、丁卯、戊辰。

也;稚席虽微,而悬象甚昭著也。且陛下富于春秋而震宫尚虚,岂可以宗庙社稷之大计一付于爱专情一之所,而不求子孙众多以固国本、安民心哉?伏愿陛下思祖宗传体之重,明伉俪之义,严嫡庶之分,以尊嫡体,以正宫闱。①

但见深无论心中如何为皇子事焦急,无论群臣如何论列,也放不下万贵妃,也不忍心伤害万贵妃。言官一再陈言,皇帝一概不理睬。彗星在天际漫游了两个多月,也逐渐消失了。宫中却传来了消息,最早入选的太子妃候选人之一贤妃柏氏,已有身孕。成化五年(1469)四月二十八日,柏氏生下一位皇子。这本是盼望已久的大喜事,但见深却不像初次得子那样兴奋。虽然礼部要求诏告天下,用慰人心,见深却表示暂且缓行。人们推测,皇帝是怕万贵妃因此而受到刺激。这种推测固有道理,但也不能排除他内心压着的那块阴影:万贵妃的儿子出生后十个月便夭折,柏贤妃的儿子是否能活下来?当然即使有疑问,也决不能说出来。

官员们却全然不顾见深的感情和担忧。在他们看来,随便哪位后妃生儿子都行,就是不能容忍万贵妃生儿子。换言之,决不能让万贵妃的儿子做皇太子,决不能容忍日后万贵妃成为"生母皇太后"。如果有那一天,朝廷的面子岂不是丢尽了?出于这种考虑,在文官中一直酝酿着立贤妃之子为太子的行动,到成化七年(1471)五六月间,贤妃之子已经二周岁。按当时的算法是三岁,取了名字叫祐极。见深自己是在正统十四年(1449)不足两岁立为太子的,皇子祐极既然也已三岁,便可立为太子了。

就在群臣议论酝酿之际,太常寺卿兼翰林院侍读学士孙贤以个人名义上了两道奏章。一是请立太子,二是自陈体弱,请求退

① 《明宪宗实录》卷五八,成化四年九月己巳。

休。见深批准了他要求致仕的报告,建储奏章却留中不发。当时有人认为,孙贤正值盛年,退休是假,通过建议册立太子,独揽其功,从而得到重用才是真。偏偏见深故意认假为真,将孙贤抵在进退两难的位置,只有真退休了。[①] 也真是弄巧成拙,聪明反被聪明累。

孙贤致仕后的一个月,朝臣采取了共同行动,由英国公张懋领衔,联合上表,请立太子。见深对此事早有觉察,他不能像对待孙贤那样,来个留中不发,于是作了批复:"览表具悉,建储国之大事,关系甚重。卿等所请固出忠诚,顾今幼龄,讵堪负荷,其安之。"[②]群臣得到这道不死不活的敕谕,决定继续交涉,第二天再次上表请立祐极为太子。见深照旧降敕,表示理解众人体国忠君的至情,但储副国本所系,等皇子年龄既长,进学成德,再议册立之事。群臣也正因为储副是国本所系,决不能让万贵妃有觊觎之心,所以必立太子而后罢休。于是第三次上表,认为太祖、太宗、仁宗都是即位后不久便定国储,而宣宗更在皇长子出生后的三个月,便立其为太子。如今皇帝君临天下已经七八年了,皇子祐极也有三岁,完全可以立为太子。实际上是以前朝的成例,将见深不立太子的理由一一驳回。[③]

群臣的行动,得到了周太后的支持,而且很有可能这次行动的策划者就是周太后。她对儿子一门心思和一个年龄与自己相当的女子卿卿我我早有看法,并曾质问见深:"彼有何美,而承恩多?"[④]见深拖着不立太子,显然是想等万贵妃再次生育。如果真有那么

① 《明宪宗实录》卷九二,成化七年六月乙丑。
② 《明宪宗实录》卷九三,成化七年七月辛卯。
③ 《明宪宗实录》卷九三,成化七年七月辛卯。
④ 查继佐:《罪惟录·列传》卷二《皇后列传》。

一天,而万贵妃的儿子万一又做了皇帝,那么两个同年女人,万氏是太后,自己是太皇太后,又成何体统? 更何况民间传言,母亲年事太大,生出的儿子必然短命夭折,万贵妃不是死了个儿子吗,如果再生再死,那太子还立不立? 既然是这样,便应断了万氏的非分之念。①

在内廷周太后的干预和外廷文武百官不折不挠的进逼下,见深再一次屈服了,他在张懋等人第三次上表后赐敕:"览表具悉,卿等再三以建储为言,词明理正,援引切当,忠爱至矣。钦承皇太后圣训,亦谓兹事重大,宜从众望,不可固拒。今特允所请。"同时命礼部具仪择日以闻。② 在这一回合的斗争中,皇帝见深和他的贵妃万氏,双双铩羽,败下阵来。传统的道德伦理再一次战胜了个人的私情,虽然这个人是最高统治者皇帝。但不管怎么说,皇太子毕竟是他的亲生儿子。

四个月后,成化七年(1471)十一月十六日,举行了皇太子册立仪典。同日颁诏天下,既有老一套官样文章,说"长子祐极,天资明粹,日表英奇,中和之性夙成,内外之心是属"。也有实情:"公、侯、驸马、伯、文武群臣合诚奉表,请建东宫,恭承皇太后圣训,兹事重大,宜从众议",接着,是一十八条恤典,"元良正位,绵大统于万年,旷荡推恩,均至仁于四海"。③

但见深的一生,注定是要受感情折磨的。皇太子册立才两个月,便于成化八年(1472)正月二十六日突然病逝,当时还不足三

---

① 按《明孝宗实录》,弘治十七年三月周氏去世前自称"今寿七十有五",则生年当在宣德五年前后,与万贵妃同岁。
② 《明宪宗实录》卷九三,成化七年七月癸巳。
③ 《明宪宗实录》卷九八,成化七年十一月甲寅。

岁。① 太子病情非常奇怪，来势凶猛，药物无效，才病一天便去世。于是人们又纷纷推测，定是万贵妃下的毒手。② 见深于太子去世事十分伤感，原来隐隐存在的担心终于成为现实。

但见深又注定是多子多福的，就在群臣闹闹腾腾要立太子时，他实际上已有两个儿子。一个是为众人所知的柏贤妃之子祐极，另一个是不为人知的后来君临天下十八年的纪氏之子祐樘。祐极生于成化五年（1469）四月，祐樘生于成化六年（1470）七月，相差一年零三个月。

关于祐樘的降生，最流行的是《明史·孝穆纪太后传》的一段记载：

> 孝穆纪太后，孝宗生母也，贺县人。本蛮土官女。成化中征蛮，俘入掖庭，授女史，警敏通文字，命守内藏。时万贵妃专宠而妒，后宫有娠者皆治使堕。柏贵妃生悼恭太子（祐极），亦为所害。帝偶行内藏，应对称旨，悦，幸之，遂有身。万贵妃知而恚甚，令婢钩治之。婢谬报病痞。乃谪居安乐堂。久之，生孝宗，使门监张敏溺焉。敏惊曰："上未有子，奈何弃之。"稍哺粉饵饴蜜，藏之他室，贵妃日伺无所得。至五六岁，未敢剪胎发。时吴后废居西内，近安乐堂，密知其事，往来哺养，帝不知也。
>
> 帝自悼恭太子薨后，久无嗣，中外皆以为忧。成化十一年，帝召张敏栉发，照镜叹曰："老将至而无子。"敏伏地曰："死罪，万岁已有子也。"帝愕然，问安在。对曰："奴言即死，万岁当为皇子主。"于是太监怀恩顿首曰："敏言是。皇子潜

---

① 《明宪宗实录》卷一○○，成化八年正月癸亥。
② 《明史》卷一一三《后妃列传一》。

养西内，今已六岁矣，匿不敢闻。"帝大喜，即日幸西内，遣使往迎皇子。使至，妃抱皇子泣曰："儿去，吾不得生。儿见黄袍有须者，即儿父也。"衣以小绯袍，乘小舆，拥至阶下，发披地，走投帝怀。帝置之膝，抚视久之，悲喜泣下曰："我子也，类我。"使怀恩赴内阁具道其故，群臣大喜。明日，入贺，颁诏天下。①

这种传闻，自成化、弘治乃至隆庆时尚未见诸记载。始见于于慎行的《穀山笔麈》，兹录于后：

纯皇（见深）之诞孝庙（祐樘）也，时万贵妃宠冠后廷，宫中有孕者，百方堕之。孝穆太后（纪氏）旧为宫人入侍，已而有孕。贵妃使医堕之，竟不能下，乃潜育之西宫，报曰："已堕。"上不知也。一日，上坐内殿，咄嗟自叹，一内使跪问故，上曰："汝不见百官奏耶？"小内使应曰："万岁已有皇子，第不知耳。"上愕然，问："安在？"对曰："奴言即死。"于是太监怀恩顿首曰："内使言是。皇子潜养西宫，今已三岁，匿不敢闻。"上即敕百官语状。明日，廷臣吉服入贺，遣使往迎皇子。使至，宣诏，孝穆抱皇子泣曰："儿去，吾不得活。儿见黄袍有须者，即而父也。"皇子衣小绯袍，乘小轿子，拥至奉天门下。上抱置之膝，皇子辄抱上颈，呼曰："爹爹。"上悲泣下。是日颁诏天下。时孝肃（见深母周太后）居仁寿宫，恐皇子为皇妃所伤，乃语上曰："以儿付我。"皇子遂居东朝。自是，诸宫报生皇子者相继矣。一日，上出，贵妃召太子食，孝肃谓太子曰："儿去毋食也。"太子至中宫，贵妃赐食，曰："已饱。"进羹，曰："羹疑有毒。"贵妃大恚，曰："是儿数岁即如是，他日鱼肉我

---

① 《明史》卷一一三《后妃列传》。

矣。"忿不能语，以致成疾。初，孝穆为宫人时，有宫人当直宿者病，而强孝穆代之，遂有孕云。孝庙既生，顶上有数寸许无发，盖药所中也。传云：太子迎入东朝，贵妃使使赐孝穆死。[1]

于慎行是山东东阿人，隆庆二年（1568）进士，官至礼部尚书。万历十八年（1590）致仕，家居十七年，以读书著述为事，《穀山笔麈》即写于这个时期。他特别声明，关于孝宗出生的故事，是"万历甲戌（即万历十二年，1584）一老中官为予道说如此"。于慎行记事，很少采用这种方法，或者是为了表示慎重，或者自己就对这种传闻有所怀疑。《穀山笔麈》于慎行在世时就有手抄本流传，万历四十一年（1613）由其门人郭应宠整理付梓，天启五年（1625）沈域据其家藏抄本再刊，影响很大。故《明史》《罪惟录》《明史纪事本末》等均沿用此说。

沈德符对这种说法表示怀疑，他引用了尹直《琐缀录》的一条记载："纪后有娠，万妃恚而苦之。上令托病处安乐堂，以痞报，而属门官照管。密令内侍谨护。"沈德符认为，"（尹直）虽非贤者，然此时正长禁林，亲履其事，岂有谬误。于公（慎行）起北方，早贵，并本朝记载不尽寓目，自谓得其说于今上初年老中官，不知宦寺传言讹舛，更甚于齐东。予每闻此辈说朝家故事，十无一实者，最可笑也"。[2]

尹直为江西泰和人，景泰五年（1454）进士，改庶吉士，留翰林院为编修。成化初，充经筵讲官，为侍读、侍读学士，所以沈德符说他"正长禁林"。成化十一年（1475）为礼部右侍郎，后入内阁。史称"明敏博学，练习朝章"。因此，尹直对这件事的记载应比于慎

---

① 于慎行：《穀山笔麈》卷二《纪述一》。
② 沈德符：《万历野获编》卷三《（宫闱）孝宗生母》。

行一百年后得于一老宦官的传闻更可靠。尹直在他的《琐缀录》中记载说,纪妃怀孕后,万贵妃非常伤心。见深密令纪氏称病,安顿到安乐堂,对万贵妃则说纪氏病"痞",即肚子里长了硬块。古人对这"痞"很是畏惧,不但属不治之症,而且会传染。万贵妃也就释疑了。纪氏分娩后,见深又密令内侍近臣妥善看护。太子祐极去世后,外廷对国本问题非常担心,不断有人上疏劝皇帝广御诸宫,不要专宠万贵妃。这时,皇帝另有儿子的秘密便逐渐泄露出去。大学士彭时得知后,让司礼太监黄赐转告皇帝:"汉高外妇之子,且明取入宫,今实金枝玉叶,何嫌而讳?"消息也传到万贵妃那里。万氏先是吃惊,随即具服进贺,并厚赐纪氏母子,又请见深将皇子接入宫来,由内阁取名"祐樘"。①

与尹直同时的黄瑜、陈弘谟也分别在《双槐岁钞》及《治世余闻》采用了这一记载。②

由此看来,见深还是有心计的。他一面应付万贵妃,让她得到心理上的平衡,一面却又暗中保护自己的儿子,不致为万贵妃所害,也亏他做得如此两全其美。在后人印象中,以为他对万贵妃百依百顺,不敢违拗,其实并非如此。而万贵妃在祐樘问题上也显得很是高姿态。史云她机警,善于讨好见深,于此可见一斑。比起见深生母周太后一味胡搅蛮缠,万贵妃自有其长处,难怪见深对她始终一往情深。

皇子祐樘公开身份是在成化十一年(1475)五月十七日。这年六月,祐樘生母纪氏便告去世了。纪氏一死,舆论哗然,多猜测与万贵妃有关。有认为是赐死,也有传闻说是自缢。孝宗即位后,

---

① 尹直:《琐缀录》。
② 黄瑜:《双槐岁钞》卷一〇;陈洪谟:《治世余闻》上篇卷一。

鱼台县丞徐顼曾上疏,要求追查纪氏死因,以复不共戴天之仇。廷议也认为应该派中官密访万贵妃的近侍人等,拘逮万氏戚属曾入宫者,提取证据。只是因为内阁万安、刘吉、尹直压下不办,并替孝宗拟了一道这样的旨意:"宫闱往事,朕承皇太后泪母后宣慰明白,凭说的都是外面浮议,难凭访究,姑从轻处。"①这才免了一场大狱。

说万贵妃有意害死纪妃,似乎证据不足,但也确有干系。据尹直《琐缀录》说,纪妃病时,太监黄赐、张敏领太医院使方宝、治中吴衡往治,万贵妃请以黄袍赐之,俾得生见。次日病少间,自是不复令诊视,致使病情转重,不可药治。是大意,还是有意,不得而知。《实录》则说纪氏病时,见深命御医诊治,因病情加剧,汤药不进,四日之后去世。② 如果是这样,就不能说是万贵妃下的毒了。

纪妃既死,皇子也有六岁(实五周岁),经群臣三次上表恳请,周太后同意,于是在成化十一年(1475)十一月立祐樘为皇太子。这就是后来的明孝宗。皇帝难断家务事,但毕竟算是理好了一件家务事。

许多史料都说万贵妃专宠后宫,凡嫔妃有怀孕者,百方堕胎。虽说是宫闱秘事,但或许有几分真实性。见深在位二十三年,共得皇子十四人,长子(未取名)生于成化二年正月,次子祐极生于五年四月,三子即孝宗祐樘生于六年七月,四子即世宗父兴献王生于十二年七月,其余十个儿子都出生于成化十四年到二十三年间。③由此似可推测,在皇三子祐樘公开身份之前,万贵妃曾干过堕胎之事,后见祐樘立为皇太子,自己又不再生育,也就心灰意懒,不再干

① 《明孝宗实录》卷二,成化二十三年九月丁巳。
② 《明宪宗实录》卷一四二,成化十一年七月癸卯。
③ 王世贞:《弇山堂别集》卷三三《亲王》。

预见深与其他嫔妃接触，皇子们便也一个接一个地生出来了。

五、宗室恩怨

比起后妃、太后、皇子，见深在处理宗室问题时显得要果断一些。虽说都是朱姓骨肉，天潢贵胄，但毕竟不是那样或牵动情肠，或亲情难违。

说起来，各朝各代处理宗室问题都有自己的一套，办法常常是令人可笑可叹。

汉高祖鉴于秦朝不立宗室，势孤力单，陈、吴振臂，土崩瓦解，于是分封同姓。凡中央无法直接进行管理的地区，统统封刘姓宗室为王，以捍卫中央，也确实起了稳定局面的作用。但时过不久，中央政权强大了，便想对诸侯王进行宰割；地方政权稳固了，也想摆脱中央的控制。于是爆发了一场七国之乱。曹操父子都是学问家，当然知道吸取历史教训，便演出了一场煮豆燃萁的活剧。司马氏轻而易举地取曹魏而代之，盘算再三，认为与其拱手让给外姓，还不如自家窝里斗，反正到头来也还是司马的天下。却不料酿成更大的祸乱，不仅江山丢了，而且是丢在胡人的手里。经过长达两百八十年国家分裂、江河破碎的惨痛教训，隋、唐、两宋及外来的元朝都不敢让宗室占山为王。

明太祖以淮右布衣，赤手空拳打天下，三十一年间，食不甘味，寝不旰宵，为的就是将这块千辛万苦得来的地盘铸成打不烂、摔不碎的铁桶江山。经过对几千年改朝换代历史教训的思考，认为国家之害，共有六端，即女宠、宦官、外戚、权臣、藩镇、夷狄，他一一分析了六害的起因："女宠之祸，常始于干政；外戚之祸，常始于情恩；宦官之威，常始于柄兵；权臣之专窃，常始于蒙蔽；至于藩镇跋扈,则始于姑息;夷狄侵暴,则由于国势不振。"找到了原因,便有防范措施,明太祖不无得意地提出了自己的看法:"若不惑于声色,严宫闱之禁,贵贱有体,恩不掩义,女宠之祸何由而生。不牵于私爱,惟贤是用,苟干政典,裁以至公,外戚之祸何由而作。阉寺便习,职在扫除,供给使令,不假以兵权,则无宦寺之祸。上下相维,大小相制,防耳目之壅蔽,谨威福之下移,则无权臣之患。藩镇之设,本以卫民,使财归于有司,兵必合符而调,岂有跋扈之忧。至于御夷,则修武备,谨边防,来则御之,去不穷追,岂有侵暴之虞。"①

有道是千虑一失,且不说从理论到实践并非易事,而且未必子子孙孙都不惑于声色、都不牵于私爱、都精通驾驭之术,仅从这一思路本身,就有一个很大的漏洞,即对荼毒汉晋的宗室问题避而不谈。因为早在洪武三年(1370)四月,就封了九位皇子和一位从孙为王,"为久安长治之计"。各王府均设亲王护卫指挥使司,每府三护卫,甲士少者三千人,多至一万九千人,岁禄万石。② 在他大谈六种祸患的一个月前,有山西平遥训导叶伯巨上疏,论分封诸王之弊,认为"分封逾制,祸患立生",被明太祖命人从山西提逮京师问罪,死在狱中。③ 而二十三年之后,燕王便从北平起兵,开始了一场长达三年的骨肉相残之争,并夺取了皇位。

成祖即位后,立即着手削藩,以免藩王尾大不掉。到成化,宗室早已没有开国之时的气派,但经过一百年繁衍,宗室中男性人数已有上千,开始成为明朝廷财政上的包袱。

根据"祖制",因宗室是天潢贵胄,身份独特,既不能科举入仕,也不能投笔从戎,更不能从事百工商贾之类的谋生活动,以堕

---

① 《明太祖实录》卷一一〇,洪武九年十月甲寅。
② 《明史》卷九〇《兵志二》,卷一一六《诸王列传序》。
③ 《明史》卷一三九《叶伯巨传》。

皇家尊严,只能在封地读书论道,谨守臣节。但朱姓子孙本和常人无异,安分守己、乐享天伦者有之;出息成文学家、艺术家、思想家者有之;而贪得无厌、恬不知耻者也有之,且自恃血统高贵,藐视官府,提出的要求,干出的坏事也层出不穷,因而时时弄出不少乱子。

认领外姓,紊乱血统,是见深认为朱氏宗室中最为丢人的事情,而这类事情的第一次被揭露,就是在成化时期。

封在陕西平凉(今甘肃平凉县)的韩靖王朱范㳅之姬平氏有一子,名叫征鍉,封为汉阴王,娶生员周恂的女儿周氏为妃。周恂是本地人,社会关系非常复杂。征鍉虽然姬妾满堂,却没有儿子。病重期间,周恂入府探视,为他出主意,其实主要也是为自己营地,说是王已病重不起,若有不讳,身死国除,何不取家人子女冒为己出,以承继爵位,续接香火。征鍉闻言,认为很有道理,便让两位宫人装成怀孕模样,每逢父亲韩王及兄弟们来探视,俱以遗腹子相托。

征鍉死后,周恂便将自己妻子钟氏刚生的一个女儿及卫卒张通的儿子,先后秘密送入王府,谎称是征鍉的遗腹子。于是周恂之女被封为县主,而张通之子也被赐名偕清,袭爵汉阴王。这样一来,周恂既是冒牌县主的亲生父亲,又是冒牌汉阴王的外祖父,与钟氏兄妹把持王府事务。钟氏有一同父异母弟钟瀚知道周、钟二族的阴谋,便时时以此进行要挟,最后终于闹翻。这钟瀚一怒之下在汉阴王征鍉死后十三年,即成化十四年(1478)往抚、按衙门告发。这件宗室中的案子很快报到了刑部、都察院衙门,由按察佥事左地负责审讯。这左地是办案子的老手,略施小计,便尽得实情。①

_____

① 《国榷》卷三八。

刑部尚书林聪等人将狱词上奏,并提出处理意见,周恂坐斩,其余人等坐罪有差。见深了解到案情,十分恼火。他认为周恂等乞养异姓,男女冒封,紊乱宗支,罪恶深重,命将周恂凌迟处死,财产没官,妻、妾、子俱斩。知情内使刘通等五人各杖一百,充边军。冒封的汉阴王、县主及韩靖王姬平氏、汉阴王征鍉妃周氏命自尽。征鍉本人已于成化元年(1465)去世,追废为庶人。其余周、钟二姓及王府相关人员均论罪有差。又重申各王府宗室等处不许闲杂人等出入来往的禁令,并将这次案件的始末通报各王府。① 不仅如此,见深又致书各王府,命各人引以为鉴,特别强调:"此祖宗以来所未有也!"②

自从明太祖分封诸王以来,一百年间,还没有发生,至少是没有揭露过这类丑闻。但从来没有的事一旦出现,就容易产生连锁反应。如见深自己专心致志地爱着一位比自己大十七岁的女子,不仅是祖宗以来所没有,便是商周秦汉以来历代帝王中也前所未有。只是见深这种事不但是前无古人,也后无来者。但汉阴王冒认他人子女袭爵的事从此便不断发生。

在汉阴王的事情被揭露的半年前,四川岷府江川王音垃去世,其妃刘氏便抱养他人的儿子伪称己出,而且贿赂岷王,一同奏请赐名袭爵。刘氏的手段和汉阴王、周恂如出一辙,也是令宫人伪装怀孕,谎称遗腹子,但因事情败露而没有成功。③

汉阴王事揭露后两年,又揭露出一起冒爵成功的事。晋府方山王朱钟铤在成化八年(1472)以镇国将军袭爵,其弟钟镛则袭爵镇国将军。钟镛无子,夫人张氏与其父密议,收已经怀孕的弟媳人

① 《明宪宗实录》卷一八三,成化十四年十月辛巳。
② 《明宪宗宝训》卷一《谕宗室》。
③ 《明宪宗实录》卷二〇八,成化十六年十月丙寅。

府生子,冒为己子。钟鏴不但同意了妻子的作伪,还说通方山王钟铤一同奏请。这男孩被赐名朱奇澳。钟鏴死后,奇澳袭了镇国将军。事情败露后,方山王钟铤被革爵,钟鏴追削封号,张氏父母斩首,张氏及冒牌镇国将军奇澳命自尽。见深在气愤之余,赐书切责钟铤,说他得罪祖宗,贻羞宗室,又书录这件事,遍示各王府。①

但是条归条,罪归罪,冒封之事仍然屡禁不止。因为按规定,亲王年禄一万石米,郡王二千石,镇国将军一千石,辅国将军八百石,奉国将军六百石,以下递减;公主及驸马二千石,郡主及仪宾八百石,县主及仪宾也有六百石。如果无子继承,则国除爵革,禄米取消,只留其遗孀口粮。② 因此,死者固不甘心,生者尤其不能忍受。铤而走险,也是为了生计。

见深要应付的还有宗室中没完没了的纠纷,有父子兄弟相残的,有酗酒杀人的,有夺人妻女的,还有和护卫军官争田夺地的,以及和地方官相互告讦的,不成体统。辽王豪壆甚至提出,他儿子去世,要让没有生育的儿媳们殉葬,被见深用英宗的遗命狠狠责备了一通。③

最可笑的是山东鲁府镇国将军阳釜、阳钵、阳烯、阳钺兄弟四人与护卫指挥鲍珣争地,竟联名诬告鲍珣不法,并一起赴京陈诉。行至汶河,被其兄鲁王阳铸派人召回。但过了不久,阳釜仍偷偷溜到北京去告状。据都察院的报告,他所奏之事多属不实,并劾其违反祖制,擅出府城之罪。见深对这位比自己还小几岁的血气方刚的远房叔父倒有几分赞赏,虽然都察院请旨切责,他只是报允而

---

① 《明宪宗实录》卷二〇八,成化十六年十月丙寅。
② 《明史》卷八二《食货志六》。
③ 《明宪宗实录》卷一三一,成化十年七月甲戌。

已,却不下旨。①

对于宗室王府提出的各项要求,见深则是以不变应万变。这些叔伯及兄弟们都远离京师,根据祖训,除非是特许,他们不能擅出所封地的城门。眼不见则心不烦且心不软。

都昌王祁鉴要求将王府迁回建昌旧邸、岷府世子应钰请求将封地由武冈迁长沙、韩襄陵王冲烁两次要求迁往江西、湖广,均被见深拒绝。理由很简单:"分封已定,不允。"襄陵王冲烁又请率子孙及女婿从军,征讨蒙古。见深觉得简直是胡闹,但仍专书答复,表示体谅其忠君爱国之诚,但"宗室至亲,名分尊崇,难与总兵等官同事。况国家自祖宗以来,藩邦无从兵共讨之例"。② 自然,他认为无例便是无例,至于当年燕、宁、晋三王统兵出塞,抗御蒙古事,谁也不会提出与他争议。

当然,藩府所提出的要求也经常得到见深的恩允。如成化十一年(1475)七月,赵王见潝因禄米由二万石减至一万石,认为不足费用,连连请求增加,见深被他搅烦了,增加五千石;荆王、襄王则分别被批准得到九江钞关半年船钞的三分之二和汉阳刘家湾三年的税课作为经济补贴。③

这些都是为自己争利。襄王瞻墡则为全体宗室成员争得了一点自由,他提出,英宗时曾批准诸王世子及郡王每年春、秋出城郊游,但本朝因巡抚都御史王恕的奏请,取消了这个权利,实是不妥。见深对这位德高望重的叔祖有几分好感,不便驳他的面子,特许春、秋各出游一次,但不得在外住宿。④

---

① 《明宪宗实录》卷一四〇,成化十一年四月丙申。
② 《明宪宗宝训》卷一《谕宗室》。
③ 《明宪宗实录》卷一四三。
④ 《明宪宗实录》卷一四九,成化十二年正月壬子。

而对于公主、郡主、县主及仪宾等，见深则没有这么客气。淳安、崇德两位长公主仗着是见深的同父异母姐妹，出嫁的第二年便请乞直隶河间、保定、真定府及河南项城县的"闲田"一千五百顷，经户部查实，全是良田，被见深驳了回去。① 晋府仪宾刘钦奏请捐出贮钞三万贯、禄米四百石救荒，见深不仅驳回，而且指出此举有三失：凡事皆应经王府奏请，刘钦不经晋王府而直接上疏，这是专擅；刘钦妻子已死，禄米自然停支，用不着奏请，这是奏扰；山西饥民很多，朝廷已有赈济之举，刘钦的三万贯钞、四百石米值得几何，这是沽名。把刘钦批得体无完肤。②

可以说，对宗室问题的处理，是见深在处理家事中最为得心应手的。

六、外戚是非

成化一朝，有势力的外戚主要有两家，即见深生母周太后家和宠妃万贵妃家。生母周太后蛮横无理，他惹不起；宠妃万贵妃和自己情深意合，他不忍违。至于其他，如废后吴家，早已发往登州充军；英宗原配钱太后已于成化四年（1468）去世，即使在正统、天顺时，钱氏家族也未曾受封。英宗一死，钱氏受制于周太后，后族是抬不起头的；还有见深晚年宠爱的邵贵妃，家境本就极为贫寒，她入宫时，父亲邵林已死，虽然还有四个兄弟，却都是老实巴交的庄稼汉，见深也没有给予多少关照，自然成不了气候。当然，皇后王氏虽与世无争，但几个兄长都授锦衣卫官，却也不能等闲视之。③

---

① 《明宪宗实录》卷四三，成化三年六月庚子。
② 《明宪宗实录》卷二二六，成化十八年四月丙午。
③ 《明史》卷三〇〇《外戚列传》。

周太后之父名周能，直隶昌平人，字廷举，是位读过一些书，家境较为富裕的农民。周氏被英宗携入宫中当在正统十一二年之际，开始不过是普通宫女，却为英宗生了第一个儿子见深。土木之变对国家本是灾难，但见深却由此做了太子，周太后也由一名不起眼的宫女成了皇太子生母。英宗复辟后，见深为太子，周氏母以子为贵被封为贵妃，周能也父以女贵，封了锦衣卫千户。从这时起，外戚中才开始有了周氏一族，但蛮横起来却是在见深即位以后。这时周能已经去世，长子也就是周太后的长弟周寿嗣职，这时周氏已为太后，周寿因而成了左军都督府都督佥事，[①]按军中品级已是正二品。接着在成化三年（1467）晋同知，封为庆云伯，十七年又晋侯爵，为庆云侯。周太后有三个兄弟，周寿居长，周彧为次，也做了左府都督同知，成化二十一年（1485）封长宁伯。老三叫周吉祥，自小离家出游，从此杳无音信，周太后也几乎把他忘了。不料一天夜晚，周太后和英宗做了一个同样的梦，梦见伽蓝神来访，告诉他们周吉祥的所在。夫妻二人又惊又喜，派内使寻访，在报国寺伽蓝殿寻得做了和尚的吉祥，携回宫中，与英宗、周氏相见。英宗打算让其还俗授爵，吉祥坚持不受，仍回到报国寺。见深即位后，重修报国寺，赐名慈仁寺，又赐庄田数百顷。[②]

　　吉祥固然清心寡欲，他的两位兄长则个个贪得无厌。成化元年（1465）八月，周寿由锦衣卫正千户晋都督佥事不久，便奏乞直隶河间等县良田四百四十八顷，见深答应了他的要求。[③] 由于当时宦官、外戚及寺观侵占良田习以为常，而外戚照例得赐一份相当面积的土地，既是皇家的恩典，也作为俸禄的补充，因而对周寿请

　　① 《明史·外戚列传》说升都督同知，误，从《实录》。
　　② 《明史》卷三〇〇《外戚列传》。
　　③ 《明宪宗实录》卷二〇，成化元年八月丙戌。

乞田地无人提出反对。

　　但是,因为贵戚占田越来越厉害,影响到朝廷的财赋来源及被占田土农民的生计,引起一系列社会问题,所以在成化四年(1468)三月,户科左给事中丘弘等联名上疏,认为:"固国本在于厚民生,厚民生在于抑兼并。"他们指出,洪武、永乐年间,北直隶及山东等地土广人稀,故许军民尽力耕种,永不起科,为的是地辟民聚,以壮基业。但近年来权豪势要专利病民,或称某地为退滩地,或指某地为无主墓地,朦胧奏请。有司受其嘱托,畏其权势,明知不应赐给,也无执辩之词,明知田土有主有税,也权作空闲之数。他们按当时的实际占田数,认为一顷田土为一家之产,百顷为百家之产。权势夺一顷田土,便夺一家生计,朝廷也少一家田税。夺百顷田土,便是夺百家之产,朝廷也少百家田税。丘弘等人还进一步指出,赐田给权贵是"徇一人之嗜好而夺百姓之恒产"。因此,要求收回贵戚赐田归还原主,并责成户部痛革前弊,示以重法。①

　　丘弘是福建上杭人,天顺七年(1463)进士,与另一给事中毛弘同以敢言著名,人称"二弘"。丘弘论事既理直气壮,又分析透彻,见深对他也是刮目相看。加上近年贵戚占田确实闹得越来越厉害,怨声载道,早想有所制裁,却又拿不定主意,今见丘弘上疏,见深精神也来了,便给户部发了一道严诏,要求除了勘明是无主地,其余的赐田都应重新核实,作出处理,并要求以后严格把关,凡有乞田者,一概不许。这项要求作为法令,不许更改。②

　　户部官接到这道谕旨,还真有些意外,新君即位以来,处事还没有如此果断过。尤其是涉及外戚之事。他们也想革除积弊,但

---

　　① 《明宪宗实录》卷五二,成化四年三月甲申。
　　② 《明宪宗实录》卷五二,成化四年三月甲申。

谁也不愿得罪人,如今有皇帝做主,他们胆子也大了,于是进行核查。当然,如果是有权势的外戚或宦官,仍是绕着走,而一些僧道寺观的赐田,还真被他们清查出来了不少,归还原主。①这件事在成化前期曾引起相当大的震动,被认为是皇帝革除积弊的重大行动。

但是,户部和科道官很快就发现,皇帝竟然没有一点担当。诫外戚请乞田土的禁令是三月二十四日发出的,几天后即四月初一,他们又接到一道诏旨,赐给庆云伯周寿顺天府涿州庄田六十三顷。周寿是周太后的长弟,皇帝的大舅。见深对那位于自己并没有多少养育之恩的生母素来敬畏,而大舅又和母亲一个德性,动不动就胡搅蛮缠。去年十一月,见深因周太后的要求封了周寿庆云伯,以为他能安分一阵子,没想到竟丝毫不顾自己的面子,禁令刚发,便来破禁。没有办法,只得答应他的要求,不然周太后和他没完。好在数量并不太多,按丘弘的计算,也就六十多家百姓的家业。面对国家的财源,这六十多户农民的田税也实在微不足道,于是在诏旨中加了一句:虽然给了周寿田地,但"不为例",即其他人不得借机也提出这类要求。②

周寿倒是领了外甥的情,终见深之世,再也没有公开提过赐田的请求,当然,暗中侵夺还是难免的。但刚刚应付了大舅,二舅周彧又添乱子。成化五年(1469),周彧奏请武强、武邑二县空闲土地六百顷。其他人"不为例",对周彧却行不通。见深既然满足了大舅的要求,便不能拒绝二舅的要求,不然,便是驳了面子,使他在人前抬不起头。见深再次自破禁令,命户部派人核实。

---

① 《明史》卷一八〇《丘弘传》。
② 《明宪宗实录》卷五二,成化四年四月庚寅。

户部派去的是主事戴玉,也只是准备例行公事。但戴主事办事却特别认真,他和巡按御史黎福亲自去现场视察,发现周或奏请的全是有主农田,举目望去,麦浪翻滚,是个丰收年,难怪周或迫不及待。二人公事公办,命所在县、乡按户籍黄册丈量,查出了偷漏田赋的土地七十四顷,然后将核查结果上报。他们在奏疏中强调,周或所请六百顷即六万亩土地全是民田,其中只有七十四顷即七千四百亩是漏税田,如果周或坚持奏请,也只能给这七十四顷。①

　　周或对这个调查大为不满,和大姐周太后一起向见深施加压力。他们拿户部和都察院没办法,却可以对管户部和都察院的皇帝发脾气。见深无奈,改派刑部部中彭韶和监察御史季琼往勘。

　　彭韶是福建莆田人,天顺元年(1457)进士,到弘治时成为一代名臣,与王恕、何乔新并称“三大老”。他和季琼去武强、武邑转了一圈,先将偷税农户召来责备一通,要求克期补交田税。然后将周或的管事家僮训斥一番,扬言要治其欺主欺君之罪。办完了这些事,二人回京复命,并上疏自劾:“真定田自祖宗时许民垦种,即为恒产,除租赋以劝力农。功臣戚里家与国咸休,岂当与民争尺寸地。臣不忍夺小民衣食,附益贵戚,请伏奉使无状罪。”这一手可是谁也没有料想到的,连见深也暗自击节,国家有这样一批能臣,也真是祖宗的洪福。但母亲和舅父那边也得有个交代。于是,见深一面驳回周或的请乞,一面斥责彭韶、季琼“邀名方命,昧于大体”,命锦衣卫逮治。② 当然,彭韶、季琼下狱后并没有吃苦,锦衣卫校尉佩服他们有胆有识,科道官也连疏论救,见深一个顺水人情,将二人放回原任。

---

① 《明宪宗实录》卷七一,成化五年九月壬寅。
② 《明史》卷三〇〇《外戚列传》。

孝宗即位后,二周更是变本加厉,先是周寿乞赐宝坻县田地七百余顷,后是周彧与孝宗张皇后之兄建昌侯张延龄争田,双方家奴大动干戈,京师哗然,成为轰动一时的丑闻。①

比起土财主周家兄弟的占田,万氏家族则更加谙熟生财之道。

万贵妃是山东诸城县人,其父万贵,本为县吏,谪居霸州。见深即位后,以万贵为锦衣卫正千户,后又为指挥佥事、指挥使。因万贵妃一直未能扶立为皇后,故万贵也不能像周氏兄弟那样得到封爵。万贵是位很有头脑的人物,女儿虽为贵妃,但舆论压力很大,唯恐祸有不测。每受赏赐,总是忧形于色。他常对人说:"吾起掾史,编尺伍,蒙天子恩,备戚属,子姓皆得官。福过祸生,未知所终矣。"②

在明朝乃至中国历朝,这种安分守己的外戚也确实不少,但一般来说,只能保住自身却难以担保他的子弟们都安分守己,况且周太后的两位兄弟已作出榜样。社会便是如此。既然大家都伸手,都腌削国家,宰割百姓,那么何必自视清高。有道是天予不取,自受其咎。于是万贵的儿子们即万贵妃的兄弟们也开始动手了。

万贵有三个儿子,万喜、万通、万达,从小跟着父亲受苦,既然有姊妹侍候君王,而且备受宠爱,于是个个都变得骄横起来,过去的自卑转变为变态的自尊,目空一切。凡皇帝所赐的器物,转手便成银两,大肆挥霍。万贵见了,总要告诫:"官所赐,皆著籍,他日复宣索,汝曹将重得罪。"③万贵是知道盈必亏、满必损的道理的。但儿子们却不管这套,嘲笑老子迂腐。万贵死后,万喜由锦衣卫指挥使晋都指挥同知,万通做了指挥使,万达为指挥佥事。虽说都是

---

① 《明史》卷一八三《彭韶传》;《明宪宗实录》卷七一。
② 《明史》卷三〇〇《外戚列传》。
③ 《明史》卷三〇〇《外戚列传》。

带俸而不理事,但有这顶头衔也就够了。兄弟三人搭起手来做生意。老二万通早年因生计所迫而弃农经商,颇谙经营之道,于是利用万贵妃的关系,和太监韦兴、梁芳等人做起了买卖。

万通从各地定制奇巧器物,运往北京,进献给皇帝和后妃。韦兴、梁芳便以内库存银支付物价,提取回扣。这种生意自然是一本万利,都是用皇帝的钱,谁也不心疼,谁也不计较,众人均可获巨利。有时则是用皇帝的钱挣皇帝的钱。如成化十五年(1479)九月,见深赐给万通两淮余盐五千引。[①] 当时灶户卖给盐司一引余盐,给工本米一石。商人纳银三至四钱,可支盐一引。市场价则是这个数字的三至五倍,[②]每引可获利白银一两,或米四石,万通一次即获得无偿官本五千两或米二万石。他可将皇帝给的盐兑成白银,购成玩物,然后再卖给皇帝,可以说是无本生意。

如果说周氏兄弟是与民争利,万氏兄弟则是直接将国家的财富转化为己有;周氏兄弟是为己争利,万氏兄弟却成了京师恶少的代理人,其影响自非周氏可及。

同是外戚,也有厚薄之分。王皇后的父亲王镇,按例是应该封爵的,如仁宗张皇后之父张麟、宣宗孙皇后之父孙忠皆然。但由于英宗钱皇后的坚持,钱氏后族没有获封。她开这个头,得了好名声,却坑了后人,王氏后族就不好要求封爵了。直到成化十年(1474)六月去世,王镇还是右都督,加上为人厚重清谨,名声也不错。王皇后的三个兄弟王源、王清、王浚继承了父亲的作风,也都体谅皇后姐姐的苦衷,不去惹是生非。

当然,王家也有王家的办法,男人要保全面子,难为情的事便

---

① 《明宪宗实录》卷一九四,成化十五年九月戊寅。

② 《明史》卷八○《食货志四》。

由女人出面。就在见深赐给万通盐引之后不久,王镇的遗孀段氏便以此为例,请乞两淮官盐二万引,作为生活补贴。万通是贵妃的兄弟,请乞五千引;段氏是皇后的母亲、皇帝的岳母,便请乞二万引,身份摆在那里,看你皇帝女婿怎么办。见深心里当然明白,老太太倒不一定硬要这二万引盐,更主要还是替女儿找回面子,以示皇后就应比贵妃强。对王家的这个办法,万贵妃还不好发作,尽管段氏年龄和自己相仿,但论辈分却比自己高一辈。见深可以冷淡王皇后,却不能冷落岳母,只得命户部照给。①

虽然王家兄弟洁身自好,但既为当朝皇帝的后族,即使主人不闹事,奴才也不会安分,他们在主人的纵容和默许下,采取各种手段侵夺民田,因而引起了老家河间府静海县县民的不满,事情闹到了北京,见深命户部郎中张祯叔按视。张祯叔等人的查核结果一到户部,六科都给事中王坦等人便上疏发表意见:"王源受赐之地,其初止是二十七顷,四至分明,版册可考。(却)令其家奴别立四至,吞占民产乃有(一)千二百二十顷有奇,可耕者三百六十六顷,多贫民开垦成熟之地……伏望重念国本,体悉民情,除二十七顷之外,皆举以还民。"②见深虽恼火言官多事,但还是让王家除二十七顷赐田外,其余所占一千二百顷官田还官、民田还民。王氏家奴中的首恶二人各杖五十,械送原籍当差。同时,根据户部的要求,榜谕天下,禁革贵戚势家侵占民田。

经过这次教训,王氏兄弟更谨慎了,严厉约束家人,倒没有再捅娄子。

① 《明宪宗实录》卷二〇〇,成化十六年二月戊寅。
② 《明宪宗实录》卷二〇四,成化十六年六月辛亥。

第四章　内地民变

一、大藤用兵

见深即位时,土木之变带来的民族危机早已成为过去,夺门之变造成的恐怖气氛也大致消除。大明帝国虽然已经显露出疲惫之态,但整个国势仍然保持着富有进取性的活力。英宗可以说是给儿子留下了一座几经创伤却完好无缺的江山。

当时唯一让朝廷不安的是广西大藤峡的瑶民闹事。

中国人口众多,幅员辽阔,东边起点风波,西边闹点灾荒,或发生一些民族纠纷,本是极为平常之事,但大藤峡地区瑶民闹事,却远非寻常可比。

大藤峡位于今天广西壮族自治区的桂平县西北约六十里,与太平天国起义的地点桂平县金田村仅一山之隔,当时属广西布政司的浔州府。大藤峡地区则泛指包括今日沿柳江—黔江—浔江一线的柳州、象州、武宣、桂平、平南、贵县、藤县、梧州在内,东西数百里长、南北上百里宽的瑶族和壮族居住区。从唐宋以来,这里就是羁縻州县,土司土官实际就是大大小小的酋长头目。一方面,随着阶级压迫的加剧而导致各峒各寨内部阶级矛盾激化;另一方面,随着中央集权向西南地区深入和汉民的迁入,汉官汉军汉民欺压当地土著居民而导致民族矛盾激化,所以此地一直是多事地区。

明朝建立后,从洪武、永乐至正统、天顺,这里几乎无一日安宁。当时的官府称之为"瑶贼"叛乱,而现代的教科书则称之为瑶民"起义"。一个极端否定,一个极端肯定,其实都有偏见。明朝官府称闹事人民为"乱民""乱贼",是由其统治立场所决定,后人已知其非。而今日研究历史的只要见到有人闹事、和政府作对,便冠之以人民"起义",其见识并不比当时的政府更高,反而显得更为幼稚。其实,当时的瑶民闹事,其原因、背景、内容都是非常复杂的,这里既有因民族压迫而导致的民族斗争,也有因官府包括汉官和土官对瑶民壮民的剥削而引起阶级斗争,还有土司土官即酋长头目为维护自身利益,抵制民族融合进程而挑起的民族仇杀。而且,一次大规模的动荡往往又是各种因素交织在一起,很难草率地予以定性。

从景泰七年(1456)开始,大藤峡瑶民在侯大苟的统领下,聚众至万人,周围修仁、荔浦、力山、平乐等地的瑶民、壮民也纷纷响应,声势浩大,活动地区几乎扩大到整个广西东部和广东西南部。一方面是攻城池、杀官吏、放囚犯,另一方面则是抢劫财物、杀害居民,所过之地,玉石俱焚。这样一来,就不仅仅是使贪官污吏受到应有的惩罚,也使无辜平民罹难,甚至邻州邻府瑶民、壮民的生命财产也受到威胁。

见深于天顺八年(1464)正月二十二日即位,二十九日便接到广西都指挥使邢斌的奏章,说是上年即天顺七年十一月十三日,广西总兵官泰宁侯陈泾正驻兵梧州城内,和镇守太监朱详、巡按御史吴磷、按察副使周涛、佥事董应轸及汉官、土官商议防御事务。白天议事,没料到瑶民在三更天就架起云梯进了城。等到瑶民掠夺官库、释放囚犯、城中大乱,陈泾等人才发觉事情有变,却不敢轻动,只是拥兵自卫,连随军器械及备赏银货等物也被瑶民抢劫一空。最后,眼睁睁看着瑶民以按察副使周涛为人质,扬长而去。当时在梧州城内的官兵有数千人,而入城瑶民仅七百人而已。见深一面看着奏章,一面愤愤骂道:"梧州蕞尔小城,总兵、守镇、巡按、三司俱拥重兵驻城中,乃为小贼所蔑视,况遇大敌乎!"①这份奏章尚未处理,又接到广东清远县知县谢智的奏报,说是天顺七年(1463)十月一日,"广西流贼"夜入广东清远卫城,守城官军竟然弃城而走,致使城楼民房多被烧毁,狱中囚犯尽被放走,官民男妇及财富掠夺甚多。瑶民在城中停留三天才离去,而按察佥事王鼎、都指挥佥事尹通却按兵不动。见深将这两份奏章翻来覆去看了几遍,连连叹息,恨不能立时将那些平日只知坐吃国家俸禄、对百姓抖威风、极尽敲剥之能事,遇敌束手无策、贪生怕死的文官武将杀个干净。但这种官、这种将,谁知又有多少,哪里杀得尽? 只好按程序办理,让兵部去勘实处理。②

兵部的处理意见还未议定,又有消息说广西"流盗"劫掠梧州、北流等县,并入广东新兴、阳江、石康等县及雷州、廉州、高州等地,杀了乌家驿驿丞林安,绑走海北盐课司提举邹贤、翁良。③

广东、广西的警报,引起了北京官员的极大不安,国子监生封登上了一份封事,谈自己对处理大藤峡事态的意见。从这份封事看,他对那里的情况非常熟悉,有关于大藤峡事况的详细报告。但是见深对此事尚无定见,所以只是"报闻"而已,照例让兵部议处。兵部尚书王竑倒是位有心人,他给见深上了一道奏章,说是两广三司官进京贺万寿节,各官久在两广,稔知山川险易、瑶民虚实,可让他们条上平灭动乱、安定地方的策略,并各举骁勇智谋将官。见深认为这是好主意,便让各官陈述己见。两广官员都主张对大藤峡

---

① 《明史》卷三一七《广西土司列传一》。
② 《明宪宗实录》卷一,天顺八年正月壬午。
③ 《明宪宗实录》卷三,天顺八年三月甲戌;卷四,四月癸未。

用兵,广西右布政使熊铄、按察副使袁凯更认为广西地势险要,非十四五万官军压境,不足以捣其巢穴。

兵部对两广官员的意见非常重视,并对两广军队作了相应的部署。但直至收到巡按广东监察御史王朝远的报告,加上当时北边无大战事,兵部才促使见深下决心对广西用兵。

如果只是在广西闹事,明廷未必会下决心大动干戈。但是涉及范围扩大到湖南、贵州、江西、广东四省,且危及这些省区的大都市,造成整个南部地区的动荡不安。在这种情况下,非用武力不足以平乱。而且,当时在中央和地方几乎形成了一致看法,即瑶民闹到这个地步,与政府的软弱态度和当地军事力量的不足有关。

成化元年(1465)正月,兵部经见深同意,以都督同知赵辅为征夷将军总兵官,右都督和勇为游击将军,左佥都御史韩雍提督军务,调集南直隶及湖南、两广军队共十六万人,其中包括一千名擅长骑射、训练有素的蒙古达军,南征大藤峡瑶民。对于赵辅及和勇,人们没有异议,他们都是身经百战的将领。但对于韩雍,则有不同的看法。

韩雍在天顺八年(1464)正月因王纶、钱溥事件的牵连,由兵部侍郎贬往浙江为布政司左参议。这一事件的制造者牛玉虽然已经服罪,但李贤、陈文却仍在内阁,而且具有很大的权威。兵部尚书王竑素以豪迈负气节、又敢于正色直言著称。土木之变后郕王监国,众臣历数王振误国罪,请求诛灭王振一家。王振的党羽锦衣卫指挥马顺厉声叱责众人,王竑当时为给事中,竟然愤而跃起,揪住马顺的头发,抢拳便打。众人也拳脚交加,把马顺给活活打死,成为轰动一时的壮举。后王竑被景帝连升六级,升为右佥事都御史,先后往淮扬督漕运、理盐课、赈饥民,均享誉一时。英宗复辟后,石亨等人追论王竑击死马顺事,被除名,五年后因李贤的举荐复出,锐气不减当年。见深即位后,科道连章推荐王竑可大用,被任命为兵部尚书。①

王竑既知李贤对自己有知遇之恩,也知韩雍贬官很大程度上是李贤的作用,但他也素知韩雍的为人与才气,如今事关大局,大藤峡用兵的成败全系于用人的优劣,于是极力推举,认为"韩雍才气无双,平贼非雍不可"。但众人仍碍着李贤的面子,狐疑不决。王竑见状,干脆现身说法:"天子方弃瑕即瑜。疑(韩)雍罪不当,乃(王)竑不以罪废邪?"众人见王竑如此敢于担当,才翕然附和。②

见深这次也受到鼓舞,专门给了韩雍一道敕谕:"阃外事一听雍节制,敕将士得自署置,监司而下不用命者,辄以军法论,朕不中制。"③韩雍获罪才一年,就被如此重用,自然是感恩不已。虽然说佥都御史仅正四品,参政倒是从三品,但从地位来说却不可同日而语。当时的都御史参与军务,实际上是全军统帅,赵辅以从一品的都督同知,和勇以正一品的右都督,也在其麾下,何况地方都、布、按三司。但王竑却也因此得罪了李贤,当年就致仕而归,才五十五岁。④

韩雍既受主知,加上他的性格及办事作风几乎和王竑一般,也是负气果敢,以才略称。所以接到朝廷令旨后,立即驰赴南京。当年六月,总兵官赵辅等人也至南京,韩雍集诸将官议进兵方略。就在这时,一道由翰林院编修丘浚所上的平大藤事方案经见深批示也送到了南京。

将领们一致主张采纳丘浚的意见:游击将军和勇率领由蒙古

① 《明史》卷一七七《王竑传》。
② 谈迁:《国榷》卷三四;《明史》卷一七七《王竑传》,卷一七八《韩雍传》。
③ 谈迁:《国榷》卷三四。
④ 《明史》卷一七七《王竑传》。

人组成的骑兵直趋广东,驱散在广东活动的瑶、壮、汉民,实施丘浚在广东"宜驱"的策略;而韩雍、赵辅大军则深入广西,屯兵围困,分兵扑灭。这屯兵围困的办法,兵部尚书王竑在制"贼"方略中也曾提出,可说是朝野人等的共识。

但韩雍却不是那种四平八稳、策求万全的人,他的风格是快刀斩乱麻,故而提出一套筹划已久但与上述方略完全相反的长驱直入战略:"贼已蔓延数千里,而所至与战,是自蔽也。当全师直捣大藤峡,南可援高、肇、雷、廉,东可应南、韶,西可取柳、庆,北可断阳峒诸路,首尾相应,攻其腹心。巢穴既倾,余迎刃解耳。舍此不图,而分兵四出,贼益奔突,郡邑益残,所谓救火而嘘之也。"①进而断言:"先入有夺人之心,兹行也必胜,我夺之矣!"②既然阃外之事由韩雍专之,而赵辅诸将又为韩雍这番激励人心的鼓动所振奋,这次进攻大藤峡的战争便按韩雍的计划而实施。

有道是兵贵神速,韩雍等人六月二十五日还在南京计议出兵之事,九月二十九日全军已到广西东北门户全州,并继续往桂林挺进。阳峒苗民正劫掠兴安,猝遇大军,立时溃散。大军来到桂林,这是广西布政司的所在地,再往南便是大藤瑶民的活动地区,部队将进行战略展开。

为了扭转明军中积习已久的拖沓懒散作风,保证将士用命,韩雍在桂林将从南京到广西途中未能令行禁止的指挥李英等人斩首,号令全军。韩雍的这一招本来是历代统兵将领的惯技,但对明朝军队来说,却早已陌生,海内承平已久,境无大寇,谁还管什么军纪。如今韩雍认真起来,众兵将不寒而栗。而且,韩雍又故意选择

① 《明史》卷一七八《韩雍传》。
② 谈迁:《国榷》卷三四。

了一个适当的时机。借道从南京趋广西,本身就是对部队的一次演习,通过这次演习,熟悉了军队,临战前将几名失职军官斩首,使部队在临战前再度紧张起来,可谓深谙用兵之道。

办完这件事后,韩雍将全军十六万人分兵五路,先取修仁,再攻荔浦,擒斩上万人,二县皆定。修仁、荔浦位于大藤峡地区的北部,也是官兵进攻大藤峡的必经之地,这里的瑶民和大藤瑶民相互呼应,官军攻大藤,则修仁、荔浦骚扰后方,切断给养;官兵攻修、荔,则大藤四出牵制,腹背夹击。韩雍在行军途中,先取二县,目的是剪除大藤峡瑶民的外援。

十月,韩雍统兵来到浔州府所在地桂平县,先是访问当地父老,征询其进攻大藤峡的意见。但父老们都说大藤峡是天险,不要说易守难攻,简直是不可攻。他们告诫韩雍谨慎从事,想办法对大藤峡进行围困。这些主张和丘浚的建言策几乎一样,可见也是人们的共识。但韩雍直取大藤峡的决心丝毫没有动摇。他认为,大藤峡方圆六百多里,山高路险,既难合围,也就不可能使瑶民受困,何况兵分则力弱,师老则财匮,仗打到何年何月才能打完?①

几乎在同时,大藤峡瑶民又夜袭藤县,抢劫官府,把县衙的大印也劫走了;广东的高州、廉州也连连遭到瑶民的袭击。②瑶民的活动很有规律,都是乘夜入城。入城之后,便做四件事,抢官库、放人犯、烧房屋、夺官印。既为了经济目的,又带有政治目的。告急文书雪片般飞向北京,飞向桂平。

韩雍拥兵十多万,将校均受其节制,总兵官赵辅以下奉若神明,监军太监卢永、陈瑄也俯首听命。这还不是因为当今皇帝的信

① 《明史》卷一七八《韩雍传》。
② 《明宪宗实录》卷二二,成化元年十月庚辰;卷二三,十一月辛亥。

任、戎政尚书的支持？人生如此，更有何求！韩雍决定不恤人言。他挥师长驱而进，直至大藤峡口。这时，出现了一个戏剧性的局面。有几十位自称儒生、里老的土民跪伏道旁，表示愿为向导。韩雍一见，立即命左右兵将其捆绑斩首。卫士们先是不明就里，继而扑了过去，果然发现这些人身上藏有利刃。一经刑讯，自称是刺客。韩雍本来就想在峡口立威，干脆将这些刺客肢解，分挂林中。①

赵辅等人出生入死，身经百战，也没干过这种事，见韩雍虽是进士出身的文官，竟然如此心狠手辣，均自叹不如，谁还敢不用命？大藤瑶民见状，既畏且敬，这韩大人难道是天神下界？不然，为何问也不问，便识破我等伎俩？殊不知韩雍幼读经史，自负有经世之才；二十刚出头便考取进士，先任御史，录囚南畿、巡按江西、协守福建；继为广东按察副使，巡抚江西及宣大右佥都御史、大理寺少卿，和各色罪犯打了二三十年交道。这种谋杀伎俩在他看来，不过是雕虫小技，瑶人不察，却给了他一个扬名立威的机会。

韩雍根据大藤峡一带山川形势的特点，令广东总兵官欧信等人兵分五路，从象州、武宣由北向南推进；都指挥白全等人兵分八路，从桂平、平南由南向北推行；自己和赵辅在南线督战。参将孙震等人兵分两路，乘船从黔江上、下游两头入峡。另遣指挥潘铎等人分守大藤峡诸山隘口，以防瑶民突出重围。

成化元年十二月初一，韩雍指挥官兵水陆并进，瑶民首领侯大苟已立木栅于南山，滚木、垒石、镖枪、药弩，倾泻而下。韩雍督兵持盾牌登山死战。一日之内，官军连破石门、林峒、沙田、古营等瑶民居住区，放火焚烧竹楼积藏。瑶民见大势已去，纷纷逃往横石塘

---

① 《明史》卷一七八《韩雍传》。

及九层楼等山头。官兵也伐木开山,穷追而来。瑶民重立木栅,居高临下,进行抵抗。但一是众寡悬殊,二是瑶民质朴,不如官兵狡猾。韩雍一面整军正面佯攻,引诱瑶民投石发矢,一面派遣死士绕道攀登,抢占瑶民防地背后的制高点。瑶民腹背受敌,已无斗志。韩雍乘机发动攻击,先后攻破瑶寨三百二十四座,斩首三千二百余级。瑶民被官军驱赶坠下山崖而死者不计其数,侯大苟等七百八十人被俘。

仗打完了,韩雍来到那条势如长虹的大藤旁,让亲兵递上利斧,亲自将藤砍断,改峡名为断藤峡,以夺瑶人之气,然后勒石纪功而还。①

韩雍等人出征后,见深天天盼着平灭瑶乱的捷报。这些时间后院没有出大事。吴皇后被废,王皇后淡泊,万氏已有身孕,两宫尊号也已上过,见深倒也逍遥自在。只是十多万大军南征,毕竟是他继位以来最大的军事行动。虽然依从了兵部尚书王竑的意见,让韩雍提督军务,不从中牵制,但韩雍到底能否不辱使命,却也心中无底。听人传说,先皇英宗曾经给韩雍下过评语:"吾知(韩)雍不爱钱,但须多得美侍寝耳。"②不知是真是假。尤其是到这年十月,荆襄流民闹事,江汉之间几无宁日。十二月,已命抚宁伯朱永、工部尚书白圭领京营、山东操卒一万五千人往讨。两处用兵,两处要钱,一向不急不躁的见深也不由得着起急来。

成化二年(1466)三月,赵辅、韩雍的捷报终于到了,见深一颗悬着的心也放下了,不禁暗骂:这个韩雍,原来是等仗打完了,才来报捷。但韩雍的捷报确实使他大喜过望,立即赐敕嘉劳,在军中即

---

① 《明史》卷一七八《韩雍传》,卷三一七《广西土司列传一》;谷应泰:《明史纪事本末》卷三十九《平藤峡盗》。
② 查继佐:《罪惟录·列传》卷一一上《韩雍传》。

拜韩雍为左副都御史。嘉靖时袁袠为广西提学副使,在评价韩雍平定大藤峡时说:"两广自文皇帝朝,蛮寇已数叛矣,尝命都督韩观、山云相继镇守,乃后交阯不宁,两广兵调征无虚岁……非纯皇之既明且断,委任不疑,亦曷克成功哉!"①说韩雍会用兵倒是事实,但说见深既明且断,委任不疑,却是过誉。其实见深是不太过问,没想到缺点倒成了优点。

不过,韩雍对广西的局势却是显得过于乐观了些,忽略了民族杂居地区问题的复杂性。赵辅班师后,他也将所留诸军遣散,为的是节约粮饷。没想到侯郑昂等人又乘虚攻陷浔州及洛容、北流、博白诸县,全州、临桂、思恩、宾州、柳州、宣山、平乐等地也遭到骚扰,并波及广东的钦州、化州。一时舆论哗然,科道纷纷上疏弹劾。韩雍只得一面引罪,一面调兵剿捕。直到成化八年(1472),以大藤峡为中心的广西瑶民闹事才基本平息下去。②

早在赵辅、韩雍受命出兵之际,刑部主事冯俊就曾上书,他倒不是担心韩雍平不了大藤峡,而是担心大藤峡即使平定,两广地区仍不得安宁。他的意见提得非常具体:

> 广西境内,瑶僮数多,居民鲜少。洪武间设立田州、泗城等府州,选用其土人以为土官,世相统摄,百年于兹,遇警悉听调用,效力居多,使之怀德畏威,良由处置得宜故也。其余种类,止令流官兼管,是以反侧靡常,近年益甚。今总兵官赵辅等奉命往征,贼平之后,恐有遗孽远遁,一时不能悉诛,宜遣官招抚,或委令附近土官管束,或别立司府,推选其类为众所信服者,各授以世袭长官,俾从其俗以治之事。③

---

① 谈迁:《国榷》卷三四。
② 《明史》卷三一七《广西土司列传一》。
③ 《明宪宗实录》卷一三,成化元年正月辛未。

但说到底,还是采用"以夷驯夷"、以土官管理的办法。事情的发展证实了冯俊的预言。明廷接受了操之过急的教训,着手从制度上完善对这一地区的统治,设总督两广都御史,驻梧州,两广均设巡抚,加强镇压力量;大藤峡地区增设了州县及巡检司,用土官进行管理,同时杂用流官;又对吏治进行了一些整顿,使得这一地区得到了较长时间的安定,但小规模的骚动和摩擦则一直存在。

二、荆襄流民

两广用兵方酣,荆襄流民又陡生变故。

荆襄是湖广布政司荆州和襄阳二府的合称,地处湖广布政司的西北部,东北毗邻河南南阳府,西北经汉水与陕西西安府的商南、山阳、镇安及金州、平利、安康、洵阳、紫阳相连,西部与四川夔州府共有巫峡,为湖广、四川、陕西、河南交界地区,东西宽约六百公里,南北长约七百公里。如果加上陕东南、川东、豫西南,则是一个面积达数十万平方公里的广大地区。

从春秋战国到汉唐时期,这里曾经是人烟稠密、经济繁荣。但自两宋以来,先是宋、金对峙的战场,接着又经宋元之际的毁灭性战争及元末的战乱,到明初,遂成山林茂密、人烟稀少的地区。为了保证中原有足够的劳动人手,也因为此处山高林深、不易管理,又是明太祖劲敌陈友谅的统治区,极容易成为白莲教余党、陈友谅余党的集结地,因此,明初邓愈在剿灭陈友谅势力之后,根据明太祖的授意,"悉空其地",并禁止流民进入这一地区垦种。①

明太祖曾制定严格的户籍管理制度,除每十年编制一次赋役

---

① 《明史纪事本末》卷三八《平郧阳盗》,参见《剑桥中国明代史》第2、3章。

黄册外,还通过立法来对编入户籍的人户进行控制,对脱户漏口者进行制裁。《大明律》规定,凡军、民、驿、灶、匠、卜、工、乐诸色人等,若有诈冒脱免、避重就轻者,以及有司官吏妄准其脱免者,杖八十,里长失于取勘,有司官查勘不力而导致脱户漏口,也要受一百以下的杖刑和笞刑。①又规定,凡人丁外出,必须携带官府的文凭路引,否则,以逃户论处。洪武二十三年(1390),曾令国子监生会同各府州县官,拘集各该管里甲人等,查核人口,若有外逃,由各县移交,差亲邻里甲往各处起取;本里甲内如有外地流移人口,也必须即时送官,押赴原籍州县复业。

永乐以后,对逃户的处置稍微有所松动,如户下有税粮而无人办纳及无人继服军役者,遣送原籍,其余的准于所在官司入籍,拨地耕种,纳粮当差,但他的后人仍须回原籍,否则迁往北京种田。②

宣德、正统以后,由于吏治的渐趋腐败,以及土地关系的变化,各地程度不同发生了土地兼并及产去税存的情况。如果仅仅是土地兼并,并不足以使民户逃亡。只有土地丧失,而赋役却仍旧承担的情况下,才可能导致民户的逃亡。也就是说,除了天灾之外,民户的逃亡主要并非为丧失土地,而是为躲避赋役。

荆襄地域广阔,到处都是可开发土地,而且位于数省接合部,官府难以控制。因而成为湖广、河南、陕西、四川,乃至江西、南直隶等地流民的聚集之所。到天顺、成化之际,这里的流民已达数十万人。

这数十万各地流亡人口,情况十分复杂。有的是本分农民,或因原籍受灾,或因土地被占,或因不堪忍受官府压迫,逃来此地,只

---

① 《明会典》卷一六三《刑部·户律》。
② 《明会典》卷一九《户部·户口一》。

图得凭劳动开荒种地，养家活口，成为国家编户齐民，并不想逃赋避役；有的则是离乡背井的工匠或者商人，他们来到此地，既为生计所迫，也是适应这一地区人口增多的需要；同时也有各地的无业人口，包括一些刑事犯罪人员，他们来到此地，是为了寻找一个能逃避官府追捕、便于继续做无本生意的乐土，于是便成为这一地区的不稳定因素。

成化元年十月间，见深正在等候南征广西大军的消息，却见到有关荆襄盗起的警报。兵科给事中袁恺在一份报告中说，湖广荆襄等处流民，自房县至南漳数百里间，恣意抢掠，攻陷地方，深为民患。而镇守总兵官李震、巡抚都御史王恕、王俭并巡按御史王瀛，以及都、布、按三司都指挥汪泽等官，平时既无抚驭之方，遇警又无剿抚之策，蒙蔽"贼情"，坐视民患，宜各究治，以为人臣误事者戒。① 见到这份奏疏，见深才想起荆襄之事已非一朝一夕。早在天顺时期，就有一位名叫杨英的锦衣卫正千户奉使到河南办事，回京时曾上一疏，说是荆襄南阳一带流民聚集，内伏大奸大恶，如不早制，必有后患，建议"选良吏赈济，渐图所以散之，愿占籍者听，盗矿者宜绝外民与通"。② 陕西汉中府也有官员上疏说起，但在当时并未引起重视。

见深即位后，湖广巡抚都御史王俭奏请设专员抚治荆襄流民，以免后患。根据户部的意见，派了工部员外郎刘子钟为湖广布政司左参议，专职抚治荆襄汉阳流民。③ 此后，有人提议说刘子钟位微望轻，不足以任事，见深便派河南布政使王恕往湖广，晋都察院

---

① 《明宪宗实录》卷二二，成化元年十月壬寅。
② 谈迁：《国榷》卷三四。
③ 《明宪宗实录》卷一一，天顺八年十一月癸丑。

右副都御史抚治南阳、荆、襄三府流民。① 这王恕据称颇有能耐，曾任扬州知府。扬州是民情刁钻、难以管理的地方，但王恕却干得不错，天顺四年（1461）就因治行天下第一由扬州知府升迁为江西右布政使，怎么就摆不平几个流民？见深不明白。还有，王恕去荆襄不久，便回陕西三原奔母丧，一去就是几个月，还要求终制。都什么时候了，还奔丧、还终制？不过也没有办法，这是太祖高皇帝定下的章程。为人子者，父母去世，前往奔丧，这也是天经地义之事。或许就是王恕奔丧这两个月，"贼"势得以蔓延。

见深还听说，流民先是劫掠了邓州李家。李家是当地大户，要求官府追捕劫贼，并威胁说，如果地方官不管，他们就要将事情上奏朝廷。大学士李贤是河南邓州人，被劫李家或许就是李贤家，地方官敢不捕盗？这一捕不打紧，流民本来只是劫大户，弄点粮食浮财，并没有杀人，政府一发兵，流民一拒捕，这矛盾性质就变化了。② 地方官也真该死，李学士家怎么不设法保护好，一旦被流民抢劫，怎能不先请示朝廷，便发兵捕人？既然发兵，就应殄灭贼盗，怎能让其越闹越大？

虽然如此，见深还是不紧不慢，让兵部提出对策。兵部认为，流民闹到这种地步，有关官员均不得推卸责任，巡抚王恕、王俭都是朝廷大臣，暂且不究，三司官员及巡按御史是直接责任者，均停发俸禄，责成戴罪平乱，以弭民患。③ 兵部的意见经见深认可作为敕令发往湖广，但两个月过去，作乱的流民不但不见平灭，反倒越来越多了。

---

① 《明宪宗实录》卷一五，成化元年三月癸丑。

② 郑晓：《今言》卷三。

③ 《明宪宗实录》卷二二，成化元年十月壬寅。

王恕受命之初，职在"抚治"，不能随意调兵征讨。等他奔丧夺情回任，流民中已有人挑旗称王，不可收拾。

在荆襄一带扯旗称王的是河南西华人刘通。刘通自幼便臂力过人，又爱闹事。县衙门前有对石狮，每只据说有上千斤，刘通在好事者的鼓唆和簇拥下来到县衙，单手将一只石狮举过头顶，博得众人一片喝彩，由此得一绰号"刘千斤"。跑到县衙前来举狮子，本身就是对官府的蔑视和挑战，而举狮壮举及由此而引起的各种传闻，又成为刘通日后公开挑旗造反的本钱。①

正统、景泰间，刘通及其追随者流亡到襄阳房县，结识了白莲教徒允天峰，以宗教形式组织流民，打家劫舍。当时在荆襄地区进行这种活动的并非少数，刘通仗着自己的神力、武功及豪爽性格，征服了其他流民领袖。经另一位白莲教徒石龙石和尚的策划，刘通在房县大木厂挑起黄旗，自称"汉王"，建元"德胜"。② 汉王是当年陈友谅的称号，荆襄地处江汉，故这个称号很有号召力，而石和尚显然又以当年彭莹玉彭和尚自诩。在很短的时间里，刘通、石龙聚众四万多人，分为七屯，有国师、总兵、将军、国老、军师等名号，以梅溪寺为王府，很有几分气候。

王恕见事情发展到这种地步，已非招抚可以解决，便上疏请讨："民可抚，而奸民好乱者，非慑以兵威，贼未易平也。"廷议对王恕的看法表示赞同。成化元年十二月，宪宗命抚宁伯朱永佩靖虏将军印，充总兵官，都督同知喜信、都督佥事鲍政为左、右参将，统率京营及山东班军一万五千人，以太监唐慎、左少监林贵奉监军，工部尚书白圭提督军务，会同巡抚湖广都御史王俭、抚治荆襄都御

---

① 《明史》卷二七二《白圭传》。
② 《明宪宗实录》卷三一，成化二年六月癸亥。

史王恕、湖广总兵李震等,合兵征讨荆襄地区的造反流民。①

与此同时,根据大学士李贤等人的建议,见深给兵部尚书王复(王竑已致仕)等下了一道敕谕,要求兵部全面筹划对荆襄的战事,又以荆襄用兵,命吏部让湖广、河南、陕西三省朝觐官考察后急速回任,命湖广、贵州总兵官都督金事李震专镇湖广,协助白圭破敌。又采纳户部郎中王育的建议,开输纳例以筹军饷:凡本处诸司官三年六年考满者依例纳米,免其赴京给由,两考役满的吏员纳米一百石至三百石,免其办事京考,并给予冠带,即官吏纳米免考;殷富军民依例纳米者给授散官;罢职文官纳米一百五十石可冠带闲住,依亲监生过三年者,纳米一百五十石,未及三年者,纳米二百五十石,可免坐监,即赴吏部听选;考退儒学生员,廪膳生纳米五十石,增广生纳米三十石可免充吏;此外,本处卫所官军旗校未经比试者,也纳米免试。②

成化二年(1466)三月二十一日,见深得到韩雍的捷报,知大藤峡已为官军所破,极为兴奋,琢磨荆襄之乱也可指日可平。果然,只过两个月(三月有闰月),四月十七日便接到朱永和白圭的捷报,而且连同被俘的刘通也送到了北京。见深下令出征是在上一年的十二月三十日,朱永等人在次年正月初六就赶到了襄阳西南的南漳县(今湖北南漳县),进入了流民活动地区。据当地居民提供的情报,刘通等人的巢穴在万山之中的豆沙河一带(今湖北保康县南后坪至县北开峰)。朱永因病留镇南漳,白圭成了这次进军的实际指挥者。他虽然是工部尚书,却有处理地方事务、民族事务及军事指挥的经验。他和监军太监唐慎、湖广总兵李震、都御

----

① 《明宪宗实录》卷二四,成化元年十二月癸卯。
② 《明宪宗实录》卷二五,成化二年正月己巳。

史王俭由南漳向西推进到潭头坪（今属保康县）；命少监林贵奉、都督佥事参将鲍政自荆州府的远安向西北推进至马良坪；命都督同知参将喜信，都指挥王信自襄阳府房县进兵浪口河，抚治都御史王恕、都指挥刘清自谷城进兵洞庭庙。对在豆沙河口的刘通进行合围。刘通等见官兵势大，分兵两路，刘通等领兵向西北突围，欲往陕西；石龙等向东南突围，欲往远安；但两路均受到官兵的阻截。闰三月二十二日，刘通等在房县南的雁坪与都指挥田广的官兵遭遇。二十三日，官兵在古路口追及流民军，刘通子刘聪及副将苗虎阵亡，刘通等被团团围在后岩山（今湖北神农架一带）。随着白圭不无自得的描述，见深似乎看到了闰三月二十四日的那场血战：

> 贼据险悬架辊木垒木，各执枪牌器械，以抗我师。臣与李震、王俭等攻其右，喜信、王信等击其左，鲍政等冲其中，刘清等袭其后，四面夹攻。贼下木石如雨。臣等往来督战，士卒争奋，攀崖涉涧，蚁附而前，缘木扪萝，鱼贯而进，尽锐鏖战，呼声震山谷。贼遂大败。追而击之，破其巢穴，焚其庐舍。生擒贼首刘通等二千五百七十余人，斩首二千五百六十余级，获贼属子女一万一千六百余人，牛马驴骡一万一百八十有奇。[1]

接着，白圭安慰在北京的皇帝："元恶既擒，余孽殆尽，境内宁谧，黎庶乐生。"当然，也不忘记归功于皇帝的"圣德格天，神谋睿算"。

见深既为白圭的战报所鼓舞，降敕奖谕他"调度有方"，以及"官军奋勇"，同时也告诫："石和尚未见下落，必是逃匿他州。此贼不除，恐为后患，宜多方设法搜捕之。"[2]

---

① 《明宪宗实录》卷二九，成化二年四月辛酉。
② 《明宪宗实录》卷二九，成化二年四月辛酉。

果然,不到两个月,又收到白圭的战报,说石龙在四五月间到了四川夔州府,攻大昌,陷巫山。这倒是在预料之中的事,但令见深恼怒的是,负有治安职责的夔州府同知王兰得到石龙攻打巫山的谍报,却不敢前去救援,通判王祯反复劝说,他便让王祯代领所部兵。等王祯赶到时,城已被攻破。王祯将难民召集起来,救死扶伤,尔后回到夔州。几天之后,石龙部攻打东昌,王祯又劝王兰往援,王兰不应。而当地驻军指挥曹能、柴成则在旁冷嘲热讽:"公为国出力,肯复行乎?"王祯应声愿往,曹、柴二指挥假装同行。岂知刚过大宁河来到大昌,二将拨转马头便跑,把王祯甩在后面。王祯率部卒六百余人左冲右突,全部战死。①

　　据说王祯死后,他所乘坐的马遍体是血,狂奔三百里,回到夔州。人们这才知道王祯已经战死,王祯的儿子王广寻得父亲尸体,贫不能葬,卖马为资,王兰得到了这匹马。就在王广扶柩离开夔州的当天晚上,马鸣嘶不已,王兰起而视之,却被马死死咬住脖子,好不容易挣脱,胸口又被马头连续撞击,第二天便伤重而死。②

　　见深如果知道有这么回事,大概也会为王兰的死大声喝彩。

　　白圭在奏疏中还说,他已行文守备陕西汉中都指挥吴荣,设法对石龙进行缉捕,并调参将王信等率京军、山东官军一千人并荆襄官军一千人往剿,又令瞿塘、长宁、夷陵、枝江诸卫所官军严加防范。见深照例将白圭的奏章发给兵部议处,兵部对这件事极为重视,尚书王复等人认为,荆襄流民啸聚为寇,虽然是拥刘通为首,但主要还是因为石和尚的煽动倡导。刘通虽然被俘,但更棘手的当是石和尚,"此贼犹在,苟剿之不豫,势必复炽"。请见深命白圭与

　　① 《明史》卷二八九《王祯传》。
　　② 沈德符:《万历野获编》卷二八《(果报)义马》。

都御史王恕、参将王信"急殄贼首",以靖地方,并筹划久安之策。又请行文四川镇守等官,急调兵马往夔州守据要害,命守备汉中都指挥等官一体防范,遇有警报,彼此相应,前后夹攻,使石龙进退无据,然后可以成擒。① 对兵部的报告,见深很满意,当然,他也提出其他的指示,命火速实施。

为了鼓舞官军士气,也为了对流民进行心理上的打击,见深在接到白圭奏章十天后,命将送到京师的流民领袖刘通及其骨干分子四十人凌迟处死,其余被俘人员,凡男子十一岁以上者皆斩首。② 朝廷这一举措,致使各地滥杀无辜之事连连发生。直到这年十月石龙被俘后,河南监察御史还将刘通再从弟侄男女三十三人押送进京请功。由于石龙已经被俘,明政府认为大患已除,所以表现出一定的宽容性。经刑部、都察院、大理寺三法司及锦衣卫会审,认为这三十三人全是别居疏属,律不当坐者。见深见报,也连连摇头:"族诛非圣世法,此三十三人微会审则衔冤甚矣,其亟发宁家,所录财产悉还之。"③但未经会审蒙冤而死者,已不计其数。

白圭的第二次报捷文书是十月初九送到京师的。石龙等人在九月间再次攻打大昌、巫山二县,但已经只剩一千余人,在四川东乡县(今四川宣汉县)前江河遭到白圭调往四川的官兵的袭击,退往明通盐井以北的深山中。这时,白圭真正显示了他的军事才能。他认为石龙在深山中不可能持久,必然经陕西汉中绕道潜回竹山、房县一带。因此,他立即领兵出川,回到荆襄。兵分三路:西路把总指挥浦敬从尹店直抵陕西汉中府县,东路把总指挥刘安从官渡直抵洪坪,中路左参将喜信及指挥白玉等人从张家山直抵四川并

---

① 《明宪宗实录》卷三一,成化二年六月己酉。

② 《明宪宗实录》卷三一,成化二年六月癸亥。

③ 《明宪宗实录》卷三五,成化二年十月辛酉。

汉中地界。白玉一军至汉中峰溪山,截住了石龙。石龙所部人困马乏,退往下磏坪,再走邓渔河口,却遭到浦敬所率领的西路官军的堵截。大战一天一夜,流民寡不敌众,乘夜而去,蒲敬及指挥张英等分兵追赶,将石龙等人困在大蚕河一带。石龙部将刘长子见走投无路,向张英乞降,并将石龙绑赴喜信营中。喜信玩了一个小花招,给石龙、刘长子所部流民发放食粮,并将其安排在官军房屋附近居住,乘流民不备,尽数擒获,除刘通的“大汉国”总兵石龙、刘长子之外,还有刘通之妻连氏、国师王常通、给事中王靖、另都指挥、指挥张石英等三十人,千、百户张刚以下六百余人。①

兵部要求行文白圭等人,命其督兵继续搜捕余党,使“噍类不遗”,永无后患。否则,官兵一退,复啸聚为害。见深其实也是这个意思,让白圭及朱永、黄慎待地方宁靖、区处得宜,然后班师。

接着,见深命将石龙等七十三人凌迟,其中也包括绑获石龙投降朝廷的刘长子(原名冯喜),同时被斩的有石龙等人家属五十二人。② 镇压流民闹事的有功人员自然也受到嘉奖。工部尚书白圭晋太子太保,抚宁伯朱永晋抚宁侯,都督同知喜信为左都督,李震为右都督,佥事鲍政为都督同知,右副都御史王恕为左副都御史。但那位诱使刘长子投降的指挥张英,则被同僚指责为受贿,被朱永命人活活捶死。③

白圭在成化二年(1466)十一月,奏准于房县、均州及安远县设千户所,在房县板桥山、谷城县石花街、南漳七里头、襄阳油房滩、当阳漳河口设巡检司,又增设均州抚民同知,竹山、郧阳、上津、高彰、谷城、枣阳、光化、宜城、当阳、安远增设县丞各一员,专事捕

① 《明宪宗实录》卷三五,成化二年十月丁未。
② 《明宪宗实录》卷三六,成化二年十一月戊子。
③ 谈迁:《国榷》卷三四。

盗,然后凯旋班师。①

但是,无论是最高统治者见深,还是实际上的决策者内阁和兵部,以及湖广、河南两省的地方官,虽然都感觉到荆襄流民问题比较棘手,但一时又都提不出真正能够解决这一问题的合理办法。

见深在给白圭等人的敕谕中,多次要求他们"区画地方久安长治良策以闻",但无论是白圭还是王恕,更不用说朱永、唐慎,都没有提出真正有价值的"久安长治良策"。他们的职责是平乱,既然将刘通、石龙一干主犯抓获正法,他们便是国家的平叛息乱功臣,至于如何预防户口流失,以及如何安顿好离乡农民,在他们看来并非一朝一夕之事,而且应由朝廷派专人负责筹划。

这次平乱的中央决策者应该是兵部,他们真正关心的也主要是如何在短期内将流民的动乱扑灭,着眼点是军事。而荆襄流民恰恰又不是个单纯的军事问题,而是复杂的社会问题。

按职责分工,户口、流民问题应该是由户部协调解决,但老资格的户部尚书年富已于天顺八年四月去世,继任户部尚书马昂本来是兵部尚书,年富死后改户部;但此人无论在兵部还是户部,均无突出表现,也未见提过什么合理建议,只是在天顺八年(1464)使王纮、钱溥失势的官场斗争中起过排斥韩雍的作用。至于荆襄流民问题,他没有提过任何看法。不过,自从宣德、正统以来,凡是地方出了问题,诸如灾荒、流民等,都是由都察院派员进行处理,各地实际上的行政、监察首脑巡抚、巡按,也都是都察院的派出机关。因此,户部对这些问题也是可以不闻不问的。

都察院这时的掌院都御史是李秉和林聪。李秉是一位和王竑

① 《明宪宗实录》卷三六。

115

齐名的人物。见深记得很清楚,刚即位不久,七卿的人选曾发生过一次较大的变动。户部尚书年富去世,兵部尚书马昂转户部;都察院自天顺二年(1458)以来,只有一位都御史,按编制应是左、右两位。在廷推兵部尚书和都御史时,科道官一致推荐王竑和李秉,当时王竑是总督漕运巡抚淮扬左副都御史,李秉则任巡抚宣府右副都御史。吏部尚书王翱和大学士李贤也认为二人可大用。于是,见深召王竑为兵部尚书,李秉为左都御史。但李秉到都察院后,主要精力放在北部边境的防务问题上,先是往大同整饬边备,接着又往辽东督师,戎马倥偬。主持都察院事务的实际上是右都御史林聪。林聪是景泰时期科道的领袖,以敢于直言、无所忌讳著称。《明史》说:"景泰时,士大夫激昂论事,朝多直臣,率(林)聪与叶盛为之倡。"[1]但对荆襄问题,却提不出切实可行的办法。

　　见深这段时间正为万贵妃所生的皇长子去世而烦恼。而且,他打出生以来连大内也很少出过,每年一次去祭南郊,也是前呼后拥,旋去旋回,根本不和地方官员、乡间父老接触,哪里知道民间的疾苦。遇到这类事,通常是由大学士们代拿主意。但是最具权威的首辅李贤,成化二年十二月去世了,在内阁的是陈文、彭时、刘定之,还有后来入阁的商辂,这是清一色的学问官。陈文是正统元年(1436)殿试第二名,榜眼;刘定之是该科会试第一名、殿试第三名,探花。彭时为正统十三年的状元,商辂更是有明一代唯一的"三元",即乡试解元、会试会元、殿试状元。但除了陈文以外,彭、刘、商三人全是由翰林到内阁,他们的拿手好戏是谈原则,谈祖制,谈抽象的理论,却无处置地方事务的经历。陈文倒是在云南、广东

做过布政使,很有才干,但进入内阁后,一门心思钻营自己的地位,无暇他顾。①

既然从上到下除了继承祖宗旧制,禁止流民进入荆襄地区,以及采用军事行动剿灭流民动乱之外,拿不出合理解决流民的问题的办法,那就只有听其自然发展。

成化四年(1468)二月,见深得到兵部的题本,据分守荆襄右参将王信的情报,自成化二年十月剿灭石龙以后的一年多时间里,四方流民不顾禁令集聚在荆襄一带的又达二三十万人。荆襄和南阳毗邻,又都是“寇盗”出没之地,互相统摄,一旦有变,难于防御。兵部认为可以让王信兼督两处。既然兵部是这个意见,见深自然是同意,于是让王信兼提督南阳军务,以防范流民再发生动乱。②不久,又改户部右侍郎杨璿为都察院右副都御史,抚治荆襄、南阳等处流民,也是恩威并济之意。但抚治的办法不外乎仍是清查人数、发放口粮,然后遣返原籍。但流民却仍在源源不断进入荆襄,不可遏止。③

成化五年冬至六年春,整整一个冬季,京师北京格外温暖,不但没有下雪,连雨也没有,这意味着来年将是大旱年。而各地情况也非常令人焦急,据已经由工部转兵部尚书的白圭等人的题本,陕西延庆、平凉等地,人民累遭寇掠,加以官府酷虐,转徙流离,困苦已极;四川连遭兵祸,疮痍未瘳;两广盗攘未息,疫疠大行;福建灾异迭见,淮南连年旱涝;南北二直隶、河南、山东雨雪愆期,二麦槁死,而荆襄流民已达数十万人。根据兵部意见,见深选派两京大臣分往各地,询究军民利病,考核政事得失,黜罢不才官吏。同时,敕

① 《明史》卷一六八《陈文传》,卷七六《彭时传》《商辂传》《刘定之传》。
② 《明宪宗实录》卷五○,成化四年二月甲申。
③ 《明宪宗实录》卷五二,成化四年四月戊辰。

谕文武群臣进行修省。①

到成化六年(1470)三月,雨倒是下了,却又是淫雨连绵,下个没完没了,京师连续几天昼晦。整个春夏时期,灾情不但没有减轻,反而受害范围更大,灾情更严重,南直隶及湖广是连降大雨,水涝严重;北直隶及山东、河南更是旱涝相仍,"男女老幼,饥饿无聊,栖迟无所,啼号之声,接于闾巷",饥民相望于道。② 荆襄地区再度成为饥民云集之地。据估计,总数已不下二百万人。新的一轮动乱正在酝酿中。

礼科给事中张宾在这年五月曾上疏认为:"荆襄流民,皆各处被灾、公私急迫而来者也。与其驱除之于既来之后,孰若禁止其未来之先。禁止之方,要在暂免赋税而已。"③他这个建议,得到户部的采纳,各地税粮得以大量减免。但从这个建议也可以看出,直到此时,明廷解决流民问题的思路仍没有改变,也就是说,仍然没有能够突破禁止流民进入荆襄地区的观念和制度。在大灾之年,农民本来就颗粒无收,免粮与否又有何区别。流民进入荆襄地区,不仅仅是因为那里荒地多,也因为那里的自然资源丰富、农业生产条件比原籍要好。流民既多,即使是尽力安置,也不可避免会有打家劫舍的事情发生,更何况当地政府仍在利用国家禁令对进入这一地区的流民进行刁难苛索,大乱自然不可避免。

就在张宾上疏的当天,即成化六年五月初六日,见深又看到巡抚荆襄南阳右副都御史杨璿的奏疏,说襄阳、均州及南漳县"流民蚁聚,盗贼蜂起"。但杨璿除了要求暂免均州千户所在伍官军在

---

① 《明宪宗实录》卷七六,成化六年二月壬申。
② 《明宪宗实录》卷八〇,成化六年六月庚寅。
③ 《明宪宗实录》卷七九,成化六年五月辛卯。

武当山(当时称太和山)宫观的兴作,回当地进行操练、以备不虞外,别无其他良策。都察院和兵部也没有对杨璿抚治流民提出具体的指导意见。

正当上下彷徨之际,有位叫陈文伟的山东博兴县知县倒是很有见识。他在成化六年(1470)八九月间给朝廷上了一道"抚安流民疏",专论对荆襄流民的处置办法。见深读到这份奏疏是在十月中旬,却没有发现它的价值,只是批给户部"知之"。户部尚书杨鼎是位廉洁而拘滞的人物,对陈文伟的建议也没有作出任何反应。

大约在陈文伟的奏本送到见深手上时,巡抚襄阳南阳都御史杨璿的题本也已经在路上。杨璿在疏中说,房县一带"流贼"千万为群,竖黄旗、劫狱囚、敌官军,非调诸路兵进讨,不能平灭。杨璿自称才不足任,请朝廷命大臣中素有威望、晓畅军务者赴荆襄主持平乱事务。如果流民只是流窜抢劫,或者以前没有刘通、石龙之事,明廷或许会回过头来对陈文伟的意见进行考虑。但现在既然打出了黄旗,便是公然和朝廷作对,成了有组织的叛乱,而非一般流民闹事。特别是刘通、石龙前鉴不远,故杨璿的情报立即得到重视。见深命兵部推举合适人选,兵部认为都察院右都御史项忠及户部尚书薛远历练老成,可以胜任。项忠曾在成化四年平定过固原土达满俊的叛乱,是当时文臣中"最知兵"者。成化六年十一月,见深命项忠总督河南、湖广、荆襄军务,会湖广总兵官李震,对荆襄流民进行第二次大规模征剿。①

根据官方的报告,这次在荆襄领头闹事的是河南新郑人李原。李原本是刘通的部下,人称"李胡子"。刘通在石岩山被官军俘虏

---

① 《明宪宗实录》卷八五,成化六年十一月癸未。

时,李原和王彪等人乘乱逃走。白圭、赵辅班师之后,他们开始在流民中进行活动,往来于襄阳南漳、河南内乡、陕西渭南之间。成化六年夏秋之际,荆襄的流民越来越多,李原遂与王彪、小王洪等人竖起黄旗,自称"太平王",又设总兵、先锋等官,立一条蛇、坐山虎等号,流民翕然响应,一时号称有百万之众。其中,李原所部有流民六百屯,小王洪有五百屯,分别在竹山县和均州开荒屯种。①

项忠这次出征,朝廷没有另派总兵官,也无宦官监军,可说是专制方面。这种情况在整个明朝都是罕见的。项忠既感激朝廷的知遇之恩,又深知责任的重大,为克期成功,他提出了两个要求:一是请诏招抚流民,对李原所部进行分化瓦解,并便宜行事;一是请拨京营达军和神机营部分火器出征,以加强威慑力量。见深批准了项忠的第一个要求,但对调达军和神机营火器则持保留态度,让项忠到荆襄后视军情而后奏。因为当时北部边境也遭到蒙古人的骚扰,而对付蒙古人,主要还得依靠京营中由蒙古降人组成的达军及神机营的火器。但从后来项忠发回的战报看,还是有部分达军到荆襄助战。②

项忠是位具有不折不挠个性的文官,他认准了的事情决不轻易放弃。既然朝廷不给火器和达军,他便从湖广少数民族地区永顺、保靖一带调来苗民士兵助剿。对此,新任兵部尚书白圭颇不以为然。他曾经带兵扑灭过刘通、石龙的部队,对流民情况比较了解。为此,他上疏见深,指出"从贼"流民多困于饥寒,逼于胁迫,"抚之则易迁而为善,激之则愈变而为恶"。调动士兵,难免骚扰地方,劳费供应。见深认为白圭的顾虑有道理,要求项忠谨慎行

---

① 《明宪宗实录》卷九三,成化七年七月甲午。
② 《明宪宗实录》卷八五,成化六年十一月丁酉。

事。项忠见到"上谕",断定是有人从中作梗,他充分利用了总督河南、湖广、荆襄军务,"总制阃外"的权力,一面向朝廷申诉理由,一面令士兵克期与诸路官兵会师南阳。对此,见深也没有进行追究,只是告诫项忠"严加约束"。①

而在京师北京,却发生了一件类似于儿戏的插曲。有位名叫毛志的吏科给事中,一年前曾上疏对荆襄流民事发表看法,见深当即就命他前往荆襄去招抚流民。这本来就是一个非常反常的举动。科道官上疏言事,是其职责,谁提建议便责成谁去办事,那还有谁敢说话?毛志到了荆襄,地方官知道是皇帝有意惩罚他,既不给人,也不给钱,将近一年,招抚流民毫无进展。见深本来也就忘了此事,不知是因为项忠送来了招抚流民四十万的报告,还是有人从旁提醒,或是毛志要求回京,反正见深记起了这件事,便将毛志和项忠作比较。说项忠刚去不久便招抚四十万流民,毛志去了一年,竟无成效,可见无能之至,让锦衣卫将其械送回京,投入诏狱,要问"方命误事"之罪。六科给事中虞瑶等人一来是物伤其类,二来也觉得皇帝如此处理太不像话,便联名上疏,与见深理论:"(毛)志亦有招复人户,但比(项)忠差少耳。况志之与忠,其事虽同,其势则异。志止以招复为名,而忠则有剿杀之权;忠之威名位望,加志百倍,不待设施,足以慑服流民之心,宜忠之招复多且易也。使其易地而处,则今日功罪亦未可知。若辄加之罪,在志固不足恤,窃恐天下传闻,不谓责其误事,而谓责其进言。"见深也不与他们啰唆,下道谕旨,将毛志发遣为民,并斥责虞瑶等人"朋比",饰词回护,本欲治罪,姑且宽宥。②

_____

① 《明宪宗实录》卷八九,成化七年三月壬辰。
② 《明宪宗实录》卷九一,成化七年五月甲午。

见深惩治毛志一直是个谜。上疏议论荆襄之事者大有其人，为何单单处置毛志？如果事情是见深亲自处理，很可能是错将毛志当毛弘。那毛弘在建储及万贵妃的事上尽和见深过不去，得找机会治他一治，结果是毛志倒了霉。如果是见深受人挑唆而处理，则是因为毛志在史科言事没有忌讳而得罪的人过多。

在见深向毛志找碴的时候，项忠和李震调集了二十五万蒙古、汉、苗兵，分八路向屯驻在竹山县官渡一带的李原部和钧州龙潭涧一带的小王洪部进行合围。成化七年(1471)七月，项忠、李震的信使、锦衣卫镇抚项绶、百户李升到了北京，向皇帝报捷，李原、小王洪被官军捕获，部众溃散，官军前后斩首一千余级，俘虏二万八千余人，经核查户籍姓名而遣散的流民有九十三万八千人，其余四散奔走出山者不计其数。[①]

见深得到捷报，自然非常高兴，降敕奖谕前线将士，项忠晋左都御史，李震晋左都督，报事的项绶、李升各升官一级。这是项忠和李震的聪明处，项绶是项忠之子，李升则是李震之子。报捷这类好差事是不给他人的。

在此后的几个月里，项忠又驱散流民五十万，前后共计一百五十万人，另捕获李原余党二百八十六人，斩首六百人，发遣充军的有三万五千余人。[②] 随后，就荆襄善后事宜向朝廷提出了十条措施，要点有：一是申明榜谕。凡荆襄流民回原籍复业者，免全家三年徭役，以往的公私债务一概勾销；二是强调禁令。湖广荆州、襄阳二府，陕西西安、汉中二府及河南南阳府所属的南漳、荆门等四十七个州县的山场，禁止流民进入，凡违禁者，不管是垦种、采矿，

---

① 《明宪宗实录》卷九三，成化七年七月甲午。
② 《明宪宗实录》卷九八，成化七年十一月己未。

均于山口戴枷示众一个月,全家谪戍边卫;三是增加荆襄地区的驻军,以防后患。①

但是,项忠在荆襄地区的丰功伟绩很快就被揭穿了。成化八年(1472)四月,见深收到兵科给事中梁璟等人对项忠的弹劾奏章。奏章说:"顷者荆襄盗起,皇上命右都御史项忠往总军务,诏旨敦敦,谕令罔及非辜。其后贼首王彪既已就擒,盗亦渐息,宜令附籍者听其生业,未附籍者斟酌驱遣,劫掠者乃行擒剿。而(项)忠乃偏听(随军)检讨张宽、御史刘洁、总兵官李震等,贪利邀功。所过州县,既遣捕无籍为盗者,而见在附籍者不论久近,亦概逐之。如房县编户初不过四里,自永乐以来,仕宦侨居流移附籍者增至四十余里,各安生业,而忠等逐之,十不存一。其余州县率皆类此。又纵兵驱逼,略无纪律,以致冤声震天,肝脑涂地。比之夷狄侵扰,惨酷过之。"②

梁璟等人的揭露,证据确凿,但见深并没有理睬,却认为他们是中伤诽谤。接着,兵部尚书白圭根据项忠和李震前后所上的报捷文书,提出有严重的失实处。

对于这些指责,项忠上疏作了长篇辩解:"臣先后招抚流民复业者九十三万余人,贼党遁入深山,又招谕解散自归者五十万人。俘获百人,皆首恶耳。今言皆良家子,则前此屡奏猖獗难御者,伊谁也?贼党罪固当死,正因不忍滥诛,故令丁壮谪发遣戍。其久附籍者,或乃占山四十余里,招聚无赖千人,争斗劫杀。若此者,可以久居故不遣乎?臣揭榜晓贼,谓已杀数千,盖张势怵之,非实事也。"接着,他将矛头指向白圭,进行反击:"且(白)圭固尝身任其

① 《明宪宗实录》卷九八,成化七年十一月辛酉。
② 《明宪宗实录》卷一○三,成化八年四月丙戌。

事,今日之事又(白)圭所遗。先时,中外议者谓荆、襄之患何日得宁。今幸乎靖,而流言沸腾,以臣为口实。"最后,项忠没有忘记发几句牢骚,说昔日汉马援、魏邓艾都是功成遭谤,而今幸亏遇上明君,得以全身,只是仍畏祸作,请赐骸骨。①

　　不管是从兵科、兵部的弹劾,还是从项忠的捷报及辩解,都可以看出一个被当时人们扰乱了的事实,即在刘通、石龙被镇压后,荆襄地区的流民并没有、至少是没有来得及发动第二次大规模动乱。李原、小王洪聚集流民屯垦,并形成了松散的组织固然是事实,在官军驱赶时起而进行抗争至刀兵相见或许也是事实,但没有攻城杀官、抢劫库仓的记载。所谓竖黄旗、称王立号之类抑或有之,但也不能排除是地方官扩大事端,或者是流民中某些无业人口的恶作剧。尤其是在项忠等人先后几次的告捷文书中,不但没有说到像韩雍攻大藤峡、白圭攻后岩山那样的战斗,甚至连李原、小王洪等人的抵抗情况也没有提到。如果曾经发生过激战,项忠、李震是不会忘记表功的,官军也不可能只阵亡十八人、被创十五人。

　　弘治初修《宪宗实录》时,史馆诸臣对项忠在荆襄的做法就颇有微词:"是役也,(项)忠等虽奉敕行事,然流民所在,有自洪武以来住成家业者,亦多听抚当差,未尝为恶者。刀兵之加,无分玉石,驱迫不前,即草薙之,死者枕籍山谷。其解去湖(广)贵(州)充军者,舟行多疫死,弃尸江浒,臭不可闻,怨毒之气,上冲于天。"甚至咒骂说:"说者谓(项)忠等滥杀如此,不有阳谴,必有阴报云。"②二百年后谈迁作《国榷》也评论说:"流民非尽为寇,多陷贼不自振耳。项襄毅(忠)兵驱之,矛铤所及,蹈道路、困围夺,所在皆有。

---

① 《明史》卷一七七《项忠传》。
② 《明宪宗实录》卷九八,成化七年十一月己未。

虽未尽诛,而百五十余万之遗黎,讵尽鬼录为也。天道神明,人不可独杀。项氏世泽未艾,累缨接组,岂滥杀之报爽乎哉?"①

可以断言,项忠这次合兵二十五万人到荆襄,实际上是朝廷在得到地方官的不实情报后采取的驱赶流民的行动,其主要责任者在朝廷,包括皇帝朱见深和他的内阁及兵部大臣。但作为具体执行者,项忠对当时发生的事是不能推卸责任的。荆襄流民将项忠所立的"平荆襄碑"称为"堕泪碑",既表达了对死难者的哀悼和对项忠及朝廷的愤怒,也包含着无处申诉的冤屈和永远无法抹去的悲伤。

项忠称他在荆襄的军事行动是解决白圭留下的后遗症,为了不再留后患,以授他人口实,故尽驱流民,但他同样没有认识到荆襄流民问题的症结所在。随着项忠滥杀无辜真相的逐步曝光,以及朝野上下对两次流民动乱的真正反思,一些有识之士开始认真寻求解决这一问题的长久办法。

三、郧阳设府

成化十一二年间(1475—1476),离项忠驱赶流民不过三四年,荆襄地区的流民又达数十万人。地方官早已是谈"流"色变,不断将情况上报朝廷,日后一旦有事,便好摆脱干系。

有位名叫周洪谟的国子监祭酒是有心人,以好发议论著称。见深刚即位时,他上了"条陈时务疏",别出心裁地提出人君的保国三道十二目(见第二章),此后征三都掌蛮、驱河套蒙古,以及有关王府官制、国子监监规、朝堂燕乐等,他都有一套说法。直到临

---

① 谈迁:《国榷》卷三六。

死前,他还上了"安中国定四裔十事疏"。

李宾是位急公忘私的人物,见了周洪谟的"流民说"大为赞叹,尤其赞成"势不能禁"四个字。既然是势不能禁,便当因势利导。他将"流民说"上奏给见深,并提出了自己的意见。几乎在同时,京师北城兵马司的一位吏目文会上书言事,也提出了与周洪谟、李宾相似的看法。

见深根据李宾的提议,命都察院左副都御史原杰前去荆襄,对流民进行疏导。与白圭、项忠带着千军万马开赴荆襄不同,见深给原杰的使命,不是用军事手段,而是用行政手段和经济手段解决流民这样一个社会问题。要求他"察照宣德、正统年间以来官司行过事迹,或编排户籍、附入州县,或驱遣复业、严主禁防,二者孰得孰失,务在询察人情、酌量事势。众以为是,虽已废之法,在所当行;众以为非,虽已行之事,亦所当改,用图经久之计,毋徇目前之谋"。①

原杰接受这项任务,实在是万般无奈。倒不是因为这次南下,远不如白圭、项忠威风,也不是因为自己才力不足,难以胜任,而是因为年事已高。白圭征刘通、石龙时是四十七岁,项忠伐李原时是五十岁,而原杰这时已经六十岁。而且身体状况不大好,又新近续弦,故不愿离京远行。但既为众人公推,敕旨也已下来,便无挽回余地。所谓能者多劳,就在几年前,江西"盗贼窃发",在北京任职的江西籍官员便一致认为,原杰曾以监察御史巡按江西,深得人心,要解决江西问题,非原杰不可。原杰也真是不负众望,驰至江西,调查原委,捕戮六百人,遣散安抚余众,事端立定。② 在众官看

　　①　《明宪宗实录》卷一五三,成化十二年五月丁卯。
　　②　《明宪宗实录》卷一六七,成化十三年六月丙申。

来,原杰虽不如白圭、项忠那样"知兵",却是以行政手段解决地方社会问题的专家,因此,这次南行非原杰不可。

原杰于无奈中,认为御史薛为学与都御史李宾关系密切,恐怕是他为李宾出的主意,故意和自己为难,便奏请带薛为学同行,作为报复。① 以如此身份,却如此恶作剧,倒与见深处置毛志相似。

但原杰毕竟是原杰,虽说不愿南行,可一旦到了,就兢兢业业,忠于公事。他一面根据形势增设安抚流民的机构,一面遍历深山穷谷,向流民宣讲朝廷的政策,并设身处地地向他们陈说利害得失。原杰的务实精神和平易近人的态度使他得到了流民的敬佩和信任。

成化十二年十二月,原杰南下的半年后,见深便见到了他处置荆襄流民的奏本。原杰解决荆襄流民问题是分三步走的:

第一步,对所有在荆襄地区的流民进行造册登记。经统计,共有流民十一万三千三百一十七户,四十三万八千八百四十四口,分别来自山东、山西、陕西、江西、四川、河南、湖广七个布政司及南、北直隶。这十一万多户流民,在湖广荆襄二府者为二万四千三十九户,在河南南阳、汝南、汝宁三府者为七万五百五十二户,在陕西西安、汉中二府者为一万八千七百一十八户。因此,所谓荆襄流民,实际上是泛指三省交界地区的流民。

第二步,根据流民的自愿,分别遣返原籍或就地入籍。原杰认为,在这四十多万流民中,有相当多的年限久远,无处可归,而且治产服贾,已有生计,相互婚姻、生子育孙。如果按过去的做法,一概驱逐,既难以实施,也有违人情。况且,现有流民既逐,他处流民又来,不可收拾。因此,除一万六千六百六十三户自愿回原籍外,其

---

① 《明宪宗实录》卷二六六,成化二十一年五月乙丑。

余九万六千户均就地入籍,占旷土为业,向官府提供徭役赋税。

第三步,增设郡县。原杰会同湖广、河南镇守总兵、巡抚都御史及都、布、按三司官员经实地视察,认为襄阳府所辖郧县地接三省、路通水陆,居竹山、房县、上津及商、洛诸县之中,为四通八达之地;但距襄阳府有五百多里,山林深阻,官司罕到,一旦有事,缓急无制。因此,原杰建议拓广郧县县城,建立府治,定名为郧阳府,下辖郧、房、竹山、竹溪、上津、郧西、保康、白河八县,其中竹溪、郧西、保康、白河为新置县。同时,在郧阳府设湖广行都司,立郧阳卫,辖前、左、右三所。另外,析陕西西安府的商县地设山阳县,析河南南阳府的南阳县地设南召县、唐县地设桐柏县、汝州地设伊阳县。原杰认为,流民刚刚安置妥当,必须镇之以静,尤需良吏抚治,因此推荐河南邓州知州吴远为郧阳知府,各县知县也选择邻近良吏充任。[1]

经过原杰等人的筹划安排,一直困扰朝廷的荆襄流民问题,竟然兵不血刃地得到解决。终明之世,这里再也没有发生大的社会动荡。而且,根据原杰所定的税则,朝廷每年可从这一地区增收一万四千四百多石税粮。实际上,原杰的功绩不仅仅限于荆襄一地,也不仅仅限于成化一朝,他对荆襄流民的处置,成了明清两代安置流民的模式。

四、川中动荡

在大藤、荆襄用兵期间,四川也发生了两起不大不小的战事。

---

[1] 《明宪宗实录》卷一六〇,成化十二年十二月己丑;《明史》卷一五九《原杰传》。原杰:《处置流民疏》《开设荆襄职官疏》,见《明经世文编》卷九三。

说不大,是战事的规模和涉及面不大;说不小,是地方大吏无法处置,惊动了朝廷调兵遣将。

先是天顺八年(1464)十一月,一份由兵科给事中孙敬领衔的在京四川籍官员的奏疏,说四川"盗贼生发,攻劫州县,居民惊惶,不能安业"。他们认为,四川虽有都御史汪浩巡抚,但汪浩由布政使而为本地巡抚,人缘太熟,威望不足,希望朝廷重其委任,赐敕行事。①

经他们一说,见深想起还是在半年前,就有人说过四川乱民杀人越货的事,已命户科给事中童轩前往查勘。便在这时,童轩从四川发回了他的查勘报告。四川官军不但没有能够将闹事的"盗贼"平定,却连连吃败仗,继指挥刘雄,卫指挥夏正、刘演等人战死后,在川军中享有崇高声望的都督金事何洪也遇伏身亡。川事日棘。

其实,在四川闹事的不过是几股不相统属的乌合之众,既无宗旨和目标,也无与官府对抗到底的决心,只因连年水旱,饥馑迭至,地方官府又抚治无术,以致衣食不足,始则鸠合为偷,继而蜂聚为寇,遂至蔓延。闹事是为了活命,苟得活命,也就无须闹事了。经过川中官员的剿抚并用,或被打垮,或行解散,只杀死何洪的赵铎,屡抚屡叛,难以对付。

根据地方的报告,见深知道赵铎是四川成都府汉州所属德阳县人,读过一些书,颇精于天文术数,故不大安分守己,总想出人头地;但也并无太大的抱负,向人借贷、贿赂县官,只是为了求得一个既不入流、也不给俸禄的县阴阳学训术的职务。只是公文辗转,拖了一年多仍无分晓,家境日益贫困,无力还债。有个叫徐贵的绵竹

---

① 《明宪宗实录》卷一一,天顺八年十一月。

129

人,与赵铎不和。赵铎既懂阴阳,三教九流的朋友自然不少,其中也不乏聚啸山林的绿林人物,徐贵便告发他窝藏群盗。偏偏县官吞了贿赂又没办成事,难不成又吐出来? 一见徐贵的告发,正好就势将赵铎除去,以免他日纠缠,因此发牌拘捕。赵铎心一横,干上了黑道,而且成了群盗的首领,竟叫出"赵王"的名号,手下有"安将军""席评事"等头目。[1]

见深对赵铎倒是有些同情,命四川守臣着意安抚。赵铎等人知道朝廷的"德意"后,感激涕零,携妻、子及部属向官军投降。鉴于赵铎曾经有过几次反复,见深让兵部移文当地有司,既要妥善安置,赈济田屋衣粮,蠲免赋税徭役,又要加强戒备,以防不测。[2]

大凡民众闹事,总有它的社会原因。以四川言,官府可以给赵铎及其头目们一定的经济补贴,却解决不了也没有认真去解决参加闹事者的生计。赵铎可以接受朝廷的恩德,也必须承受跟随他闹事的群众的谴责。如果他的观念受着道义的支配,那么,他要么在接受朝廷恩德的同时,也解除追随者的生计之虞,否则,还得受追随者的推动,继续闹事。

两个月后,见深收到四川巡抚汪浩的告急文书,说赵铎降而复叛,较前更为猖獗,川兵不足,请兵部速作处置。成化元年(1465)四月,也就是赵辅、韩雍受命出兵大藤峡不久,一支由京营及陕西官军组成的部队向四川进发了。领兵的是文广伯吴琮,右佥都御史吴琛参赞军务。只是部队还在路上,赵铎就被川兵杀了。

见深看到的文书说是赵铎兵败,逃奔彰明,遭到参将周贵的袭击,被千户田仪"手刃"于石子岭。更为确切的消息说,赵铎是被

---

[1] 《明宪宗实录》卷一七,成化元年五月甲子。
[2] 《明宪宗实录》卷一四,成化元年二月丙午。

龙州士兵所杀,但士兵却不知所杀的就是赵铎,田仪久闻赵铎长身黑面,头大如斗,左颊有刀痕,故从士兵手中骗得尸体,以为己功。① 赵铎传首成都时,有好事者对他的首级很感兴趣,上秤一称,重达十八斤,超过常人一倍。② 吴琮、吴琛尚未到四川抖威风,便被召还北京。

不过,四川总是免不了要受一次刀兵之灾的。

在明朝,四川、云南、贵州、广西是少数民族聚居的地方,民族关系复杂。从太祖洪武时起,就开始在汉族和少数民族杂居地逐步推行改土归流的政策,将一些世袭的土官改为汉人流官,因而引起土官的不满。在当地,土官既是延续了许多代的豪户,又是原始宗教和民族部落的领袖,具有很大的社会影响和号召力。而官府往这些地区派出的官员,则属"边远选",多为下第举人及滞监的国子监生,乃至在内地被裁的冗员赃官。这些人在百般无奈中来到"夷"地,无异于发配服刑,人性中原有的被部分掩盖起来的丑恶便无遗地暴露出来。他们欺压土官,敲剥土著居民,使一些少数民族群众中已经产生的反汉情绪更为严重;一旦遇到反抗,他们又向朝廷奏报夷蛮不受招抚,相聚为乱,将矛盾扩大化。而一些失去既得利益的土官也乘机蛊惑煽动,从而激起一次又一次的民族仇杀和动乱。

四川叙州府(治所在今宜宾市)及永宁宣抚司(治所在今叙永县永宁河东)位于四川、贵州、云南三省交界处,这里的大坝、山都掌一带居住着苗、彝、瑶等少数民族,从正统时起,就是动乱多发区。见深即位后,四川守臣在奏报赵铎等人作乱的同时,也顺带说

---

① 《明宪宗实录》卷一七,成化元年五月甲子。
② 沈德符:《万历野获编》卷二九《(叛贼)盗贼赋形之异》。

到"蛮贼"为寇。到成化元年(1465)三月,见深又得到来自四川、贵州两省官员的奏疏,说山都掌、大坝等地"蛮贼"千百成群,攻掠江安等县、永宁等卫,势甚猖獗。根据兵部的意见,见深命二省巡抚、总兵、巡按并三司官计议会剿。

这道旨意一下,国子监学录黄明善便向朝廷上了"平贼三策"。这三策甚是狠毒:一是将山都掌"蛮民"强行分徙于乌撒等四个军民府,以离散其党,有不从者,许土官剿杀,即"以蛮制蛮"。二是汉"蛮"分居,汉官管汉民,土官管"蛮民",便于用兵围剿。三是据险固守,用重兵将山都掌民围困起来,以待其毙,外出寻食者格杀勿论,预计在半年之内,"蛮民"尽为饿殍。①

翰林院侍读(后为国子监祭酒)周洪谟是叙州府人,他反对肆意杀戮,但也主张汉"蛮"分治。周洪谟提议在山都掌地区设立长官司专管"蛮民",在当地大小寨主中选择一位素有名望、为众畏服的立为长官司长官,统领各寨寨主,共同约束"蛮民"。设在当地的戎县流官则专管汉民,以免他们不熟风俗而激变土人。总之,他认为处理少数民族事务,宁可用抚而不当用剿。②

见深将黄、周二人的奏疏下到兵部,让兵部作出抉择。兵部两相权衡,认为周洪谟的意见可行,行文四川巡抚汪浩和总兵官芮成,让他们遍告永宁宣抚司各寨,朝廷将在此地进行改革,汉官理汉民,土官治土民。永宁各寨酋长头目大喜过望,均往叙州府治晋见芮成。芮成善言抚慰,让众人回到戎县等候朝廷的安置。经过一番筹划,拟在戎县即永宁宣慰司的都掌、箐前、大坝设三个长官司,让各寨酋长推举长官千户三人、把事协赞三十四人。长官司照

① 《明宪宗实录》卷一五,成化元年三月壬子。
② 《明宪宗实录》卷一五,成化元年三月戊午。

例是由兵部分管,见深让该部会议设官铸印事项。一场风波眼看可以平和渡过,但事情却坏在成事不足、败事有余的汪浩之手。

各寨头目到叙州晋见芮成时,汪浩正在川北征讨赵铎。这年九月,汪浩在平赵铎后回到成都,戎县汉民早有人在成都等他。他们告诉汪浩,芮成所招山都掌头目俱枭雄桀骜之辈,迟早得出大乱子,当乘其受抚之际予以剿灭。汪浩一来嫉妒芮成独成其事,二来素无主见,便亲至戎县。山都掌各寨酋长头目二百七十多人接到行文,以为朝廷就要封官了,一齐赶来迎接,但一入大营,便被早已安排好的伏兵团团围住,尽遭杀戮。芮成虽然对此事极为不满,却不愿得罪同僚,也乐得摆脱干系。于是见深看到的是由汪浩和芮成联名所上的奏疏,说"山都掌蛮"始降终离,官军奋勇,斩获若干。①

被激怒的山都掌人在一个月后如法炮制,派人赴贵州诈降,当都指挥使丁寔领官军前来受降时,遭到山都掌人的伏击,五千官军全被杀死。汪浩在戎县得知消息,惶恐万状,连夜驰往长宁县,却在半道迷路,连人带马坠入溪谷。等他逃到长宁,山都掌人也随后追到,在城下高呼:"是尔周侍讲,使都御史诱杀吾父兄,誓屠此城!"继而循江劫掠江安、纳溪、合江,江安县贾家寨被杀了五百多人。当江安县吏奔往长宁告急时,汪浩却发怒说:"吾方报捷,岂又有贼耶!"命人用刑杖捶之,差点又弄出一条人命。

果然,见深在京师接到捷报,说四川总兵官芮成、巡抚汪浩兵分四路,直捣蛮人在大坝的老巢,斩首七百余级,擒获男妇六十余人。随后,汪浩又派人送来战报,官军攻进山都掌,斩杀酋长、头目

———————————

① 谈迁:《国榷》卷三四。

133

四百人。① 但山都掌人在川东南的报复性仇杀的消息还是传到了北京。见深一面命刑部派人锁拿汪浩进京问罪,一面命襄城伯李瑾为征夷将军总兵官、兵部左侍郎程信升本部尚书提督军务、太监刘恒监军,调四川、贵州两省官军征讨山都掌。②

经过几个月的激战,官军共烧毁瑶寨、苗寨、彝寨上千处及米仓四千座,杀死"蛮贼"近万人,缴获象征酋长权力的铜鼓六十三面。即使没有被斩尽杀绝,山都掌人也是大伤元气,终成化之世,没有再起风波,南方的问题解决了,见深和他的臣子们终于可以腾出手来解决北方边境的问题。

① 《明宪宗实录》卷二三、卷四二。
② 《明宪宗实录》卷四三,成化三年六月辛酉。

第五章　北陲边患

一、满俊之乱

成化四年(1468)六月,对四川山都掌人的战事刚刚结束,见深正忙于办理钱太后的丧事,却传来了陕西开城县土达满俊作乱的消息。

满俊是故元平凉万户巴丹的曾孙。① 巴丹于洪武时率部众七百人归附,授正千户,安置在开城、固原一带居住。在明代,官方文书侮辱性地称蒙古人为"达虏",而将那些居住在明朝疆域之内的蒙古人称为"土达"。从洪武到宣德乃至正统,凡有归附的蒙古人,壮丁多编入御马监提督的勇士营及京军三千营,称"达军",而家属则安置在边境地区与汉人杂居,时间一长,便成了"土达"。韩雍征大藤峡、项忠讨荆襄流民,均有达军助战。明军将领中,达将也为数不少。正统时,蒙古瓦剌、鞑靼部势力渐盛,屡屡侵扰,居住在边境一带的土达往往充当向导。所以到土木之变之后,凡有归附的蒙古人,一般都远远地安置到两广地区,割断他们与蒙古本土的联系。但原来居住在边境地区的土达则无法强行迁徙,成了明政府的一大隐忧。而这些年蒙古毛里孩等部进住河套,劫掠边

---

① 《明宪宗实录》卷六三,成化五年二月庚子。谈迁:《国榷》卷三五、《明史》卷一七八《项忠传》说满俊为巴丹之孙,此从《实录》。另见马文升:《西征石城记》。

民，因此朝廷对于土达"作乱"更是百般警惕。

开城、固原位于今宁夏回族自治区南部，地方千里，水草丰茂，在汉代便是匈奴人的繁衍之地，唐代又成了吐蕃人的生息之所，两宋则为西夏辖地，素来民风淳朴剽悍。满俊排行第四，故又称"满四"，既然是蒙古血统，又居在这块便于游牧行猎之地，故骁捷好斗，时常在六盘山一带劫行人、掠牛马，聚恶少狂饮暴食。这种个性在蒙古人看或许是本能，是英雄本色，在汉人看却是不安分。偏偏这里的驻军军官也是些不安分人物，满俊行劫商贾，参将刘清、指挥马杰便敲剥满俊。满俊一旦作案，刘、马必遣人拘捕，等满俊的贿赂一到，便可解脱。久而久之，满俊渐萌报复之心。① 而且，边将戍军不仅仅是对满俊进行敲剥，而且对辖地内的所有土达进行敲剥，马货雁翎，靡所不取，致使"土达咸思乱"。②

在这种已经动荡的形势下，偏偏又出了一件非常偶然但又非常自然的事情。致仕都督张泰在六盘山有牧场，被蒙古人劫走上千头牛羊，却怀疑是个名叫张把腰的土达所为，告到巡抚陕西右副都御史陈价处。陈价不敢怠慢，让陕西按察佥事苏燮按治。陈价和苏燮都是南方人，进士出身，倒是有些才干，但对西北民族风俗及蒙古人的个性缺乏了解，他们拘捕了张把腰，严刑拷打。张把腰虽然也经常出没六盘山，杀人越货，但劫走张泰牛羊的并不是他。在重刑之下，张把腰被迫承认，并将满俊牵扯进来，说是与满俊同劫。陈、苏不问青红皂白，命满俊的侄子平凉卫指挥满璘带着二十余骑，由张把腰领路抓人。满俊得知消息，劫持满璘，杀死随从，与张把腰等聚集一千多人，抢劫了当地苑马寺的马匹，逃到固原西北

---

① 郑晓：《今言》卷三；《明宪宗实录》卷六三，成化五年二月庚子。
② 谈迁：《国榷》卷三五。

136

一百多里的石城,与官军对抗。半月之间,便聚众四千多人。①

　　见深自天顺二年(1466)出阁读书,《资治通鉴》是必读课本,知道这石城便是当年被吐蕃所据、唐将王忠嗣认为非杀伤数万人不能攻克的所在。尤其是这一带离蒙古鞑靼部的活动区很近,一旦双方取得联系,那就更难办了,因此很是担忧,命镇守陕西太监刘祥同总兵官宁远伯任寿、巡抚陈价等根据情势,定剿抚之策,其首恶必须尽快捕获。这道诏旨刚刚发出,便接到官军围剿满俊失利的败讯。

　　陈价、任寿发回的报告说,满俊于六月十一日作乱,半个月后,他们便调集宁夏、陕西、延绥兵三万人征讨。由宁夏总兵官广义伯吴琮、参将刘清统领的宁夏兵距石城较近,故而先到。满俊请降,吴琮认为是诈降,挥兵攻城。吴琮部下有位叫冯清的士兵懂得一些军事常识,面见吴琮,说我军夜至石城,饥渴交加,疲惫已极,不可攻城,当虚应满俊,以待陕西、延绥之兵。吴琮大骂冯清延误军机,命令连夜抢攻。满俊以逸待劳,迎敌官军。刚一接战,都指挥邢端便领本部兵先走,官军本来就无斗志,也跟着后撤,满俊乘势追击,官军大败,指挥王震等二百多人阵亡,军资器械尽数遗弃。满俊初战得胜,士气大振,当地土达及其他土著少数民族也纷纷投奔,眼看就有燎原之势,请朝廷速发援兵。

　　见深命兵部移文陕西巡按御史,速将邢端逮问,任寿、陈价等人均停俸,戴罪立功,又命陕西镇守太监刘祥监督军务,巡抚陕西右副都御史项忠总督军务,②都督同知刘玉为平虏副将军总兵官,

<hr>

① 《明宪宗实录》卷六三,成化五年二月庚子;卷五六,成化四年七月己巳;《明史》卷一七八《项忠传》。
② 明代陕西为西北大省,又是军事重地,所谓蓟(州)、辽(东)、宣(府)、大(同)、延(绥)、宁(夏)、甘(肃)、固(原)、太(原)九边,延绥、宁夏、甘肃、固原四个在陕西,均设有巡抚,项忠时为延绥巡抚,也称陕西巡抚。

调京营及延绥、宁夏、平凉等处边军一万三千人征剿满俊。

项忠从天顺初年起就为陕西按察使，后改右副都御史巡抚该地，曾招抚洮、岷一带的羌人叛乱；又开龙首渠解决西安居民的饮水问题，疏浚郑国渠和白渠，使泾阳、三原、醴泉、高陵、临潼五县七万顷农田得到灌溉，在陕西有很高的威望。①

任寿、陈价、刘清等人得朝廷命项忠总督军务、调延绥军征讨满俊的消息，怕失去立功赎罪的机会，与吴琮合兵再次进攻石城，结果遭致更大的惨败，都指挥蒋泰、申澄战死，遗失火器战马不计其数。② 消息传到北京，京营将士反倒欢欣鼓舞，摩拳擦掌。眼看着赵辅征大藤峡、朱永征荆襄、李瑾征山都掌，哪个不是凯旋而归？随征将士加官晋级，赏赐颇丰，因而人人希望能有建立军功的机会。蒙古人是不好打，但满俊不过是土达一个，京营一到，还不望风投降？

这种情绪影响到兵部，兵部尚书白圭向见深提出增加五千京营兵前去固原助战。碰到这种事，见深一般是没有主意的，他将兵部的意见转给内阁，让负有票拟批答之责的大学士们去讨论。这时在内阁的是彭时、商辂、刘定之，他们对京营的战斗力有自己的估计，唯恐京营一去，反而坏事，提出既然已命项忠，便应让其自行区画，朝廷不必急于增兵。③ 这时，项忠的题本也送到了北京。他不但认为京军脆弱不足恃，而且担心朝中一派大将，反而在决策上多了一层牵制。这种风格在项忠身上表现得非常明显，所以后来他出征荆襄，朝廷也没有派有名望的将领为总兵官。项忠说，他所调集的军队及招募的义勇人等有二万三千四百多人，足以平灭满

---

① 《明史》卷一七八《项忠传》。
② 《明宪宗实录》卷五七，成化四年八月戊申。
③ 《明宪宗实录》卷五七，成化四年八月戊申。

俊。为封住在京将领的借口,项忠特别指出:"今秋深寒冷,若又调在京并各处官军,路遥往复,恐冬初河冻,贼得远遁。"他决定在九月十九日统领军队分数路向石城挺进,先在离石城一二十里处扎营,各置烽火号炮,相互接应,对石城构成围困态势。然后"断其水源,烧其野草,扼其要路,招其协从",以收万全之功。①

项忠的这十六字战略增强了见深和内阁大学士们的信心,但京中仍是人心不定。特别是这年十一月初,先是有伏羌伯毛忠战死的传闻,接着项忠发回的战报证实了这个消息。毛忠初名哈喇,其祖先是西域人,明初归附,靠军功做了低级军官。毛忠二十岁时袭职为永昌百户,臂力绝人,善骑射,曾多次从成祖北征,其后转战南北,威名素著,积功为左都督,英宗赐名毛忠,封伏羌伯。② 他的战死,对明军士气是一个重大打击。尽管项忠在战报中声称夺取了石城的山北三峰、山西四峰,叛党窝铺百余处被烧,二十四人被擒,并斩首七十三级,坠崖死者甚众,官军夺获神枪火炮弓箭牛马等物,"贼窘迫皆号哭,有自缢死者",而且说毛忠是中流矢而死,仍然无法抹去战败的阴影。③

几天后,见深又接到项忠的战报,说是满俊困守石城炮架山,虽然气势已减,但仍有两万人,官军四面围攻,取胜自不待言;但万一满俊乘黄河冰冻选择一个方向突围,则偏师难以阻挡。因此,"乞调原拟宣府、大同官军于偏头关捷路来援,及敕抚宁侯朱永统率精锐亟来固原,同臣等相机攻守"。④

朝廷拟增兵,项忠说是兵力已足,朝廷尊重了他的意见;如今

---

① 《明宪宗实录》卷五九,成化四年十月己丑。
② 《明史》卷一五六《毛忠传》。
③ 《明宪宗实录》卷六〇,成化四年十一月壬戌。
④ 《明宪宗实录》卷六〇,成化四年十一月辛未。

又要求增援，尤其是点名朱永统兵，岂不是出尔反尔？但无论是见深还是京师文武，都因感觉到事态的严重而无暇去讨论项忠的是非。兵部早就主张增兵，因此力主出动京营。但内阁彭时、商辂却仍不想有人对项忠进行牵制，见深采纳了他们的意见，只命游击将军许宁统大同、宣府边兵三千往固原助战，京营仍按兵不动。

恰恰在这段时间，有星孛于台斗，星象家说占在秦分，于军不利。钦天监灵台郎贝琳还专门为此事上疏，说用兵违于天时。[①]这种舆论，不但给京师，也给远在固原的军队造成了心理压力。

只是在这种关头，项忠才显示出他那不同寻常的坚韧性。他举了古人用兵的例子：唐德宗时李晟讨伐叛藩朱泚，荧惑守岁，也有人说不利于用兵，但李晟坚持进兵，击溃朱泚，收复长安，可见天道不违人意。然后按原定方略布置兵力，将石城水源切断，满俊所部出城取水者，尽行捕获或用弓弩射杀，石城附近的柴草，尽行烧毁，又亲领延绥锐卒迫近石城东门列阵，并调庄浪、甘肃边兵切断石城通往黄河的道路。[②]

就在见深命兵部调许宁的宣大军西援后的第六天，项忠已攻破石城，满俊被俘。与项忠同赴石城的巡抚陕西右副都御史马文升著有《西征石城记》，记载了当时的情况。[③]

作为统帅和封疆大吏，项忠在平定满俊之乱后上疏见深，陈述自己对善后问题的看法。他认为，固原延袤千里，水草丰茂，畜牧蕃多，内为"土达"巢穴之所，外为"北虏"出没之场，守城唯一千户所，军少势孤，是以满俊陆梁，捍御无策。固原西北三百多里有西

① 《明宪宗实录》卷六一，成化四年十二月辛卯。
② 谈迁：《国榷》卷三五；《明史》卷一七八《项忠传》。
③ 《明史》卷一八二《马文升传》，满俊之乱时巡抚陕西都御史陈价下狱，这时马文升正奔父丧，奉命驰赴固原，代陈价为陕西巡抚。

安废城,蒙古鞑靼部每次内犯,均由此长驱而入。他要求在固原州添立一卫,以加强军力,并在西安废城创立一所,以扼制冲要。至于固原卫和西安千户所的兵源,项忠提出陕西州县已清出湖广逃军三千人,在西安等卫寄操,可将这三千人调往固原,其中两千人充实固原卫,另一千人派往西安废城,组建新所。同时,他认为陕西都指挥佥事樊盛才力可用,只是因为与封藩在西安的秦王府联姻而带俸闲住,按朝廷惯例,王府姻亲在离本藩三百里之外者不拘,而固原离西安几百里,因此,提议让樊盛守备固原,以加强固原卫的地位。①

见深将项忠的意见转给兵部计议,兵部对此非常满意,尽从其言,不再追究项忠在抽调京营问题上的出尔反尔。从此,固原逐渐成为明朝西北重镇,与甘肃、宁夏、延绥等并称九边。发起这次叛乱的满俊在成化五年二月与其同党三百五十七人分别以凌迟及斩刑处死。陕西总兵官任寿、巡抚陈价因违令丧师也被处死,参将刘清拟斩监候,但并不是因为他向满俊索贿,而是因为兵败;至于另一位对满俊叛乱负有责任的指挥马杰则并未受到任何惩罚。②

二、议复河套

土达到底是土达,只能困守孤城,任凭官军宰割,但真正有组织的蒙古人,却不太好对付。

元朝倾覆后,蒙古族大体分为三部分,由东向西:居住在辽河、西辽河、老哈河流域即今吉林、辽宁西部及内蒙古东部的是兀良哈

---

② 《明宪宗实录》卷六三、卷六四。

三部,居住在鄂嫩河、克鲁伦河流域及贝加尔湖一带即今内外蒙古中部的是鞑靼部,居住科布多河、额尔齐斯河流域即今内外蒙古西部和准噶尔盆地一带的为瓦剌部。另外,还有居住在甘肃西部的赤斤蒙古等部。兀良哈及赤斤蒙古在明初已归附于明朝,而瓦剌和鞑靼则一直是北方边患。

到见深即位,蒙古的形势较景泰、天顺时发生了很大变化。曾经俘虏英宗、兵临北京、骄狂一时的也先,已于景泰六年(1455)被所部阿剌知院所杀,蒙古瓦剌部从此走向衰落,而鞑靼部却强盛起来。只是在成化时期,鞑靼的强盛还没有达到昔日瓦剌那样有一个统一的政权、控弦数十万的气势,而是各部落互为雄长,不相统属。

本来,鞑靼的活动来去无常,或辽东,或宣大,或宁夏、甘肃,在边境滞留时间很短,但到天顺时期,有位叫阿罗出的部落首领率部进入河套地区,长驻不去。接着,孛来、毛里孩诸部也相继来到这里。一时间,河套成了鞑靼诸部的越冬之地。而明政府也居然将来到这里的鞑靼部蒙古人称为"套虏"。[①]

河套是指内蒙古南部和宁夏东部贺兰山以东、狼山和大青山以南的黄河沿岸地区,黄河在此流成一个大弯,犹如一个巨大的套子,将这块延亘两千里的土地给套住,故有此名。蒙古语则称其为鄂尔多斯。长期以来,这里就是中原农业民族和北方游牧民族相互影响的地方。战国后期,匈奴人乘中原各国鏖战之际,在此游牧繁衍;秦统一后,蒙恬领兵北驱匈奴,占领了河套南北;隋唐时期,河套则是汉人和东突厥的杂居地区。这里三面临河,水源充足,北、西、南三部为沙漠,东部是著名的鄂尔多斯大草原,土质肥饶,

---

① 《明史》卷三二七《外国列传八·鞑靼传》。

水草丰盛,宜耕宜牧。

鞑靼孛来等部来到河套,骤然缩短了蒙古本土和中原内地的距离,陕西、延绥、宁夏、甘肃、宣府、大同诸边,一下子便暴露在蒙古人面前,边事日棘。而居住在西北地区的"土达",也乘机发动骚乱。"套虏"成了明朝西北边防的新难题。

天顺八年十二月,分守延绥西路的左参将都指挥同知房能根据他在延绥与蒙古人的接触,首先提出大举"搜套",即将"套虏"驱出河套。他向朝廷报告说,在他所守的延绥西路,有"胡寇"潜入其内,夜则隐伏近边,旦则拥众突入,劫截道路,抢杀人畜,若不预为区画,早作防备,恐怕一旦养成边患,亟难芟除。为此,他提出了三项措施:

一、集中兵力,主动进攻。房能认为,宁夏总兵官都督同知张泰久在边镇,练达老成,镇守宁夏太监王清曾经领兵搜套,师行有纪,巡抚延绥右佥都御史徐廷章临机应变,刚果有为。建议命张泰、王清二人总制三边号令,徐廷章赞理军务,房能自己愿受其节制。并在春初河水解冻、草木枯萎时统领敢勇官军,准备好粮草,由熟悉道路的夜不收引路,各路并进,声势相连,搜寻套虏所在,捣其巢穴,绝其种类,以除后患。

二、广修营堡,巩固边防。他认为,陕西三边营堡配置不甚合理,有些地方道路迂曲,声势不闻,一旦有事,无法联络,因此,必须增修营堡,增加守边军卒。

三、配置火器,提高战斗力。房能在正统时从征麓川,[①]当时明军曾使用一种名为九龙筒的火器,在一根竹筒内装有九支火箭,

---

① 按:麓川在今云南瑞丽县一带,明朝在这里设麓川平缅宣慰司。正统时,土司思任发起兵反明,兵部尚书王骥、太监曹吉祥会兵十五万征讨,称麓川之役。

一线引火,九箭齐发,射程较远,威力较大。又有一种窝弓,布于营房周围,敌军一触弩弦,用毒汁淬过的弩箭便应弦而出,中者毒发即亡。这些火器在当时属保密武器,由兵部控制,内监监管,只有神机营才予配置。房能要求让兵部发下式样,让各边依法制造,教习士兵使用,如此,"以战则克,以守则固"。①

房能的破敌三策,使见深大感兴趣,要求兵部详议实施办法。但兵部此时正忙于筹划对大藤峡的用兵,对于为患还不太严重的"套房"既有些掉以轻心,也不愿进行刺激,故没有积极反应。但在此后的一段时间里,孛来、毛里孩等人掠大同、劫延绥,均以河套为基地,从而再次引起明廷的关注。

成化二年(1466)五月,大学士李贤等上疏,重新提出收复河套。他们认为,鞑靼以人口计,充其量不过相当于中原的一个大府,却年年内犯,往往得利。往年虽然数千数百地在边境劫掠,但还不为大害,一旦以河套为巢穴,情况便不一样,可说是防不胜防。官军出兵清剿,兵方集而敌已退,兵刚散而敌复来,不但劳师费财,边民也不得安生。因此,非得采取一劳永逸的断然行动,集中兵力,将在河套的鞑靼部落尽行驱逐。②

见深虽然没有打过仗,却羡慕列祖列宗的武功。太祖高皇帝当年曾亲自领兵,与陈友谅决战鄱阳湖,何等英雄!太宗文皇帝屡败屡战,终于从北京打到南京,夺取皇位,又从南京挥师北上,五次远征漠北,扫荡胡虏,何等气势!宣宗章皇帝十六岁便从征蒙古,即位之后,亲征高煦,击寇宽河,何等风采!便是父皇英宗睿皇帝,虽说一出京门,便被蒙古人俘虏,但毕竟有勇气领五十万大军北

---

① 《明宪宗实录》卷一二,天顺八年十二月丁亥。
② 《明宪宗实录》卷三〇,成化二年五月辛卯。

征,而且,虽然被俘,却毫发不伤,到头来,蒙古人还是乖乖将他送回北京。

自从土木之变后,再也没有人敢斗胆请皇帝亲征,皇帝也不再提亲征之事。以正统末也先兵临城下、嘉靖中俺答耀师北京、崇祯初皇太极围困京师,于谦、仇鸾、袁崇焕也不敢提议皇帝和敌军主帅见面。见深平日连皇城也不出,何况远在几千里外的河套。但他毕竟有祖宗尚武的血液在血管中奔流,即位两年来,已经亲自批准两次组织大军,征大藤峡、征荆襄流民。这时刚刚收到捷报,两路人马即将班师,何不乘此兵威,一举驱逐套虏?

房能的建议已经给过一次刺激,如今李贤等人又提出复套,正合见深之意,他让兵部会同提督京营会昌侯孙继宗等人计议该行事项,但兵部的意见却使他有些扫兴。兵部尚书王复等人说:"大举搜套,固计之善,然必主将得人。"他们推荐了镇守大同总兵官彰武侯杨信,说杨信曾经镇守过延绥,对那一带的情况熟悉,可将他召到京师,有关搜套的兵马、粮草及制造战车之类事项,须待杨信到后再议。另外,王复还提出应通告陕西、延绥、宁夏、甘肃、凉州、大同、宣府等镇,加强战备,以便配合行动。见深没有经历过战事,没想到出一次兵还有这么多的事情需要解决,只得依从兵部的意见,将杨信召回京师。①

杨信是正统、景泰时宣府名将杨洪的从子,幼年从军,曾独骑在阵前擒获鞑靼将领,以勇武著称;但也曾在运饷时听到号炮便撒马逃命,贻笑一时。在和蒙古人的战争中,杨信可说胜负相当。但在当时,只有杨家父子堪称名将,所以兵部也只能提出杨信作为

---

① 《明宪宗实录》卷三〇,成化二年五月辛卯。

人选。①

　　杨信回到北京,与王复、李贤及孙继宗等人集议,见深则只是看事后的书面汇报,从不参加这类讨论。众人商议后上奏,认为鞑靼入河套,意欲在秋季大举进犯延绥;驱逐"套虏",固是上策,但该地粮草不足,未可轻动,可由杨信等人领兵相机征讨。一场尚未掀起的复套运动,经过两次讨论,实际上又悄悄地退潮了。但既然"套虏"将大举进犯,一支由杨信为统帅的大军仍然克期出兵。这支部队由两万骑兵组成,其中一万来自京营,另外大同五千,宣府三千,宁夏二千,还配有火炮一百门,火枪一千支,宁夏、陕西等地驻军也听杨信调遣。不过,这支部队名义上说是"讨虏",实际上却是防边。即使在毛里孩等部离开河套北去之后,杨信也没有在河套地区进行军事行动,而是坐待毛里孩等去而复来,只是在鞑靼人进一步深入延绥时,才作消极抵抗。②

　　虽然如此,见深并没有放弃收复河套的打算,一是河套在军事上的战略地位实在十分重要,它像一个楔子,插在大同、延绥与宁夏之间,使这三个北方重镇及生活在整个西北地区的中国居民无宁静之日;二是在见深相对淡泊的个性掩盖下,其潜意识中总有一种好胜的情绪在涌动。但由于他既不能亲临前线指挥全局,又不愿召见大臣面议大计,更不会暗中操纵文武官员们的言论与行为,只能听任事态的自然发展。

　　实际上,在整个成化时期,对河套地区的鞑靼部是战是守,已经成为明廷内部对蒙古问题的争议焦点。

　　继内阁李贤等人提出大举搜套、一劳永逸之后,吏科给事中程

　　① 《明史》卷一七三《杨信传》。
　　② 《明宪宗实录》卷三一,成化二年六月壬子;《明史》卷一七三《杨信传》。

万里上疏,认为"套虏"三可破,河复三可复:一是"套寇"巢穴近我边防,从延绥出兵,仅二三日路程,"彼为客而我为主,以客就主,以逸待劳";二是"套寇"毛里孩自恃兵强人众,吞并各部,志满气盈,驰驱不息,人马疲劳;三是散逐水草,兵力四分,便于各个击破。程万里提出,选京师骑兵一万,宣府、大同兵各一万,共三万人。每三千人为一军,统以骁将一员,严其赏罚,密查毛里孩所在,昼伏夜行,出其不意,直捣巢穴。他认为,这是唐初卫国公李靖击破东突厥的战术。程万里还特别提醒见深,战守之举宜早定,欲战则筹划方略,欲守则整饬兵备,切忌只凭文移,致误大计。①

这最后一段话虽然没有点皇上的名,但反复的文移往来正是见深的作风所造成。以往太祖平定天下,太宗南征北讨,宣宗平叛击虏,景帝固守北京,乃至英宗用人处事,都是召见大臣面议,当时便可拍板定夺。但见深除了经筵日讲及常朝外,连面也不和大臣见,何况议政。凡有官吏军民等上疏,他都发给各该衙门议论,写成书面意见,然后再由内阁代拟对有关部门意见的处理,供见深参考,除了极个别情况总是让司礼监将内阁的意见用朱砂抄写,作为皇帝的最高指示让各衙门遵照执行。文移往复,不厌其烦。

对于程万里的隐晦批评,以及其他类似的批评,见深总是胸怀豁达,不予计较,何况疏中所论的战胜毛里孩的三条理由很是振奋人心。不过,见深仍然是以不变应万变,将程万里的意见发给兵部讨论。兵部则有兵部的看法。这时的兵部尚书是白圭,他认为毛里孩已经有一段时间没有犯边;当然,这个"边"是指大同、延绥、宁夏诸边镇所辖地区,因而没有必要兴数万之兵,远涉沙漠,深入河套,"前有胜负未必之形,后有首尾难收之患,殊非万全之策",

---

① 《明宪宗实录》卷五八,成化四年五月甲戌。

只需通令各边,要求他们严加防范即可。见深对此虽然不满意,却没有理由进行反诘,只得批准兵部的意见。①

其实,兵部的考虑是有道理的。兵部尚书白圭正统十四年(1449)曾经历过土木之变,天顺时又赞理都督冯宗的军务,往固原抗御孛来,对于蒙古的形势和汉、蒙古军队战斗力的差距,他甚至比前线的某些武官更为清楚,他不是不想收复河套,一劳永逸,关键在于条件不成熟。

到成化六年(1470)三月,白圭收到一份谍报,谍报说潜住在河套的主要是鞑靼蒙古的阿罗出部,另有称开原王的斡失帖木儿部。这斡失帖木儿本是汉人,有归降朝廷之意,与阿罗出素有仇怨,相互猜忌。白圭等人认为"套虏"内讧,而近几年朝廷又无大的兵事,搜套的时机成熟了。他们由两年前的主守派转化成了主战派。见深等的也就是这个时机,既然兵部是这个主张,用兵的障碍便排除了。

在兵部提出用兵意见的第四天,一支由呼声最高的京营统帅抚宁侯朱永为平虏将军总兵官、以京营为主体的远征军组成了。两位能征惯战的都督刘玉、刘聚为左右副总兵。说来凑巧,这二人均和宦官有密切关系。刘玉本是宦官曹吉祥的家奴,曹吉祥在正统、天顺时,是号称"最知兵"的宦官之一,征麓川、征兀良哈、征邓茂七,或监军或专征,帐下死士甚多,刘玉便是其中的佼佼者,积功至千户、都指挥佥事、都督佥事。项忠讨平满俊时,刘玉出力最大,《明史》说他"虽起仆隶,勇决过人,善抚士,所至未尝衄"。② 刘聚是太监刘永诚的侄子,刘永诚在永乐时就为偏将,从成祖北伐,宣

---

① 《明宪宗实录》卷五八,成化四年九月甲戌。
② 《明史》卷一七五《刘玉传》。

德、正统时曾领兵击兀良哈,后为甘州、凉州镇守太监,领兵转战沙漠。景泰及成化初两次立团营,刘永诚均为提督。不仅在宦官中,即使在武官中也享有很高的声望。刘聚幼年从军,在土木之变后的北京保卫战中,与也先瓦剌军血战西直门,战功卓著。①

另外,在以后的搜套战争中将充分露脸的右副都御史王越受命参赞军务。监督军务的则是御马监太监傅恭和颜恒。

见深对这次出兵抱有很大的希望,命朱永等人从速启程,不得延缓,同时给予相机行事及调动陕西三边将士的权力:

> 自去冬以来,虏酋阿罗出纠率丑类,潜往河套,时出剽掠,延、庆二府人民被害为甚。今特命尔等至彼,同心计议,申严号令,振作军威,量度贼势,运谋设策,调度官军,相机而行。若贼人马疲敝,有可乘之势,即分布营阵,各路出境,刻期合剿。如贼势尚强,亦宜分兵据守要冲,毋令突入。凡一应军机事务,悉从尔等便宜处置。其陕西、延绥、宁夏镇守总兵巡抚等官并游击官军,悉听节制调度。尔等受兹简任,体朕安边保民之意,尽心所事,以图成功。仍戒约下人,毋或骚扰居民,重为患害。②

朱永等人到延绥后,并没有向河套地区主动出击,而是分兵防守各处城堡。从这年五月到九月,先后在延绥的康家堑、双山堡、开荒川、平夷堡、波罗堡等地与内犯的阿罗出部遭遇,双方互有伤亡,虽然没有去搜套,但阿罗出等部见明军主力在延绥,入边后也没有多作逗留,抢劫一番后便退回河套。于是负责纪功的郎中范文等便向见深报捷,说是击退了"套虏"的进犯,至于搜套之事,则

---

① 《明史》卷一五五《刘聚传》,卷三〇四《宦官列传一》。
② 《明宪宗实录》卷七七,成化六年三月壬寅。

根本不予提起,只要夸张一番敌方的力量和进兵的困难,便可得到朝廷的谅解。

果然,在这场抵御"套虏"进犯的战事中,虽然官军只抓了十一个俘虏,杀了二百五十七个蒙古人,而自己却死了六百六十四人,伤两千人,但毕竟作了殊死之战,因而朱永的抚宁侯爵位得以世袭,刘聚、王越等人均晋级,受到升赏的有三十三人,只升不赏者一千六百三十人,只赏不升者一万六千七百人,共计一万八千多人,即随征部队有大半受到不同形式的表彰。①

既然"套虏"被击退,朱永便要求领兵回京。兵部却向见深建议,京营及大同、宣府官军可回京及原镇休整,遇警再行调动;但"虏虽远遁,尚未过河,秋高马肥,或俟机而来,不可不虑",因此,朱永仍在延绥待命。见深也对朱永急于返京有些不满,让他暂驻榆林。②

平心而论,搜套确有搜套的困难,尤其难以解决的是,即使将鞑靼人尽行驱出河套,又如何建立在河套地区的防线,使鞑靼人去而难返。

见深根据兵部的意见,命吏部右侍郎叶盛往陕西,与三边巡抚马文升、余子俊、徐廷璋及已为总督三边军务右都御史的王越详议战守之事。叶盛在正统、景泰时久居台垣,为兵科给事中,尤喜论兵,兵部派叶盛的本意,是要他对搜套起推动作用。但叶盛这次到三边,却深感时无良将,边备太虚,转运劳费,搜套殊非易事,因而两次上疏,认为对鞑靼应自守为本,攻战次之,只有增兵守险,方为上策,使白圭大为恼火。但叶盛毕竟是叶盛,他详细考察了鞑靼从

① 《明宪宗实录》卷八六,成化六年十二月乙丑;卷八九,成化七年三月丁酉。
② 《明宪宗实录》卷八九,成化七年三月戊戌。

河套向延绥、宁夏、甘肃等镇的进兵路线，提出了积极的防御措施，为朝廷的决策提供了依据。[1]

叶盛和王越一起回到北京，兵部尚书白圭向见深建议，召集文武大臣，详议复套事务。商议的结果，否决了叶盛"自守为本，攻战次之"的意见。在京文武大臣经过几年的争论，大致达成了一个共识，即认为鞑靼部频年内犯，若不痛加剿殄，边患终无宁日，何况前后几次调往延绥、宁夏等地的部队已超过八万，只是因为各路总兵彼此颉颃，军权没有统一，才使兵虽多而功甚少。他们要求派一位有名望的大将做总兵官，佩平虏将军印，和王越一道赴延绥，各边巡抚、总兵、参将、游击等人，均受其节制，事权归一，责其克敌成功。

这些意见从理论上说是无懈可击的。但兵部及与议大臣显然忽视了一个基本事实：论名望，有谁高过朱永？朱永为总兵官时，事权也是归一的，却并没有取得预期的效果。人们这次没有再提朱永。算来算去，算到了在平定大藤峡的战争中因韩雍而成功的武靖侯赵辅。由他佩平虏将军印出征，王越仍参赞军务。见深给赵辅发了一道敕谕，要求"大挫贼势，俾之渡河远循，斯为上策"，如深入河套，穷追远讨，则须审势量力而行。[2]

但赵辅是肯定不如朱永的。到了延绥，他便和王越一道上疏，说是和"套虏"打了几仗，将其赶出边境，本想乘胜追击，一举廓清河套，但须得京营、山陕精兵十五万人，分道并进，方可成功。调十五万京边精兵，谈何容易，见深对此很不满意，让兵部给赵辅、王越作答复。兵部尚书白圭是搜套行动的积极推动者，而赵辅、王越的

① 《明宪宗实录》卷一〇二，成化八年三月乙卯。
② 《明宪宗实录》卷一〇四，成化八年五月癸丑。

意见却与兵部的意见大相径庭,便大加鞭挞:"辅等统兵七八万之众,未闻有一天之捷,乃称追奔出境,务为夸大。且既应阃寄,或攻或守,宜定计以行,何乃依违陈乞,首鼠两端。"①

见深又让兵部召集文武大臣会议。既然搜套的情绪被兵部调动起来,与会者便一致对赵辅进行谴责,他们公布了一个令人气愤的事实,有个"套虏"单人匹马驱赶边境人畜数千,而边臣守将竟然拥兵自守,无人敢去和他交锋。他们认为赵辅领着大军到了边镇,正遇"套虏"大掠延、庆,却不作任何抵御,如今又上疏说要增兵攻剿,"事将谁欺?"而且,既然说要进攻,又声称道路险远,显然是敷衍塞责。

兵部和廷议的意见更增加了见深对赵辅的不满,责令赵辅另上方略。谁知赵辅竟是糊不上墙的烂泥,不但强调搜套的困难,说进攻不如防守,既省兵又节费还安民,更要求领兵回京,以图后举,把个皇帝弄得哭笑不得。出兵四个月,和蒙古人未曾交锋,便要班师,耗粮亏饷,有如儿戏。兵部提出将赵辅逮捕治罪,以为欺误朝廷者戒。见深对抓人倒是不赞成,让兵部等兵科给事中郭镗回京后再作处置。②

郭镗是这年八月奉命往延绥等处咨访行军事宜的,当时见深给了他一道敕谕,说明对战况不满:

> 比因虏贼入寇,朝廷已命将出师。闻此虏六月间又来剽掠临洮、巩昌、平凉之境,时赵英、鲁鉴等率兵俱到安定、会宁等处,适逢其会,乃拥兵坐视,致令得利而去。至七月间,虏复从花马池入,大掠环、庆等处,其时赵辅、王越统军已到花马

① 《明宪宗实录》卷一〇八,成化八年九月癸辛。
② 《明宪宗实录》卷一〇九,成化八年十月丁丑。

池，而马仪、赵英、鲁鉴、姜胜、白玉、杨铭等亦驻兵境上，许宁、范瑾等又各领兵沿边防御。使总兵等官果能运谋设策，并力夹攻，必可大捷。倘又失此机会，纵虏出入，如蹈无人之境，则边患何时已乎。

　　朕念地方骚扰，生灵荼毒，宵衣旰食，不遑宁处，特命尔星驰以往，逐一访勘。地方虏情若何，总兵、参赞及统兵等官调度若何，勇怯若何，何人逗留不进，何人坐失事机，何人竭忠效力、真有为国为民之心，何人推艰避难、专为畏首畏尾之计，今宜设何长策，作何处置，其博采群议，星驰以闻。①

　　从这道"上谕"可知见深对西北边患确实担心，虽然未必真是"宵衣旰食"，却也不再是掉以轻心。郭镗虽然未必是"星驰以往""星驰来闻"，但也算是忠于王命。八月十三日接到敕谕，十一月十七日便回到京师，三个月内深入诸边，访将士、咨土民，往返数千里。回京后，郭镗连续上了三道奏疏，向朝廷报告三边军情，并提出处理意见。

　　郭镗的报告使见深了解到夏秋之际守将在蒙古人内犯之时的真实表现。郭镗说，六七月间，"套虏"毛里孩、字鲁乃、斡罗出等部取道花马池，深入平凉、巩昌、临洮等府州县境内，一个多月间，劫掠四千多户，杀掠人畜三十六万四千有余，所到之处，除分守庄浪署都督同知鲁鉴出过一次兵，其余守将均闭门以退避，反正蒙古人只掠地而不攻城，双方军队几乎没有进行正面接触。七月以后，毛里孩等纵横出没于庆阳境内时，赵辅、王越等人已经到了榆林，但逶巡延绥，并不去花马池、定远等处指挥对蒙古人的攻剿，致使各处将领均以不得号令为由，不行阻截，徒拥重兵，虚费粮饷。根

---

① 《明宪宗实录》卷一〇七，成化八年八月丁丑。

据这些情况,郭镗认为应该追究将领们的弛兵玩寇之罪,而赵辅、王越之罪尤重,宜逮赴法司究治,以为臣子误事不忠之戒。①

兵部根据郭镗提供的情况,对三边将领提出了处理意见,特别提到赵辅、王越,认为他们互相推倚,明肆奸欺,不正其罪,恐众怒不解,边事更坏。但赵辅、王越二人则自有法门。

赵辅虽是行伍出身,却从小俊辩有才,文章也写得不错,故与文官们有广泛的接触;又喜好财货,行军打仗之间,留意收藏,却并不吝啬,回到北京,便馈赠友人,与内使人等关系密切。因此,尽管兵部、科道对他不断攻击,见深却先入近侍之言,只减岁禄二百石。② 赵辅还表示不满,说是减禄使其贫穷,无法生活。

王越则是位传奇性人物。他是景泰二年(1451)的进士。廷试的那天,忽然起了一股旋风,将王越的试卷卷上云间,管卷官只得给他重发考卷。到了这年秋天,朝鲜国使者前来进贡,带来了王越的那张尚未写完的试卷,说是朝鲜国王正在视朝的时候,一物从天而降,原来是一份文卷。侍从官将文卷呈上,方知是中朝进士的试卷,不敢沉没,让使者带到了北京。一份卷子竟然漂洋过海,被旋风由北京卷到汉城,也真是不可思议。③ 而王越姿表奇伟,议论飙发,加上久在延绥,敌方真伪,己方虚实,尽在胸中,当时还找不出这样的人才。关于这一点,内阁大学士彭时、商辂乃至兵部尚书白圭看得很清楚。所以赵辅虽被召回,王越仍留在延绥,见深只是降敕切责,命其从速调度军队"杀贼赎罪"而已。④ 也亏了有这一决定,才留下了整个明朝唯一能搜套的人才。

---

① 《明宪宗实录》卷一一〇,成化八年十一月己酉。
② 《明史》卷一五五《赵辅传》。
③ 查继佐:《罪惟录·列传》卷一一中《王越传》。
④ 《明宪宗实录》卷一一〇,成化八年一月己酉。

见深在位的二十三年中,对西北边防真正作出贡献的,还得推王越和余子俊。只是说来好笑,王越先后受命参赞朱永、赵辅、刘聚、蒋琬军务,每次总是上疏陈述搜套的困难,却两次提兵深入河套,先袭红盐池,后捣威宁海子,创造了成化一朝明军对蒙古最为成功的两次战例;余子俊则是搜套的极有力的创议者和推动者,但在实际行动上,却是守而不战,明朝中期大规模的修筑边墙,便是由于余子俊的坚持而开始的,并取得了相当大的成功。二人相反相成,为成化一朝的西北边防立下了不朽功勋。

三、辽东风云

在祖宗留给见深的"家业"中,辽东是一块疆域辽阔但也潜伏着危机的地区。这里的白山黑水之间,曾孕育过中国历史上诸如女真、契丹、鲜卑、蒙古等优秀的民族,他们曾给中华民族注入沸腾的血液,也为本民族赢得过举世瞩目的荣誉,但也一次又一次地对中原皇朝构成威胁。

洪武三年(1371),故元辽阳行省平章刘益献辽东图籍投降,从此辽东纳入了明帝国的版图。居住在这块土地上的居民,除了汉人和蒙古人之外,还有早在商周时期就和中原发生联系,并在公元十二世纪荡灭契丹,征服北宋、入主中原的女真人的后裔。

明初的女真人有三大部:分布在牡丹江、绥芬河及长白山一带的是建州女真,分布在松花江流域的是海西女真,另外还有散居于黑龙江沿岸与库页岛等地的野人女真。永乐时,明成祖一面对蒙古的敌对部落用兵,一面派人深入黑龙江、牡丹江及大兴安岭一带,对女真各部进行招抚,并设立了奴尔干都指挥使司,将大大小小的女真部落首脑封为卫指挥使、所千户等官,让他们仍沿旧俗,各统其属,并定期向朝廷进贡土产、更换敕书。

经过了近百年的相安无事时期,女真各部和明朝的接触越来越多,不可避免地会发生一些纠纷,到成化时,终于爆发了第一次公开冲突。

成化二年(1466)九月,见深从辽东总兵官郑宏的题本中得知女真人从开原庆云堡以西深入汉人居住地,大肆抢掠,得手之后,仍逗留在庆云堡外,而庆云堡以东的见剌、榆埚等哨所也连升烟火告急。郑宏请求朝廷对女真人的这一行动予以重视。[①]

在庆云堡一带领头闹事的,是女真建州左卫指挥使董山。董山是后来被清朝尊为肇祖的建州左卫指挥猛哥帖木儿的次子。猛哥帖木儿被野人女真所杀后,董山于正统二年(1437)经明廷允许袭职,并率部由斡木河一带(今朝鲜会宁)返回到旧地婆猪江即今吉林海龙县一带居住。从此以后,建州女真便以浑河、苏子河流域即今辽宁东部和吉林东南部与朝鲜毗邻地区为中心聚集起来。这里土地肥沃、资源丰富、山陵起伏,成为建州女真及清朝的发祥地,而在天顺、成化之际,董山则成了建州三卫(即建州卫、建州左卫、建州右卫)的首领。建州女真的崛起,一方面引起了明朝辽东守将的警惕,从而对其进行压制、分化、打击,另一方面,也必然向西、向南汉人居住地推进,从而导致了矛盾的激化。

见深在得到郑宏的警报后,根据兵部和辽东镇守太监李良的建议,命正在大同整饬边备的左都御史李秉总督辽东军务,酌行剿抚。[②] 李秉受命后驰赴辽东,经过调查,认为女真屡次深入开原抢掠人畜,杀伤军官,均因镇守太监李良、总兵官郑宏等人平日不能

---

① 《明宪宗实录》卷三四,成化二年九月乙未。

② 《明宪宗实录》卷三四,成化二年九月丁酉。

申严号令,导致军纪涣散所致。巡按辽东监察御史魏瀚也上疏抨击李良、郑宏等人平日不能振作士气,只图边民贿赂,致使边备废弛,女真怨愤。见深还是老作风,让李良、郑宏自己说明原委,李良、郑宏也深知这位皇帝为人的宽大,便一起上疏,检讨失机罪状,果然得到旨意,说是"李良、郑宏既服罪,宥之,宜用心御寇,以赎前愆"。①

这时的女真虽然可在边境地区闹腾,但还无法也不想认真和明朝政府军抗衡,李秉在凤凰山一带一个反击,便将逗留在该地的女真人驱散。② 董山也赶忙派人入贡,并表示服罪。虽然这样,但辽东军备也实在太糟糕。

李秉在辽东几个月,发现靠近女真人居住地的铁岭、广宁、开原等处卫所,军职缺员不少,但带俸差操的却很多,他们是因赃罪或老疲无能而被解除军职只拿俸禄的。究其原因,在职军官有提督、分巡、守备、瞭望的责任,如果失机误事,便得军法处置;而带俸差操者俸禄照发,却不用负任何实际责任,备边打仗,胜负均与己无关。因此,一些在职军官也故意出些小错,甚至花钱请人揭发自己,一旦被定为赃罪,便也来个"带俸差操",即停职反省,拿钱而不干事,或者利用这个机会做违法勾当,以谋私利。于是,干事的越来越少,不干事的越来越多。③

不但是见深,只做了两年皇帝,便是太祖、太宗在位二三十年,也没听说过有花钱请人揭发自己的,更不会想到有人竟然故意犯罪以逃避责任。于是根据李秉的建议下了一道旨意,凡是武官犯有贪污受贿罪而带俸差操者,除监守自盗、受财枉法及败伦伤化等

---

① 《明宪宗实录》卷三六,成化二年十一月癸酉。
② 《明史》卷一七七《李秉传》。
③ 《明宪宗实录》卷三六,成化二年十一月丁酉。

重罪外,其索贿受贿、克扣军饷等,均恢复职务。但这样一来,拿钱不干事的固然少了,军纪却进一步败坏。

见深和他的文武大臣虽然并未将这个时候的女真看成太大的威胁,但这个民族的潜在能量却是不可忽视的。想当年女真人在完颜阿骨打的统领下,短短的十多年中,便迅速发展为席卷中国北方的强大军事集团,打得辽和北宋无还手之力,如果不是被东海所阻,南宋高宗赵构也得被其所擒。经过一番策划,见深采纳了剿抚并用的方案,一个有损于大国形象的卑劣阴谋出台了。

成化三年(1467)正月,见深命锦衣卫带俸都指挥使武忠前往辽东,对董山悔罪归顺进行奖谕,要求他入贡谢罪,并招抚其他女真部族。①

兵部向见深建议派武忠为使臣是精心选择的。武忠的先世是海西女真,宣德时曾以锦衣卫百户随亦失哈等人去奴尔干都司巡视,②后又代其叔乃当哈为海西都指挥佥事,熟悉女真的风俗习惯,也容易得到董山等人的信任;武忠又是英宗孙皇后之兄会昌侯孙继宗的女婿,而董山的父亲猛哥帖木儿也有姑表姊妹在永乐、宣德时送进皇宫为妃嫔,都与明朝皇族有点拐弯抹角的关系。此外,这武忠体貌壮伟,尤长箭术,在天顺时曾随给事中张宾出使朝鲜,朝鲜人举行阅兵仪式欢迎,并请明朝使者试射,武忠连续拉断两张朝鲜硬弓,适有群雁当空而过,武忠将随身弓箭取出,一箭射去,便有一只大雁应声而落,大显威风。③

---

① 《明宪宗实录》卷三八,成化二年正月癸酉。
② 亦失哈又名易信,也是女真人,参与靖难之役,后为辽东镇守太监。参见拙作《明代的镇守中官制度》。
③ 参见《明宪宗实录》卷八五,成化六年十一月丙戌;孟森:《明朝史讲义》下第三编第三章清代种族及世系;《清始祖布库里英雄考》,《明清史论著集刊》续编。

武忠也很有主见,他接到敕谕后,向皇帝提了一个要求,说是董山等人都已官至都督佥事之类,而自己只是一个带俸都指挥使,地位较低,恐怕被董山等人轻视,如加升官职,使地位如董山相等,才好办事。见深觉得武忠说得有理,升他为署都督佥事,带着敕谕出使女真,招抚建州、海西及野人女真各部。

经过武忠的反复劝说,又慑于明朝的大军压境,加上不愿意和明朝的关系弄得太过紧张,董山不但接受了招抚,而且亲自和其他头目到北京,贡献马匹貂皮。见深因女真部落虽然多次犯边,却能悔过自新,将董山等人召集到宫外,一来让他们看看天朝上国都城的壮丽,以生敬畏;二来进行一番说教。礼部官向这些化外首领人物宣读了由内阁起草的皇帝的敕谕:

> 尔等俱系朝廷属卫,世受爵赏,容尔在边住牧。朝廷何负于尔,今却纵容下人,纠和毛怜等处夷人,侵犯边境,虏掠人畜,忘恩背义。论祖宗之法,本难容恕。但尔等既服罪而来,朕体天地好生之德,姑从宽宥。今尔回还,务各改过自新,戒饬部落,敬顺天道,尊事朝廷,不许仍前为非……若再不悛,必动调大军问罪,悔将何及。其省之诫之。①

董山等人经通事翻译,自然明白其意,都表示愿意服罪。当然,说是说服罪,但女真半耕半牧,有游牧民族固有的剽悍和散漫,一旦心血来潮,跑到汉人居住区骚扰一番,有谁管得了?加上守边兵将歧视女真人,轻则刁难,重则杀戮,女真人愤而反抗,杀死几个明兵明将,那还不像宰杀几头猪羊?只是到了天子脚下,不服罪也不行,但有委屈却无处诉说。

不过董山等人万万没想到,明廷将他们召到北京,不但是要在

---

① 《明宪宗实录》卷四一,成化二年四月癸亥。

道义上压服他们,而且要以他们为人质,迫使其部族屈服。

成化二年(1466)五月二十五日,见深命左都御史李秉提督军务,武靖伯赵辅佩靖虏将军印充总兵官,往辽东调兵征讨建州女真。① 董山等人这时仍在北京,不但对明军的动态毫无所知,还为赏赐的事情和明廷讨价还价,有人更按捺不住对明朝的种种不满,扬言回去之后要纠合海西、野人女真抢掠边境。见深得到鸿胪寺官员的奏告,很是恼火,下了一道更为严厉的敕谕,说建州女真本避居荒落,遭他部所逼,前来投顺,我祖宗可怜其无处安身,赐给辽东地方,让其居住耕牧,设立卫分,授予官职,谁知不但不报恩,却纠集外夷,寇我边境,掠我人畜,本当出兵征剿,又恐玉石俱焚,所以给了改过自新的机会。见深要求董山等人洗心革面,回去之后,约束族人,安分守己,不得惹是生非,否则,大军一到,追悔莫及。② 但实际上,李秉、赵辅这时已经奔驰在北京到辽东的官道上。

有位叫高冈的礼部主事适逢其时地上了讨女真二策,建议让赵辅、李秉将董山等人扣留在辽东,同时选京营蒙汉精兵,征剿女真。这其实也是兵部的最初打算。见深将高冈的讨女真二策发往辽东行营,让赵辅、李秉提出看法。③

李秉等人对拘留董山感到很棘手。一方面,他们认为朝廷既然遣使招抚,而董山等人又亲赴北京谢罪,皇上已经表示不咎既往,并赐给礼物,派人送行,如果又行拘留,不免给女真以借口,于朝廷面子上也不好看;另一方面,他们又认为董山在北京时间很长,知道一些军事消息,况且建州女真最近一段时间仍在蹂躏边境,荼毒生灵,一旦放回董山,很可能为患更甚。因此,他们提出一

① 《明宪宗实录》卷四二,成化三年五月己丑。
② 《明宪宗实录》卷四二,成化三年五月癸巳。
③ 《明宪宗实录》卷四四,成化三年七月甲子。

个折中的办法,先将董山拘留,但将十多个同行家属放回,让他们去劝说建州女真部落,如归还所掠人、物,不再抢劫边境,则放董山;如果女真继续掠边,而董山又复萌异志,则将董山押赴京师治罪,并进兵征讨建州。兵部会同会昌侯孙继宗、内阁大学士陈文等人商议的结果,认为李秉的折中办法可行,但董山决不可放,见深对廷议一般是不加反驳的,指令赵辅、李秉按议而行。①

二十天后,赵辅、李秉命人送来题本,他们已经将董山等二百一十六人拘留在广宁,而将其家属数人放回,让他们通知本部落,归还从汉人区掠去的人口,不得再来犯边。布置停当后,赵辅命人将董山等一百多人从驿馆带至设在广宁的总兵府,让通事向他们宣读朝廷的决定。董山等人自然怒不可遏,一面骂朝廷背信弃义、出尔反尔,一面愤而殴打通事,赵辅急命甲士将董山等人捆绑关押。留在驿馆的另外一百多女真首领得知事情有变,各持刀剑,杀出驿馆,却被早已安排好的明军截住,当场杀死二十六人,其余的也被擒住。赵辅、李秉认为,既然事已至此,对建州女真的征讨不可避免。

见深得到奏报,一面命赵辅、李秉立即进兵建州,一面命人往辽东告谕海西女真和野人女真以阻止他们和建州女真的结盟。在这份敕谕中,明政府对事情的真相进行了掩盖,将责任完全推给了建州女真。

成化三年(1467)九十月间,李秉、赵辅分左右两路从抚顺出塞进攻建州女真,朝鲜军队则从东向西配合明军行动。十月底,辽东告捷,建州女真被杀近千人,建州卫指挥使李满住也为朝鲜军队擒斩。②

---

① 《明宪宗实录》卷四四,成化三年七月庚辰。
② 《明宪宗实录》卷四七、卷四九、卷五〇;谈迁:《国榷》卷三五;郑晓:《今言》卷四。

作为军事统帅,赵辅打完仗就了事,但作为军事行政领导,李秉却要做善后工作。他从三个方面提出了自己的看法:一、厚往薄来,以礼待人。他向见深指出,女真各部入贡时,守边官员验其贡物,挑剔过甚,貂皮求其纯黑,马匹求其肥壮,否则便不予放行,往往由此而引起争端。他认为,只要女真愿意入贡,不应计较礼品的贵贱精粗,均予接待;①二、增修城堡,选将练兵。在辽阳以东,南起凤凰山,北经鸦鹘关、抚顺所,到奉集堡的四百多里防线上增设千户所城堡及驿道墩台,并在开原、铁岭、辽阳、海州几个重镇增加兵力,任用良将,以备不测;②三、董山既已扣留,对建州女真的战争也已进行,便不得再留后患,应予处死,并将其党羽安置到闽、粤居住。

对于李秉的安排,见深表示嘉许,指示有关部门,一一参酌执行,并由此对李秉产生好感。当年十二月,李秉刚从辽东回北京,恰逢吏部尚书王翱因病致仕,廷推代者。明朝从洪熙、宣德以后,任官多凭资历,李秉在见深即位后为右副都御史,不到几个月,即天顺八年(1464)八月便升左都御史,升了三级。到成化三年十二月,任左都御史也不过三年四个月,按规矩才经一考给由,本来是不具备任吏部尚书资格的,但见深将廷推者压下,命李秉出任吏部尚书。③ 这也是见深的作风,在他那里既没有太多的清规戒律,也没有让大臣们感到无所适从的固执,任命官员、处理事情的随意性也较大,有能耐的固然容易上来,无能耐的却也不容易下去。

当然,不管李秉的安排多么合理,要压制住一个正在崛起的民族是非常困难的。李秉回京不久,见深又连续接到来自辽东和朝

①　谈迁:《国榷》卷三五。
②　《明宪宗实录》卷四八,成化三年十一月丁卯。
③　《明宪宗实录》卷四九,成化三年十二月辛丑;《明史》卷一七七《李秉传》。

鲜两个方面的警报,说建州女真纠合海西、毛怜等部及蒙古兀良哈三卫寇开原、寇铁岭、寇广宁,并因朝鲜曾出兵帮助明朝攻建州卫而越境进行扰掠。明政府这时正忙于对付"套虏"的内犯,无暇东顾,等到王越袭击红盐池成功,余子俊边墙之役竣工,蒙古人退出河套,西北地区得到一段时间的安宁,才腾出手来重新筹划对建州女真的更大打击。

第六章　百官百态

一、翰林四谏

在见深看来，无论是"套虏"、女真之类的边患，还是荆襄、大藤峡等处的内忧，都不是太难应付的事情，因为自有内阁大学士和五府六部文武大臣及司礼监的太监们替他拿主意。最令他心烦的是家事，如妃嫔的争宠、太后的固执、皇子的生育等等，然后便是内廷和外廷的矛盾，宦官们无止境的乞求，朝臣之间无休止的争斗，尤其是言官们喋喋不休的论辩和没完没了的上疏。

而且，那些没有弹劾之职与纠举之责的翰林院儒臣，也喜欢摆出一副代圣贤言的架势，说三道四，指责朝政。本来不是什么大不了的事，他们硬要上纲上线，张口是圣贤道理，闭口是祖宗法度。这种感受，见深在继位后不久便领略到了。

成化二年（1466）五月的一天，见深正在批阅群臣奏章，却发现署名为翰林院修撰罗伦的一个本子。对于罗伦，见深是有印象的。此人是江西吉安府永丰县人，三个月前的廷试中，因对策万言，直斥时弊而名震京师，见深亲自点了他的状元。[①] 据吉安籍大学士陈文、彭时说，罗伦家境非常贫寒，从小打柴放牧，但总要带着书本，诵读不辍，而且很有气节个性。五岁那年，罗伦随母亲去果

---

① 　按：这一年闰三月，故从三月殿试，到五月上疏，为三个月。

164

园,眼见果实累累,香气郁郁,熟透的果实经风一吹掉落地上,其他孩子一拥而上,你争我夺,罗伦却毫不动心,等主人亲自给他,又经母亲允许方才接受,并很有礼貌地道谢。当年孔融让梨,也不过如此。又非常孝顺,父母死后,罗伦一直到过了大祥①才吃盐酪。更令见深感兴趣的是罗伦的一句名言:"举业非能坏人,人自坏之耳。"许多读书人自己没有气节、没有本事,却说科举坑人,罗伦则认为首先应该从自己身上找原因,真是难能可贵。

罗伦刚中状元,受职翰林修撰才三个月就上疏,见深自然想知道他要说些什么。翻开奏疏,洋洋三千余言,却是抨击大学士李贤的"扶植纲常疏"。

李贤在这年三月因父亲病逝回河南邓州老家料理丧事,刚刚回京。见深对这位力排流言使自己登上皇位,又尽力辅佐、鞠躬尽瘁的首辅有很深的感激和倚重之情,让他驰驿奔丧,葬毕即回。李贤回河南后,请求按朝廷规定,守制三年,见深没有同意。他给李贤的诏旨说:"朕赖卿辅导,卿勿以私恩废公义,宜抑情遵命,以成大孝。"不允许李贤终制。② 经过见深的再三催促,李贤在处理完丧事后"夺情"回到了北京。

细论起来,李贤对于罗伦既有奖拔之恩,又有掌院之尊。明朝的科举,在天顺、成化以后逐渐形成一种惯例,廷试读卷官的身份决定一甲进士的名次,罗伦的策论固然精彩,却是因为李贤读卷才得以夺魁。翰林院与内阁曾为同官,但实际上翰林史官又为内阁的属官。对于这层关系,罗伦是清楚的。但他认为夺情有关纲常风化,李贤作为内阁首辅、朝廷元臣,应该作出表率。出于对朝廷

---

① 按:古代居父母之丧,两年为"大祥"。
② 《明宪宗实录》卷二七,成化二年三月己酉。

的赤诚，也是对李贤的期望，罗伦那股望君父为尧舜、望天下达治世的书呆子气上来了。他造访李贤，提出自己的想法。但李贤却认为君命不可违，国家之事大过父母之恩，意见产生分歧。一怒之下，罗伦上疏，专论夺情。以新科状元、翰林史官弹劾内阁首辅，这在明朝开国一百年来还没有先例。

罗伦在疏中开门见山写道："臣闻朝廷援杨溥故事，①起复大学士李贤。臣窃谓(李)贤大臣，起复大事，纲常风化系焉，不可不慎。"见深知道，这是当时写策论的通常手法，直切主题。果然，罗伦随即便将廷试时见深出给贡士们的试卷题搬了出来："向陛下制策有曰：'朕夙夜拳拳，欲正大纲、举万目，使人伦明于上，风俗厚天下。'"接着话锋一转："窃谓明人伦、厚风俗，莫先于孝。"然后以孔子对子夏关于守制、起复的答复立论，认为李贤的夺情起复是不合先贤教诲的。最令见深不快、令李贤难堪的是下面一段话：

> 且陛下无谓庙堂无贤臣，庶官无贤士。君，盂也；臣，水也。水之方圆，盂实主之。臣之直佞，君实召之。陛下诚于退朝之暇，亲直谅博洽之臣，讲圣学君德之要，询政事得失，察民生利病，访人才贤否，考古今盛衰，舍独信之偏见，纳逆耳之苦言，则众贤群策毕萃于朝，又何待违先王之《礼经》，损大臣之名节，然后天下可治哉。

> 臣伏见比年以来，朝廷以夺情为常典，缙绅以起复为美名，食稻衣锦之徒，接踵庙堂，不知此人于天下之重何关耶。且妇于舅姑，丧亦三年，孙于祖父母，服则齐衰。夺情于夫，初无预其妻。夺情于父，初无干其子。今或舍馆如故，妻孥不

---

① 按：杨溥是宣德、正统时内阁大学士，与杨士奇、杨荣并称"三杨"，永乐时为洗马，以丧归，当时仁宗为皇太子监国，命其夺情视事。

还,乃号于天下曰:"本欲终丧,朝命不许。"虽三尺童子,臣知其不信也……枉己者不能直人,忘亲者不能忠君。陛下何取于若人,而起复之也。①

从道理上说,罗伦的这份奏疏是无懈可击的,却犯了一个所有书呆子都容易犯的错误,即将理想和原则等同于现实,要求现实去适应理论,因而将所有与夺情有关的人员包括皇帝均牵扯进去了。见深看过罗伦的奏疏,并没有按惯例将它发到内阁起草答复意见,而是"留中不发",将它压了下来。出于对李贤的敬重,见深不能把这个尴尬事推给李贤,而是自己亲自进行处理。第二天,见深对罗伦的奏疏作了批答:"罗伦狂妄粗疏,难居近侍,吏部其调除外任。"将罗伦贬黜到泉州,为福建市舶司副提举。②

见深认为,罗伦狂妄傲慢,无礼之极,将他赶出北京,不过以示小惩,但也在看李贤的态度。按一般情况,当事人这时应该立即上疏劝解,以表现自己胸怀的博大。但李贤没有这样做,疏他倒是上了,却反复说由于自己能力不行致使招人非议,无疑是在坚定见深贬黜罗伦的决心。吏部尚书王翱用北宋文彦博救唐介的故事为罗伦说情,李贤仍是不让步:"潞公市恩,归怨朝廷,吾不可以效之。"③

李贤的这种态度,并不只是出于对罗伦的报复,而是基于他对江西籍官员的成见,也反映了当时北方籍官员和南方籍官员之间的一种根深蒂固的隔阂。④ 李贤曾经写过一篇很著名的散文《吾乡说》:

---

① 按:陈子龙《明经世文编》卷八四辑录了《扶植纲常疏》的全文,这里摘自《明史》卷一七九《罗伦传》,经《明史》编撰者的加工后,语言精练些。
② 《明宪宗实录》卷三〇,成化二年五月癸酉。
③ 《明史》卷一七九《罗伦传》。
④ 关于这方面的论述,参见业师郑克晟教授的《明代政争探源》一书。

吾乡(河南邓州)地广土肥,民亦竭力其中,而卒无千石之富者,何也?岂上之人侵渔或下之俗侈靡耶?已而觇之,盖非二者之弊,乃贾人歇之耳。吾乡之民朴纯少虑,善农而不善贾。惟不善贾,而四方之贾人归焉,而西江(即江西)来者尤众。岂徒善贾,谲而且智。于是吾人为其劳力而不知也。方春之初,则晓于众曰:"吾有新麦之钱,用者于我手取之。"方夏之初,则白于市曰:"吾有新谷之钱,乏者于我手取之。"凡地之所种者,贾人莫不预时而散息钱。其为利也,不啻倍蓰。奈何吾人略不计焉,一有婚丧庆会之用,辄因其便而取之,逮乎西成,未及入囷,贾人已如数而钦之。由是终岁勤动,其所获者尽为贾人所有矣。[1]

由对江西商人的憎恨发展到对江西籍官员的厌恶。彭时曾记叙天顺时他和李贤为内阁公座的争执。[2]《明史》则说内阁员缺时,陈文以次当及,李贤却向英宗推荐柯潜,后经吏部尚书王翱的劝说,才推陈文入阁,从而引起陈文的不满。罗伦上疏时,内阁大学士为李贤、陈文、彭时三人。陈文、彭时和罗伦都是江西吉安府人,李贤很自然地猜测罗伦上疏是受陈、彭二人的唆使,目的在于排挤自己。虽然在史料上还没有发现直接的证据,但李贤产生这种疑虑是很自然的。不过,陈文为了和李贤搞好关系,在驱逐罗伦问题上却助了李贤一臂之力。[3]

对于官僚集团中的地域性矛盾,刚刚即位两年、不满二十岁的青年皇帝朱见深虽然没有太多的感受,但李贤不喜欢江西人他是知道的,所以替李贤将罗伦弄到福建去和外夷打交道。不过,见深

---

① 李贤:《古穰集》卷九《吾乡说》。
② 参见彭时:《彭文宪公笔记》,详见下文。
③ 《明史》卷一六八《陈文传》。

绝没有想到,罗伦问题竟会在朝野上下引起轩澜大波。

既然罗伦被贬已成定局,也就不再有人直接去碰钉子,但整个社会舆论却对罗伦表示支持。李贤虽然在政治斗争上胜了一着,却在道义上输了一局。他在这年年底的去世,不能说和罗伦事件完全无关。罗伦虽被贬谪,却因此而由原先"名震都下"到"名震天下"。① 李贤死后,商辂入阁,在彭时及新入阁的另一学士刘定之的支持下,劝见深将罗伦调到南京,仍为翰林院修撰,两件事联在一起,人们更确信罗伦的贬谪与李贤的狭隘有关。

一波未平,一波又起。第二年即成化三年十二月,内阁发出一份揭帖,说是明年正月上元节张灯,为增加气氛,让翰林院学士吴节及所属翰林官撰写诗词进奉。揭帖虽是内阁发的,但上元节张灯庆贺天下太平既是传统的习惯,也是见深即位后对两宫皇太后所表示的孝敬。也许是从罗伦论李贤夺情中得到的启示,翰林院编修章懋与同官黄仲昭、庄昶上疏,力陈其非。这三人与罗伦同科,都是成化二年(1466)的进士,又都被选为庶吉士,其中章懋还是会试的第一名。② 与罗伦的"扶植纲常疏"相比,章懋等人的"谏元宵灯火疏"确有吹毛求疵、借题发挥之嫌,但如仅从文字看,旁征博引,一气呵成,与罗伦的奏疏也是一时之瑜亮。疏中说:

> 顷谕臣等撰鳌山烟火诗词,臣等窃议,此必非陛下本怀,或以两宫圣母在上,欲备极孝养奉其欢心耳。然大孝在乎养志,不可徒陈耳目之玩以为养也。今川东未靖,辽左多虞,江西、湖广赤地数千里,万姓嗷嗷,张口待哺,此正陛下宵旰焦劳、两宫母后同忧天下之日。至翰林官以论思为职,鄙俚之言

① 沈德符:《万历野获编补遗》卷二《(词林)乡绅异法》。
② 陆容:《菽园杂记》卷三;沈德符:《万历野获编》卷二〇《(言事)章枫山封事》;《明史》卷一七九《章懋传》《黄仲昭传》《庄昶传》。

岂宜进于君上。伏读宣宗皇帝御制《翰林箴》有言："启沃之言，惟义与仁。尧、舜之道，邹、鲁以陈。"张灯岂尧舜之道，诗词岂仁义之言？若谓烟火细故不足为圣德累，则舜何必不造漆器，禹何必不嗜旨酒，汉文何必不作露台。古帝王慎小谨微必矜细行者，正以欲不可纵，渐不可长也。①

见深对这种胡搅蛮缠的事非常恼火，他认为，元宵张灯，儒臣应制撰诗，历代有之，祖宗以来，也并未废除，"朕今视旧减省，止存其概，以奉两宫圣母，岂至妨政害民！"②本来已经有所节俭，可章懋等人却议论不休，使他觉得欺人太甚，不能轻易宽贷，让锦衣卫校尉将三人拘捕至午门外，各施二十廷杖，打完后分别贬去外地做州县官，驱逐出京。

每当有这类事，科道官总要站出来说话，领头的是刑科给事中毛弘。内阁陈文、彭时也接受上次罗伦事件的教训，不愿再背黑锅，加上章懋等人并没有攻击内阁，于是也行劝解。这时的见深还年轻，气来得快，解得也快，三人尚在道上，便得旨让他们去南京就职，反正不见他们就是了。③ 见深对这两件事尤其是罗伦一事的处理，多少让人觉得有些不明不白，意气用事，加上他又不是那种抓住不放乃至动辄滥杀、株连的暴君，相反，很容易被人说得心慈手软，于是反倒成全了罗伦等人的名节。皇帝越处罚，他们的名气越大，被人称为"翰林四谏"。成化、弘治以后，士大夫议论朝政，激扬飙发，与见深以及他的子孙们这种处事作风应该是有很大关系的。

---

① 《明史》卷一七九《章懋传》。
② 《明宪宗实录》卷四九，成化三年十二月辛丑。
③ 《明史》卷一七九《章懋传》。

二、言官可恼

明朝言官指那些负有"察纠内外百司之官邪"责任的十三道监察御史,和负有"侍从、规谏、补阙、拾遗、稽察六部百司之事"责任的六科给事中。这是明太祖在"上下相维,大小相制"指导思想下建立起来的新的监察系统,也是明代政治制度的一大特色。

监察御史虽然是都察院的属官,职级仅为正七品,却有广泛的监察权,凡各级官员被认为有奸邪、结党、乱政、贪污以及擅作威福、学术不正等等过错,或者皇帝有违祖训及不合礼教的行为,均可不经都御史直接上疏纠举或劝谏,且可以没有事实依据"风闻言事"。给事中分吏、户、礼、兵、刑、工六科,虽说是对本部门的工作进行监督,职级仅从七品(只有各科都给事中为正七品),而实际上,凡"主德阙违,朝政失得,百官贤佞",均可上疏奏闻。科道官还可参与九卿会议及廷推,直接发表对国是的意见。①

见深即位时,根据内阁大学士们的建议,曾多次高姿态地鼓励言官论事,而且经常予以嘉许;但不久就发现,最令他头痛的,便是这些言官。言官论事很有特色,或以个人及某科名义,单独上疏,或由数人乃至数十人及六科十三道联名上疏,有时更台垣争言,南北呼应,造成极大的声势,使受弹劾者无容身之地,当然也经常使皇帝尴尬不已。

见深在位的二十三年中,著名的大臣从内阁李贤、陈文、彭时、商辂到六部都察院王翱、王竑、姚夔、白圭、项忠、李秉、余子俊、王越、马文升,著名的将领如杨信、朱永、赵辅,以及方面大吏韩雍、叶

---

① 参见《明史》卷七三、卷七四《职官志》二、三。

盛、王恕等，没有不受到言官弹劾的。至于被戏称为"万岁阁老"的万安及刘吉、尹直等人，受弹劾更是家常便饭，大学士刘吉还因为耐劾而得了"刘棉花"的绰号。对于这些，见深倒是拿得起放得下，讨厌的是一些言官尽干揭伤疤、抖隐私的事，使人难以下台。

天顺八年（1464）七八月间，见深即位不久，先是立吴氏为皇后，旋即将其废掉。这件事既关系到见深与皇后吴氏及宠妃万氏之间的感情纠葛，也涉及见深与两宫太后在择后问题上的意见分歧，是不愿声张的丑事。将废吴后的事告谕天下，并将太监牛玉贬到南京，都是不得已而为之。但南京刑科五个给事中王徽、王渊、朱宽、李翔、李钧却大放厥词，先攻太监牛玉大肆奸欺，继攻内阁大臣漠不关心，三攻礼部畏权阿附，四攻刑部念旧苟容，最后点名批评大学士李贤"坐视成败，不出一言，党恶欺君，莫此为甚"。而且声称"臣等职居言路，不为苟容，虽死无悔，惟陛下裁察"。[①] 见深不仅恼火他们借题发挥，而且讨厌这种动不动就以身居言路而大包大揽的架势，但实在又抓不住他们奏疏中的错处，只得定了个"妄言邀誉"罪名，打算交刑部问罪。

在京的科道官听说皇帝要处置因上疏言事的南京给事中，一起行动起来，交章论救。这种救法并不去涉及上疏人所谈的问题，而是就言官上疏本身的合法性进行辩护。他们认为，王徽等人职居言路，上疏言事是其职责，太祖高皇帝设置言官，就是让他们对朝廷事务发表意见。况且，王徽等人为刑科给事中，所说的对牛玉的处置不合理，重罪轻罚，也没有超出他们的职责范围，不应以此加罪，否则，大家缄口不言，任凭朝政日紊，国家将成什么样子？

见深在第一次处理言官问题时，便受到外廷的阻止，这才觉得

---

① 《明史》卷一八〇《王徽传》。

事情有些棘手,原来皇帝并不是想干什么就可以干什么,想怎么干就怎么干的。但他也不甘心就此作罢,在内廷宦官们的谋划下,见深命吏部将王徽等人调出南京到边远省份去做州判官。当时在吏部任尚书的是德高望重的王翱。他从景泰四年开始,已经做了十一年的吏部尚书,虽然对见深这一做法不以为然,但深知王徽等人触犯了皇帝的隐私,如果出面干预,则太抹皇帝的面子,只得将王徽等人放到贵州、陕西等省的边州为判官,但王徽等人也因此名气大增。

在这个回合的较量中,见深一方面领略到了处置言官的不易,另一方面也寻找到了对付言官的办法。而且,还专门研究了科道言事的程序和惯例,如果从奏疏内容本身抓不到毛病,便从程序上去挑问题,而且,越到后期,运用得也越熟练。

成化四年(1468)九月,御史胡深与同官陈宏、郑己、何纯、方升、张禄因出现彗星上疏,痛诋大学士商辂及尚书程信、姚夔、马昂,见深认为是求全责备,不予理睬。到第二天早朝时,给事中董曼便将他和同官陈鹤、胡智弹劾商辂等人的奏疏直接送到御前,却不知犯了规矩。按惯例,言官弹劾大臣的奏疏,或者当廷宣读,或者实封进呈。见深当时就挑出董曼等人的错处:"朝廷进退大臣,自有礼体,(董)曼等不循规矩,紊乱朝仪。"①又因胡深等人继续攻击姚夔而将九人一齐下狱。虽经商辂及给事中毛弘等人疏救复官,仍每人廷杖二十。②

户科给事中李森负气敢言。周太后的兄弟周或及见深乳母翊圣夫人刘氏侵占良田,李森率各科给事中上疏抨击;御史谢文祥因

① 《明宪宗实录》卷五八,成化四年九月庚午。
② 《明史》卷一八○《胡深传》。

劾吏部尚书姚夔下狱,李森又与同官疏救。见深对这些均未深究。皇太子祐极死后,皇三子祐樘还秘密由吴废后收养,群臣以为见深没有储嗣,将原因追究到万贵妃专宠,但只是劝皇帝普降恩泽,多接近其他嫔妃,唯独李森点名攻击万贵妃专宠,致使皇上没有子嗣。对这件事,见深十分恼怒,但他学会了不动声色。刚好户科缺都给事中,吏部认为李森当补,便将他的名字列上。见深在这时才进行报复性惩罚,让吏部将李森改为外任,吏部拟李森为福建兴化府知府,见深不许。最后,李森被弄到河南怀庆府去做通判。① 成化十七年(1481)五月,兵科给事中萧显因言事触怒了见深,吏部拟将他调往陕西陇州为同知,见深认为太近,让往贵州贬,结果去了贵州镇宁州做同知。这时贵州的州同知均已裁革,但为了惩罚萧显,也顾不了这许多。②

因上疏言事而得罪的科道官在成化一朝先后有上百人,大多是因为触犯了忌讳而被见深挑毛病、找岔子而处置的。

最令见深伤脑筋的言官,自然是被称为“二弘”的给事中毛弘和丘弘。这二人均来自东南,同为天顺时的进士,一在刑科,一在户科。毛弘是浙江鄞县人,丘弘则是福建上杭人,满口乡音,听来令人发笑,却最爱管闲事。钦天监正谷滨受贿应除名,见深命输赎贬秩;正一真人张元吉杀死人命,按律当斩,见深却命下狱,事均归刑科,毛弘便领头反对;贵戚、僧道侵占民田,宦官进献淫巧玩物,京师闹粮荒而游方僧侣却数以万计,事属户科,丘弘便领头论列。而且,这二弘论事不违规矩,见深一时也抓不到他们的把柄。③

有件事说来也有意思。成化三年(1467)三月商辂重入内阁

----

① 《明史》卷一八〇《李森传》。
② 《明宪宗实录》卷二一五,成化十七年五月戊戌。
③ 《明史》卷一八〇《毛弘传》《丘弘传》。

后,向见深提出勤学、纳谏、储将、防边、省冗官、设社仓、崇先圣号、广选士法等八条建议,其中第二条"纳谏"有这样一段话:"皇上嗣位以来,诏旨叮咛,凡政事得失,民情利病,许诸人直言无隐,此诚帝王之用心。太平之治,其机端在于此,伏望自今以后凡遇建言之人,乞赐优容。所言可用即为施行,如不可用亦不加罪。"要求将成化以来因言事而得罪的官员恢复职务。①商辂是景泰时的大学士,又是大学问家,见深尊重了他的意见,却玩了一个小花招。商辂要求恢复成化以来言事得罪者的职务,见深便将时限定在成化元年以后,于是所谓"翰林四谏"罗伦等得以召回南京,但在天顺八年(1464)得罪的王徽等人却不在这个范围。

毛弘看出了这里面的名堂,便上疏要求将时限定在见深即位以后,这样就包含了王徽等五位给事中。见深知道他们的用意,坚持不肯答应。②所谓胳膊拧不过大腿,这个回合见深赢了。但一年之后,见深为徇母亲周太后之意,命将钱太后和英宗分葬,毛弘便倡言并率领给事中们去文华门前痛哭,逼着见深母子让了步。③

成化二十一年(1485)正月初一,见深和皇太后、皇太子接受了群臣及外国使者的朝贺,宫里宫外喜气洋洋。但到傍晚时分,却发生了一次罕见的天变。人们惊恐地看到,一团火光从天顶偏西处下落,然后化成白气,伴着雷声曲折向上翻腾。过了一会儿,偏西天空出现了一颗碗口大的赤色星体,缓缓向西移动,赤星过处,是一条白色气带,蜿蜒曲折,像一条白色巨蛇穿行在天际。许久之后,赤星和白带才逐渐消失,接着是正西方向轰轰巨响,像是闷雷,

① 《明宪宗实录》卷四三,成化三年六月戊申。
② 《明宪宗实录》卷三四,成化三年六月丁巳。
③ 《明史》卷一八〇《毛弘传》。

又像是地震,令人有天崩地裂之感。①

这场天变引起了包括太后、皇帝在内的朝野上下一片惊慌。正月初三,是宣宗章皇帝的忌辰。见深到奉先殿行了祭礼,并派驸马都尉杨伟往祭景陵,接着便敕谕文武百官:

> 兹者上天垂戒,灾异迭见,岁暮及今正旦,星变有声如雷,朕甚惊惧。天道与人事相为流通,必人事乖违。斯天道不顺,尔文武百官皆与朕共天职者,而五府、六部、都察院、大理寺、通政司堂上官及六科十三道官付托尤重,凡一应弊政及有利于国家生民之事,其各据实陈奏,无所顾忌,朕当采而行之,用回天意。②

言官们无风都要起浪,何况遭此天变,皇帝又下诏求言,哪能放过这个机会?于是纷纷上疏,把火力集中指向社会舆论一致反对的几项秕政,如传奉授官、术士得宠、宦官为非、建言得罪等。当然,这时皇太子已立,见深的儿子也有十来个,万贵妃年事已高,不再发醋,言官也就放过了这些事。见深的本意,是要群臣各自修省,上下齐心,用人事消弭天变,没想到是引火烧身。但既然是自己让别人发表意见,也就不好动辄治罪,不过,遇到机会还是要报复的。他将意见提得尖锐的六十多位官员的名字记了下来,写于宫中的屏风之上,说是直言可贵,实际上是打算一个一个收拾。

这时毛弘和丘弘都已病死,吏科都给事中李俊和御史汪奎成了言官的领袖,不但领衔上疏,而且措辞激烈,不留面子。见深为了表示接受意见,也斥退了几个过于冒头的佞倖,博得"举朝大

---

① 《明史》卷二七《天文志三》。
② 《明宪宗实录》卷二六○,成化二十一年正月丙戌。

悦"。但到五月,李俊便被发往湖广布政司做参议。从品级上看,布政司参议是从四品,都给事中仅为正七品,一下提了三级。而实际上,当时各省均设巡抚都御史和巡按御史,布政司已降格为部门性机关,从二品的布政使得接受正四品巡抚佥都御史的领导和正七品巡按御史的监督。李俊既为都给事中,按当时的惯例,已经有资格升任六部郎中,或为都察院佥都御史,出任巡抚,结果只得了参议,明升暗降。①

汪奎比李俊更惨,见深当时没有和他算账,但过不久,便找到了岔子。有御史在上朝时失仪,汪奎当值,本来应该面奏纠劾,但汪奎不知是因同官关系留了情面,还是当时失职没有注意到,事后才上疏劾奏,见深以其怠职,施以廷杖,随即又将其出为四川夔州府通判。这本来就有些过分,还迁怒于汪奎的侄子御史汪舜民。汪奎受廷杖后,有内侍告诉见深,是汪舜民将其扶回家的,见深暗自恼怒。后汪舜民巡按甘肃,上疏弹劾镇守中官及总兵、参将等武官失机事,并条上边计,一共几十条。见深说他的奏疏与实际情况有出入,贬他去了云南蒙化卫。

在这前后被见深用同样手段处置的还有兵部员外郎彭纲,主事苏章、李旦,给事中卢瑀、秦升、童祝等。彭纲、苏章的罪名是兵部所藏收回的赐外蕃敕书被属吏偷去卖了,而李旦、卢瑀等人都是在吏部上奏考满当迁时贬谪到边远地区。有道是上有政策下有对策,吏部见被贬谪的全是上疏言事者,便采取了保护措施,当那些上疏言事的官员正好考满当迁时,便故意拖着,等见深的气头过后才报上去。通过这种办法,使得一大批言官逃过了见深那种近似顽童儿戏般的报复手段。

---

① 沈德符:《万历野获编》卷一一《(吏部)科道俸满外转》。

成化二年(1466)的进士陆容非常自豪地历数了和他同科的著名人物。那一科共取进士三百五十人,超过其他科五十人左右。从成化二年(1466)到弘治四年(1491)的二十六年中,因为上疏言事被贬被黜及弃官的有一百六十六人,在当时引起人们的普遍关注,认为科举得人,以成化二年丙戌科最盛。陆容列举了其中最著名的几位:罗伦上疏论李贤夺情起复之非,虽然遭到贬谪,但终制的制度因此而建立;章懋等三人谏上元鳌山烟火,陆渊论陈文不应得"庄靖"的谥号,贺钦、胡智、郑己、张进禄劾商辂、姚夔,强珍劾汪直、陈钺,均气节凛然,表表出色。陆容的这种自豪,实际上反映了成化、弘治时士大夫讲究气节的风尚。

虽言官们所说的事、所论的理未必尽善,而且有不少偏颇尖刻,令人难堪,却表现出一种振奋向上的精神。《明史》的作者对此评论说:"御史为朝廷耳目,而给事中典章奏,得争是非于廷陛间,皆号称言路。天顺以后居此职者,振风裁而耻缄默。自天子、大臣、左右近习无不指斥极言。南北交章,连名列署。或遭谴谪,则大臣抗疏论救,以为美谈。顾其时门户未开,名节自励,未尝有承意指于政府、效博噬于权珰,如末季所为者。故其言有当有不当,而其心则公。上者爱国,次亦爱名。"[1]许多史家认为,明朝从成化以后,皇帝不问朝政,内阁倾轧,宦官专权,但国运不衰,正是靠这种士气所维系的。而这种士气的养成,又与见深儿戏般的惩罚和不得要领的宽容有直接关系。

当然,在言官中也有投机取巧者。如御史康永韶,为御史时名声甚佳,因言事得罪,贬为顺昌知县,又调福清、惠安。后来有人向见深推荐,说康永韶懂天文,于是召回北京,授钦天监正,从此变了

---

[1] 《明史》卷一八〇。

一个人,迎合取宠。陕西等处因旱灾饿殍遍野,康永韶竟说正好应星变,是国家的无疆之福。从而得到见深的喜欢,提拔为礼部右侍郎。[①]

三、内批授官

从见深即位的那天开始,大臣们就发现这位新主子性格有些古怪,让人捉摸不透。英宗的一些特点在他那里全然消失,他对东宫旧臣并不给予特别的关照,恰恰相反,仅仅因为王纶在英宗丧期穿了件华丽衣服而产生反感,任凭牛玉将其贬斥;他不喜欢踢球划船等运动,整天窝在宫里读书写字听戏,或和妃嫔们聊天。而且,似乎因童年经历过太多的痛苦和刺激,使他缺乏主宰天下万民所必需的自信,遇事总是迟疑不决。但他毅然不顾群臣的反对,废除刚刚册立一个月的吴皇后,却让群臣刮目相看,这位似乎没有主见的皇帝有时也会一意孤行。

其实,在废吴皇后之前,见深已经表现出了他的这一特点。

天顺八年(1464)二月,见深即位仅一个月,司礼监太监便向吏科传奉圣旨,升司礼监工匠姚旺为文思院副使。[②] 文思院是工部所属的一个掌管制造金银犀玉工巧之物、金彩绘素装钿之饰以及舆辇器服之用的机构,品级很低,大使不过正九品,副使从九品。这里所生产的物事做工精致,构思巧妙,集中了全国各地技艺高超的匠人,姚旺便是其中一位。

《明史》作者对传升姚旺为文思院副使的事十分重视,在《宪

---

① 《明宪宗实录》卷二六四,成化二十一年四月丙辰;《明史》一八〇《康永韶传》。

② 参见《明宪宗实录》卷二,天顺八年二月庚子。

宗本纪》中特书:"始以内批授官。"在《佞幸列传》中又说:"帝践
位甫逾月,即命中官传旨,用工人为文思院副使。自后相继不绝,
一传旨姓名至百十人,时谓之传奉官,文武、僧道滥恩者数千。"但
在当时,却并没有人对这件事给予太多的关注。一来是从九品官
而且是授工匠的官,士大夫不放在心上。二来传奉匠官并不是这
时才有,永乐八年(1410),论营建北京功,就授了二十三名工匠为
营缮所所丞,正九品;正统时营建三大殿,也升过五六个匠人为官。

几天之后,见深又命太监传升太医院御医施全、郑全为本院院
判,金谅、李平、潘瑛加俸二级,樊善名、宫升加俸一级;医士黄瑞、
李瑞、方贤升为御医,沈海为医局副使。这些人虽无起死回生之
术,却是在英宗病重期间出过力的。[1] 但一口气就是十一人,却是
许多年来所没有过的。不过吏科、吏部及其他科道官也还没有回
过神来,因为太医院这个衙门专业性太强,一般专由医家子弟充任
医士、医生、医官,然后根据资历升为御医、院判、院使。见深因他
们为先皇尽力而传升,外官也不好提出疑问。

到成化二年(1466)十月,经过了前两次的试探,见深根据自
己的印象和宦官的推荐,传升尚宝司丞凌敏为司卿、汪容为少卿,
太仆寺寺丞季淳、周庠为光禄寺少卿,中书舍人金溥、王恒、顾本为
光禄寺寺丞,王颐、张祯、夏文振、董序为大理寺左评事,匠人徐瑞
为锦衣卫所镇抚,朱贵为营缮所所丞。[2] 除去两位匠人外,其他的
都是书手出身,有些从宣德时就在宫中办事。

宣宗是位风流倜傥的天子,他精力充沛,机敏强干,又爱好广
泛,喜欢古玩字画、奇花异草。所以他在位期间,既有讨平高煦、征

---

① 《明宪宗实录》卷二,天顺八年二月戊申。
② 《明宪宗实录》卷三五,成化二年十月丁巳。

服三卫的壮举,又有勤于政事、虚心纳谏的美德,但也有逼皇后退位、派宦官采办的劣迹。[1] 明朝景德镇瓷器名扬天下,宣德时又是釉里红和青花瓷的成熟时期,工艺繁多、制作精致,与宣宗的喜好极有关系。他的书画作品在当时也颇为著名,因而宫中常以"中书舍人"的名义养着一批书手画师,既写门帘折扇,也画山水花鸟。

英宗虽然没有这些喜好,但太皇太后张氏及生母皇太后孙氏均虔诚信佛,受其影响,英宗和太监内使们也在宫中设了佛堂,万寿寺(卧佛寺)、妙应寺、明因寺或重加装修,或平地而起;太监王振又出资将元昊天寺修缮一新,改名隆恩寺;李童则集资建了法海寺。[2] 于是,书手画师们便干起了抄写佛经、绘制佛像的行当,与内眷、宦官的关系更密切了一层。既然在宫中办事日久,这些专为皇家及太监们办事的"中书舍人"自然不满足于只是多取经济报酬,也希望有点功名,在仕途上爬得更高一些。于是在正统、天顺间,便有人弄到了尚宝司、光禄寺、太仆寺的职位。

见深没有继承到祖父宣宗机敏强干、勤于政事的为君之道,却承袭了喜欢古玩字画、奇花异草的业余爱好;没有继承到父亲英宗不甘虚耗光阴、遇事希望有所动作的脾性,却承袭了对僧道的虔诚。

万历二十六年(1598)曾在会试中考第一、殿试中考第三的顾起元将他在居官及归隐时的所见所闻编成了一部《客座赘语》,书中记载了见深对书画的喜好及与画师的交情。

顾起元在太仆寺卿卢某家见到过一幅题为"成化十九年御

---

[1] 关于派宦官采办,陆容《菽园杂记》有这样一段评论:"宣德间,朝廷起取花木鸟兽及诸珍异之好,内官接迹道路,骚扰甚矣。自(王)振秉内政,未尝轻差一人出外,十四年间,军民得以休息。"可见其情。

[2] 孙承泽:《天府广纪》卷三八《寺庙》。

笔"并盖了"广运之宝"印章的韩愈画像。画像中的韩愈穿戴着唐代流行的峨冠绿袍,腰束丝带,足蹬马靴,手持玉如意,神仪端庄潇洒,有超凡脱俗之概。顾起元见后,既为画像中的韩愈仪表所倾倒,连称"真天人也";又对见深的画艺表示惊叹:"今人但知宣宗皇帝御画,不知宪宗宸翰之工如此,真人间之瑰宝也。"

既然自己爱画且善画,便有一批画友。有位湖广江夏籍的画家叫吴伟,字次翁,得号"小仙"。他画的山水人物被时人誉为神品,性格则和不少艺术家一样,憨直而爱耍小孩子脾气,一言不合即投砚而去。见深早闻此人大名,经守备南京的成国公朱仪的网罗,召到北京,传升授了个锦衣卫镇抚,待诏仁智殿。吴伟平生好酒,后来竟酗酒而死。皇宫尽有美酒,吴伟自然不肯放过,整天泡在酒中。一次,见深召吴伟作画,但见吴画士醉眼朦胧,蓬头垢面,足蹬一双破皂靴,踉跄而来。见深倒喜欢他这种不修边幅的个性,知道画松是他的绝活,便命画"松风图"。吴伟其时是酒醉心明,乘着酒兴,将墨池撞翻,顺势信手往准备好的画布上涂沫。人们顿时便觉一阵寒气在屏障上的风云中惨惨而生,把个见深惊得拍手赞叹:"真仙人笔也!"

吴伟之类的画师书手与一般的士大夫并不一样,他们与见深不只是君臣关系,而且是半君臣半同好。以吴伟而言,见深隐然将其视为自己的师友,对于他们的一些要求,只要不太过离谱,也不好便行拒绝。而那些擅长经书佛像的画师,更有太后嫔妃及宦官们代为说项,见深向来耳朵软,不忍拂人之意,但如果让吏部去办,多半便被拒绝。既然祖宗已有内批授官的先例,也就学着做了。好在这些人也并不贪求真正做官弄权,不过是混个名声风光而已。既然是这样,而他业余爱好又多,加上虽然个头不小,身体却并不太好,对医巫僧道都有点迷信,因而内批的官越来越多,越来越滥,终于使文官集团忍无可忍,群起而攻之。

据不完全统计,见深在位的最后几年,成化十九年(1483)内批授官三百二十多人,成化二十年(1484)为四百五十多人,二十一年(1485)因发生天变,减少为二百多人,二十二年(1486)又回升为四百多人,二十三年(1487)的前七个月为二百多人,在不到五年的时间里,传奉官至少有一千五百多人。①

这些传奉官主要有八类人:

第一类是工匠出身的匠官。见深内批的第一位传奉官姚旺就是工匠。孝宗继位后,成化二十三年十月,被吏部降职夺秩的匠官有一千三百七十人,其中地位最高的是工部右侍郎蒯钢,他是号称"蒯鲁班"蒯祥的儿子。其次是太仆寺卿杨通和顺天府通判周礼兴。②

这些匠官大多是来自东南各省的工匠。万历时曾任吏部尚书的张瀚说:"今天下财货聚于京师,而半产于东南,放百工技艺之人亦多出于东南,江右(西)为夥,浙(江)、(南)直次之,闽粤又次之。"③他们从永乐以后陆续被征集到北京。北京城内外的各种建筑,都是由他们设计施工的;皇宫内院的各种工艺玩物,也大多出于他们之手。

以成化时最著名的三位匠官蒯祥、陆祥、黎叔林为例。蒯祥是南直隶吴县人,木工技术很好,从正统间营建三大殿开始,在北京服役,各种土木工程他都参加过。官员讲积功,工人讲积劳,蒯祥先是积劳为工部营缮所所丞,后为太仆寺少卿,到天顺时,已为工

---

① 参见《明宪宗实录》卷二三六至卷二九二,成化十九年正月——二十三年七月。

② 《明宪宗实录》卷三,成化二十三年十月丁卯。

③ 张瀚:《松窗梦语》卷四《百工纪》。

部右侍郎。见深即位后,九年考满,升工部右侍郎,食正二品俸;后又考满,因是工匠出身,不能升尚书,于是再加俸,食一品俸。① 陆祥则是南直隶无锡人,为石工中的佼佼者,曾以一寸见方的石块镂刻为水池,池中鱼龙荇藻俱备,也以积劳为工部营缮所所丞,继为工部主事、郎中,直至侍郎。② 黎叔林却是交阯人,其父黎澄善制火器,叔林继承父业,在兵仗局造火器,积劳授官,也做到了工部右侍郎。

这三人虽然不是成化时的传奉官,却是祖宗朝的传奉官,进入仕途之后,纳入吏部任官系统,循资而进。

匠官一般是先传奉为工部文思院、皮作局、鞍辔局、宝源局、颜料局、军器局、染织所、杂造局的大使、副使及营缮所所丞之类正、从九品官,然后再逐步往上升,最高可至工部侍郎。

第二类是医士出身的医官。见深即位后第二批传升的就是这一类。以前医官积劳可升为正八品的御医、正六品的太医院院判及正五品的院使,个别资历深的还可以得到正四品太常寺、太仆寺少卿的官衔,虽享受正四品的俸禄,但仍在太医院办事。成化十一年十二月,见深命太监黄赐传升太医院院使方贤为通政司左通政,虽然也是正四品,但通政司为九卿之一,情况便不相同。③ 方贤在当时以医术高明为人所推,编有《奇效良方》六十九卷。见深身体不好,而且当时只有皇太子祐樘一个儿子,对他来说,方贤等人的医术是非常需要的。

第三类是僧道出身的僧官道官。明太祖自己曾出家为僧,在夺取政权的过程中,曾经得僧道如周癫、张中等人辅助;成祖起兵

① 《明宪宗实录》卷二一三,成化十七年三月辛丑。
② 《明宪宗实录》卷七四,成化五年十二月辛亥。
③ 《明宪宗实录》卷一四八,成化十一年十二月丁未。

的谋主便是僧道衍,又假托得到道家人物真武大帝的帮助。因此,僧、道在明朝有崇高的地位。明太祖设僧录司和道录司掌天下僧道,虽然衙门仅正六品,但龙虎山正一真人却是正二品道士。

见深即位后,第一位被传升的僧道是道士孙道玉,封为真人;而最为著名的则是僧继晓。继晓是江夏人,以传授房中术在楚王府招摇撞骗,得太监梁芳的引荐而进京。见深大概从继晓的传授中尝到一些甜头,传升为僧纲司左觉义;其后又连续传升为右善世,封为"通元翊教广善国师",宫中则称其为"法王"。^① 其他传升为禅师、善世、觉义、真人、高士、正一、演法的僧道不计其数。成化二十三年(1487)十月,被削去称呼、官号的僧人有一百二十人,道士一百三十三人。^②

第四类是西藏等地的番僧。有道是远来的和尚会念经,而成化时期在整个明朝则是番僧最为活跃的一个时期。见深先是传封番僧札巴坚参为"万行庄严功德最胜智慧圆明能仁感应显国光教弘妙大悟法王西天至善金刚普济大智佛",比太祖高皇帝死后的谥号庙号加起来还多十三个字;后又封其徒札实巴、锁南坚参、端竹也失等为国师,赐诰命,而且待遇很高。《明史》说是"服食器用,缙拟王者。出入乘棕舆,卫卒执金吾仗前导,锦衣玉食几千人"。成化二十三年十月革除传奉官时,就包括被封为法王、佛子、国师及喇嘛的番僧共一千二百二十六人。

第五类是非僧非道却懂得一些江湖法术的术士。这些人在传奉官中成分最为复杂,影响也最大。有的是因事贬谪罢黜的官吏。如前文所说的康永韶,本为御史,居官有声,敢于直言,但在因此而

① 《明史》卷三〇七《佞幸列传》;焦竑:《国朝献征录》卷一一七;梁方;何良俊:《四友斋丛说》卷七《史三》。

② 《明孝宗实录》卷三,成化二十三年十月丁卯。

受到打击后,便潜心天象,专谈吉凶祸福,传召为钦天监官,最后传升为礼部右侍郎。① 再如张善吉,本为兵科左给事中,也因上疏言事贬谪为耀州判官,任满待选,吏部一直没有答复,便通过太监高英,将他学来的养生术转告给见深。见深很感兴趣,立即召见,并传升他为兵科都给事中。②

有的是因犯赃罪而仕进无门的吏员,以李孜省最为著名。李孜省是南昌人,以江西布政司吏员赴京待选京职时,在江西贪赃的案子却被揭露出来,于是藏匿在北京,不敢回乡。而见深好方术却是尽人皆知,因法术而得官者大有人在。李孜省也算是人精,等他明白此理后,便潜心钻研“五雷法”,同时贿赂中官梁芳、钱义,通过他们给见深上了符箓。这道符箓自然是应验的,于是被见深传升为太常寺寺丞,后来又传升为通政司右通政、左通政,成为正四品京官。当然,这个通政只是挂名寄俸,并不管通政司的业务。但由于见深赐给他金冠、法剑及两颗印章,许密封奏事,加上李孜省又做过吏员,便开始参与朝政了。③

还有的则是长期流落江湖的游方术士以及天文生等,如邓常恩、赵玉芝、凌中、顾玒等人。这类人传升的官职也五花八门,但最主要是安置在主持祭祀礼乐之事的太常寺,主持祭享、宴劳、酒醴、膳羞之事的光禄寺,主持牧马政令的太仆寺,在朝会、迎宾、吉凶时主持仪礼之事的鸿胪寺及其所属机构。还有负责察天文、定历数及占候、推步之事的钦天监。这些衙门不直接处理国家政务,却掌管着与上天对话的特权,所以也需要那些懂得天文、地理、吉凶、祸福的术士来发挥作用。又由于这些衙门多属礼部掌管,所以有的

---

① 《明史》卷一八〇《康永韶传》。
② 《明宪宗实录》卷二五九,成化二十年十二月甲戌。
③ 《明史》卷三〇七《佞倖列传》。

可以积劳积功为礼部侍郎。当然也有人只得虚衔而不做官的,如河南钧州一位叫米忠的术士,善于黄白吐纳之术,见深内批为四品散官,在原籍闲住。①

第六类是各色有一技之长的儒士、画士、戏子、作家等。上文提到的画家吴伟是其中一位,但见深给了他一个莫名其妙的官,所镇抚,从六品,品级是不算低,御史、给事中才七品;李孜省初授时的太常寺丞也只是正六品,但挂个武职对吴伟这样的文人来说,却是不伦不类。再如郭宗,本是进士出身的刑部主事,因为善于篆刻,传升为尚宝司少卿;但他觉得整天和市人贱子供事,有辱身份,不久竟因悔成疾而死。② 这些人中,既有真才实学者,也有滥竽充数者。有人专门从一些佛道书及小说中搜罗奇闻逸事,标上一个新名,作为自己的文字进献,以博得皇帝和嫔妃们的高兴,如儒士顾经便是这种人物。见深对这方面是不挑剔的,管你三教九流,只要能逗得开心就行,一年可以传升他们三四次。③

当时的大臣和后来研究明史的学者都曾奇怪,见深长年累月不和朝臣接触,在宫中干什么? 其实他的乐趣多得很,不仅读书绘画,还看戏听歌。沈德符说:"伶官之盛,莫过正德;道流之盛,莫过嘉靖。然成化间已滥觞矣。"④见深在宫中就养了不少伶官,著名的如那位使汪真倒霉的阿丑等。这各色人才一般是先传升为中书舍人,然后再积劳、积功为光禄寺、尚宝司、鸿胪寺的带俸及实授官员,如乐舞生出身的李希安更积劳、积功做到了礼部尚书、经筵

---

① 《明宪宗实录》卷二八九,成化二十三年四月庚寅。
② 《明宪宗实录》卷二三八,成化十九年三月戊戌。
③ 《明宪宗实录》卷一五八,成化十二年十月乙巳。
④ 《万历野获编》卷二七《(释道)乐工道士之横》。

侍班。① 至于吴伟传升为锦衣卫所镇抚,就其本身说是可笑的,但在见深却是一种特殊的关照。邵贵妃得宠时,她的弟弟邵安、邵喜开始也不过是传升为锦衣卫百户。②

第七类,也是最有后台的一类,是宦官、贵戚、功臣子弟出身的锦衣卫官。他们包括,万贵妃的兄弟万喜、万通、万达及其子侄辈,邵贵妃的兄弟邵安、邵喜,见深的乳母翊圣夫人刘氏之子季通,恭圣夫人某氏之子胡恭、胡真③,太监梁芳、高义、黄赐、李瑾、黄顺、廖屏、黄琳、廖恭等人的弟、侄、亲属,还有像吴伟一类的文士以及靠告密、栽赃、敲诈勒索、装神弄鬼而得到东厂、锦衣卫信任,当然最后还得到见深赏识的社会上的无赖和恶少。其中影响最大的则是王臣(详见第七章)。另外,文思院的匠官们也往往可得锦衣卫的镇抚、百户等官④。

第八类则是在职及罢免的文武官员。在这些官员中,有的是因为走了当权太监的路子,有的则完全是见深的恶作剧。

如四川富顺知县孙瑀,因贪虐害民,巡抚都御史汪浩让按察司逮问。孙瑀惧罪亡命,逃至京城,一面买通在京的富顺县人,让他们上疏请留,一面向内官行贿,请求疏通。这时吏部已经任命官员取代孙瑀,见深既见县民请留疏,又见内官为其求情,稀里糊涂便予批复:"孙瑀即令复任,以慰民心。"命下之日,尽管"士论骇之",孙瑀还是得意而归。⑤ 再如沂州知州朱义,在太监梁芳开矿山东时,趋迎卖力,经梁芳的美言,见深内批升为南京工部郎中。

① 《明宪宗实录》卷五一,成化四年二月戊戌、辛亥。
② 《明宪宗实录》卷二三八,成化十九年三月戊戌。
③ 《弇山堂别集》卷九《乳母录文荫》。
④ 《弇山堂别集》卷九《文臣改武》。
⑤ 《明宪宗实录》卷三五,成化二年十月乙丑。

而在成化十三年(1477)四月,正当科道官对传奉官进行猛烈抨击时,见深心血来潮,以《续资治通鉴纲目》修成为由,写了一条"手敕",命太子少保吏部尚书文渊阁大学士商辂兼谨身殿大学士,加户部尚书兼翰林院学士万安太子少保衔,升吏部左侍郎刘珝、礼部左侍郎刘吉为本部尚书,仍兼学士,另外,还加封了所有参与此事的官员。[①] 于是便成了一团稀泥,内批授官人人有份。

　　当然,不管哪一类的传奉官,首先是要走通宦官的路子,或者要得到像李孜省之类的同道的引荐;其次还要有些真功夫。如太医院的方贤,以及开始在营缮所后来做到工部侍郎的蒯祥、陆祥,涂墨立成"松风图"的吴伟,乃至至少可以称得上是魔术师的李孜省、王臣,哪一个不是身怀绝技? 便是那些拼凑小说、语录供见深及嫔妃、太后们消遣取乐的无聊文人,也总得要不断玩出新名堂、新花样。

　　但是,由于以下几个方面的原因,致使传奉官受到社会舆论尤其是作为外廷文官集团喉舌的言官的猛烈抨击。

　　其一,皇帝内批、宦官传旨便委任提升官员的做法,严重破坏了已经形成的由吏部掌管的官员任免制度,助长了走门路、通关节的腐败风气。

　　其二,明太祖早在洪武三年(1370)初开科举时就宣布:"中外文臣皆由科举而进,非科举者毋得官。"[②]虽然后来有所谓"三途并用",除进士、举贡外,还有"杂流"一途,但他们只能充当各衙门的首领官及属官。如工部所属营缮所、文思院官,礼部所属的教坊司官等,以及在诸如太医院、钦天监、道录司、僧录司之类专业性较强

---

　　① 《明宪宗实录》卷一六五,成化十二年四月乙巳。
　　② 《明太祖实录》卷五二,洪武三年五月己亥。

而又无关政事的衙门供职。但见深却将大量包括画师、术士、工人、吏员、通事等在内的杂流人员内批为通政使、太常卿、鸿胪卿、太仆卿乃至礼部、工部侍郎、尚书，虽说只是挂衔领俸而不管实事，却是对进士正途的严重冲击，使得朝廷的爵禄变得庸俗而混乱起来。而且，自成化十五年（1479）李孜省为太常寺丞并许密封言事之后，传奉官开始参与朝政。自成化二十年（1484）八月，传升术士工部司务高凤为都水司员外郎后，传奉官开始进入部曹实质性政务衙门。

其三，尽管传奉官中有不少不可或缺的技术人才，但绝大部分却是三教九流的旁门左道之士。即使是那些有真才实学的，在士大夫们看来，也只是为皇帝和宦官服务，与国计民生并无关系，恰恰相反，却大肆挥霍财富，导致内库空虚、民间骚动。

其四，尤为严重的是，由于传奉官多因走宦官的路子而得以飞黄腾达，因而自然和宦官沆瀣一气，互为表里，以奇淫怪术诱导皇帝，使他不问朝政，专事淫乐。

何良俊《四友斋丛说》有这样一段话："太监梁芳进淫巧以荡上心，收买奇玩，引用方术，以录呈异书为名，由缘传旨为官，已官者辄加超擢，不择儒、吏、兵、民、工、贾、囚、奴，至有脱白除太常卿者，名曰传奉官，多至数千人。而僧道乐工之躐其侪者，又不足数。"何良俊所说的"脱白除太常卿者"指的是李孜省。而沈德符《万历野获编》则说："传奉官莫盛于成化间，盖李孜省等为之。"

他们都奉行一个宗旨，皇帝是好的。但内批授官的正是作为皇帝的见深，虽说僧道术士先是由宦官引荐而后是相互提携，但主意却是见深自己拿的。不过，何良俊、沈德符却说出了一个基本事实，那就是传奉官的真正泛滥，确实是从梁芳引进李孜省、见深内批其为太常寺寺丞开始，而外廷文官集团对传奉官的集中抨击，也正是从李孜省开始的。

成化十五年（1479）四月初一，见深在实验了李孜省所上的符录之后，命太监李荣传升他为太常寺寺丞。对见深来说，这已是家常便饭了。身为一国之君，万民之主，他从即位后的一个月开始，便写条子授官，虽然外面纷纷扬扬，说这个不是，那个不该，但言者自言，行者自行，见深没有理睬那一套。等到说多了，他便停一段时间，或者批出条子升几个官员们都认为不错的臣子的官职，以封住他们的口。这一招果然奏效，批评意见也就少了一些。

但见深没有想到，升李孜省的圣旨刚刚下到吏部，监察御史杨守随便领着同官上了一份他不能不予理睬却又无法驳回的奏疏：

> 自古帝王之御天下，施政必由乎旧章，用人必先于表行。盖政由旧章而后人知遵守，士修素行而后官能称职，是以奸伪自止，流品不杂。我祖亲鼎定天下，凡百政事，无不立为定法，垂训后世。如官人也，或由进士，或由吏员，或因才干出身，皆有一定之资格。如祭祀也，罪人不容供事，刑官不令省牲，疾病刑丧不容陪礼，皆有一定典则。盖酌古准今，历万世而不可易者。近太常寺寺丞员缺，皇上特命听选官李孜省升补。孜省先充布政司吏，枉法受赂，事觉逃匿来京，实为未结之囚，于例不宜出入坛庙，以供祀事。且其出身资格止该八品，纵无前罪，应合选用，自有一定资格，于例不宜超越四级，聚迁在京堂上。命下之日，士论沸腾，用此等奸狡赃秽罪人奉事天地宗庙，赫赫之灵，非徒不能昭格，反为亵渎，伏望皇上追回成命，或明正其罪，或罢归田里。①

杨守随等人的奏疏并不像以前科道官抨击传奉官那样泛泛而

---

① 《明宪宗实录》卷一八九，成化十五年四月癸卯。

论,也不扩大打击面,只是反复阐述祖宗在任用官员问题上的旧制和成例,不留把柄,同时集中火力论传升李孜省为太常寺寺丞的不合理。接着吏科给事中李俊又领着六科言官上疏,认为"(李)孜省本赃吏,不宜玷清班,奉郊庙百神祀"。① 见深眼看北京的科道出来说话了,南京的科道不久或许也会有所动作,干脆先退一步。既然杨守随、李俊都说李孜省不应参与祭祀,见深便将他改为上林苑监左监副,也是正六品,至于说依出身资格止该八品,见深则不予理睬,人尽其才,八品六品还不是为君的一句话!但对于科道官来说,能将李孜省由太常寺拉到上林苑监,也已是多年来疏论传奉官所取得的第一个胜利。皇帝能够改一改,算是给了面子,也不便再在六品八品之间讨价还价了。

虽然如此,见深将李孜省放到上林苑监不过是敷衍舆论,而李孜省令见深赞叹不已的法术却仍是步步高升的本钱,不到两年,便做了通政司右通政。虽然只是寄俸,却在通政司玩弄权术,将一位进士出身的同官王录挤到太仆寺去做少卿。见李孜省这般有能耐,连其他几位懂法术的传奉官邓常恩、赵玉芝、凌中、顾玒及僧继晓也甘拜下风,他们相互倚仗,配合默契,把个近年来身体一直不太好却又想求得长生的见深迷得如醉如痴。到成化十九年,又进李孜省为左通政,邓常恩、赵玉芝等做了太常卿,顾的两个儿子顾经、顾纶也传升做了太常少卿。

皇帝如此胡来,言官又出来说话了。

成化十九年(1483)十二月二十五日,见深同时收到以吏科都给事中王瑞领衔的六科给事中及以张稷领衔的十三道监察御史的上疏,便觉事情有些蹊跷,等到一看奏疏的题头,知道又是一次抨

---

① 《明史》卷一八〇《李俊传》。

击传奉官的联合行动。在这之前,巡抚陕西都御史郑时曾经上疏论梁芳引荐术士、败坏纲常,被见深贬为贵州参政。后来听说郑时离任之日,陕西百姓哭泣送行,如失父母,见深也有些后悔,斥退了十来个传奉官,并将其中六个民愤较大的逮捕入狱。又诏谕吏部,以后凡有传旨授官,均应复奏,实际上也觉得传奉官太多太滥说不过去。但事隔不久,又旧态复萌。如今见到科道上疏,倒要看看说些什么。

王瑞等人在疏中说道:"祖宗设官有定员,初无倖进之路,近始有纳粟冠带之制,然止荣其身,不任以职。今倖门大开,鬻贩如市。恩典内降,遍及吏胥。武阶荫袭,下逮白丁。或选期未至,超越官资;或外任杂流,骤迁京职。以至厮养贱夫、市井童稚,皆及攀援,妄窃名器,逾滥至此,有识寒心。伏睹英庙复辟,景泰倖用者卒皆罢斥,陛下临御,天顺冒功者一切革除。乞断自宸衷,悉皆斥汰,以存国体。"①

说得倒是轻巧,"悉皆斥汰",那景泰皇帝和先皇英宗在世时为何不悉皆斥汰? 真是不知轻重。再看张稷等人的奏疏,与王瑞大同小异,但措辞更为尖锐,而且对皇帝进行质问:"比来末流贱伎妄厕公卿,屠狗贩缯滥居清要。文职有未识一丁,武阶亦未挟一矢。白徒骤贵,间岁频迁。或父子并坐一堂,或兄弟分踞各署。甚有军匠逃匿,易姓进身;官吏犯赃,隐罪希宠。一日而数十人得官,一署而数百人寄俸。自古以来,有如是之政令否也?"

对于王瑞,见深是有印象的。一次在文华殿视事,王瑞曾挑头攻击万贵妃,说"内宠滋甚",见深十分恼怒,厉声斥责,别的官员

---

① 《明史》卷一八〇《王瑞传》;另见《明宪宗实录》卷二四七,成化十九年十二月甲申。

吓得不敢吭气,这王瑞却毫无惧色。见深还记得,因为王瑞上疏纷扰,曾打过他二十廷杖。这是个不怕事的角色。对于张稷,却不知何人。事过多年,这王瑞还是这样目无君父,此风不可长。见深将这两个奏疏批了下去:"(王)瑞等所言事,朝廷自有处分。自今仍有奏扰,希求进用者,必罪之。"事情还没有做出处分,先将言官批了一通。① 在见深看来,言官虽然职居言路,但有多少事不好说,偏偏挑这一桩。你说别人是末流贱技,可这些贱技你们可会? 这些话自然是不能向外说,祖宗法度便是护着文官的。

虽然如此,见深又觉有些不妥,为了避免言官们再行骚扰,得有些表示。于是,在王瑞、张稷等人上疏后的第三天,见深让太监覃昌传下一道圣旨,降传奉官于宝、凌中为太常寺丞,邬存敬为中书舍人,李孜省也被降为通政司左参议,但均仍旧办事。另外刘珣、周琏等九人削职,各回原籍原卫应役,"不许在京潜住"。科道官们日前被见深骂了一通,正在筹划再次上疏,却又得到这条诏旨,不禁喜出望外,据说是命下之日,"朝市翕然称快"。②

但见深并没有让"朝市"高兴多久,便恢复了李孜省左通政的职务,凌中、于宝诸人也一一官复原职。朝臣们这才发现,皇帝前此贬谪李孜省等,只是"借以塞中外之望,(李)孜省宠固未尝替也"。③

成化二十一年(1485)正月初一发生的星变,使文官集团进一步确信宦官弄权及传奉官问题不解决,将危及整个皇朝的统治。见深为星变而下的求言诏,使文官集团有机会发起对传奉官更为猛烈的攻击。

① 《明宪宗实录》卷二四七,成化十九年十二月甲申。
② 《明宪宗实录》卷二四七,成化十九年十二月丙戌。
③ 《明史》卷三〇七《佞幸列传》。

从正月初三见深下诏命群臣直言,三天之内,便收到吏、户、礼、兵、刑、工六部,都察院、通政司、大理寺诸衙门及六科给事中、十三道监察御史的言事疏十一封,论事六十五桩。见深这次倒真是被星变吓住,亲自对所有奏疏一一作了批答。

吏部尚书尹旻等在疏中说,在京文职官原额外增多以及传奉升授写经儒士、匠官等通计二千多人,请如正统四年(1439)放还冗官例,均记名放回原籍,待缺取用;匠官则留其技术高超者,其余均予裁革。尹旻虽说也是一时之选,但做了十多年尚书,锐气早已磨去,加上与宦官梁芳、韦兴及术士顾珏、凌中等也有一些瓜葛,故论事注意分寸,不挑过于敏感的问题,传奉官也只涉及那些最下层的。所以见深对此表示满意,批道:"传奉文官除勋戚、功升、荫授录用不革外,其余如所奏。"

礼部尚书周洪谟等人则论及僧道,当时京师的大慈恩寺、大能仁寺、大隆善寺称三大护国寺,番僧有一千多人,法王七人,国师、禅师数十人;另外道录司有善世以下九十八人,教坊司官五十多人,耗费钱粮,数目甚大。其余兵部尚书张鹏、右都御史朱英等人也都委婉提到传奉官问题,见深都作了批答。

令人难堪的仍然是科道。但领头的不是王瑞、张稷,而是李俊、汪奎。汪奎和罗伦、章懋是同科进士,但因在浙江秀水做知县,后来才擢为御史,没干什么惊天动地之事,故名气远不如罗、章等人,见深对他并不熟悉。而李俊的名字一出来,见深便觉得有些头痛。成化十五年(1479)传升李孜省为太常寺丞时,领着科道官闹事的便是杨守随和这李俊。后来,见深利用辽东的一件事,命锦衣卫校尉将李俊及另外二十七名给事中、二十九名御史打了一顿板子,以杀杀言官的气焰。从那以后,李俊露面的次数少了,见深以为他有所收敛,没想到这次又冒头了。

李俊等人的奏疏点名抨击了宦官梁芳、韦兴、陈喜,部、寺大臣殷谦、张鹏、李本等,以及传奉官方士李孜省、邓常恩和僧继晓。其论传奉官说:

> 夫爵以待有德,赏以待有功也。今或无故而爵一庸流,或无功而赏一贵倖。祈雨雪者得美官,进金宝者射厚利。方土献炼服之书,伶人奏蔓延之戏,掾史晋徒皆叨官禄,俳优僧道亦玷班资。一岁而传奉或至千人,数岁而数千人矣。数千人之禄,岁以数十万计。是皆国之命脉,民之脂膏,可以养贤士,可以活饥民,诚可惜也。方士道流如左通政李孜省、太常卿邓常恩辈,尤为诞妄,此招天变之甚者。乞尽罢传奉之官,毋令汗玷朝列,则爵赏不滥而天意可回矣。①

他们还将国家比作人身:"人主,元首也;大臣,股肱也;谏官,耳目也;京师,腹心也;藩郡,躯干也。"认为大臣不职则股肱痿痹,谏官缄默则耳目堵塞,京师不安则腹心受害,藩郡不宁则躯干削弱。如果这样,元首安得宴然? 他们知道皇帝的脾性,说归说,做归做,惯于敷衍,所以一步压着一步,要求见深"听言必行,事天以实",以圣贤之经代方士之书,以文学之臣代法术之士。只有这样,才能手足便利,耳目聪明,腹心安泰,躯干强健,"元首于是乎大明矣"!②

但见深的感觉和李俊等人的说法恰恰相反,一和文学之士交谈,一翻圣贤之书,他便觉得心烦意乱,耳目呆滞,浑身没劲;只有看小说杂记以及吐纳术、房中术诸书,只有经万贵妃按摩揉擦,只有和医师、术士、伶优逗趣,他才感到心旷神怡,耳聪目明,精力倍增。只是天象示警,舆论汹汹,使他不得不疑心与自己的这些所作

---

① 《明史》卷一八○《李俊传》;又参见《明宪宗实录》卷二六○,成化二十一年正月己丑。
② 《明史》卷一八○《李俊传》。

所为有关。而近侍梁芳、韦兴，术士李孜省、邓常恩等人，乃至已经年近花甲的宠妃万氏，也被天变弄得狐疑不定，他们害怕上天的惩罚，因为他们玩的把戏自己更清楚。就在前两天，梁芳及僧继晓已经劝见深将言事被贬谪的刑部员外郎林俊和都督府经历张黻复职。如今见李俊上疏，不仅见深有所触动，连梁芳、李孜省也不敢再作辩解。这也是所谓邪不压正，其实是传统的道德观念在这时又占了上风。

鉴于这些原因，见深第一次爽快地给了六科言官以答复："李孜省降上林监左监丞，邓常恩本寺（太常寺）寺丞，继晓革去国师为民，令巡按御史追取护敕诰命，其余（传奉官）已处分矣。"虽然李、邓二人仍留在京师，但毕竟降职，继晓则一削到底。当然至于梁芳他们这些内官，见深既离不开，万贵妃也还得借他们去满足自己的物质欲望，故见深只是轻描淡写地说了一句："姑已之。"言官们也感到没有必要穷追猛打，以免激怒见深，事情反而糟糕。

对汪奎等十三道御史措辞更为激烈的意见，见深也耐着性子一件一件给予批答。

吏部和兵部抓住这个时机，对传奉官进行裁革。除勋戚、功升、荫授外，吏部列出了五百一十四人，兵部列出了五百零三人，见深在武职中点留了三百九十四人，在文职中点留了六十一人，李孜省、赵玉芝等都在其中。

自从李贤死后，见深还从来没有如此向文官们低头。作为皇帝，他和他的父亲英宗、叔父景帝、祖父宣宗已全然不同，更不要说太祖、太宗了。祖宗们做皇帝都把国事放在第一位，父亲英宗虽然错误决策，但即便是在土木之变中丧生，也是为社稷捐躯。而他朱见深，却将国事当成苦不堪言的额外负担，如果事事都要自己做主，还要那班文官武将干什么？

见深对于他认为的内事和外事是分得比较清楚的。除了曾用汪直侦刺群臣外，他对内阁、五府、六部及各省政务是不太干预的，也没有让梁芳、李孜省他们去干预军国大事。但他也希望外廷不要管他的私事。他用的传奉官，都是为他自己和后宫嫔妃们服务的，他们可以想出各种法门让他和后妃们开心，可以弄到各种奇巧古玩让他和后妃们惊讶。而这些却是古板的文官们不允许的，要进行干预和阻挠。在这些事情上，似乎位置颠倒了，不是皇帝管臣子，却是臣子管皇帝。

　　星变总不是天天都有的。随着正月初一那道巨蛇般的白带和碗口大的赤星的一去不回，见深和他的宠臣们也慢慢从星变的惊惧中回过神来。三四月间，昔日领头闹事，如今掌管着钦天监观察天象和测察吉凶的太常寺少卿康永韶则将见深心头的余悸彻底抹去。康永韶说："今春星变，当有大灾。赖陕西等处，民多饥死，足应此变。此诚国家无疆之福，无他虑矣。"当年杨守随说得真是有道理，"君为盂，臣为水"，也只是见深这样的糊涂皇帝，才会有康永韶这样无聊的臣子，这些放在洪武、永乐乃至洪熙、宣德都要杀头的言论，竟然使见深高兴得不得了。弄些传奉官有甚要紧，不就是星变吗？死一些百姓也就是了。那边才刚刚罢黜一些传奉官，这边又立即传升康永韶为礼部右侍郎，将还沉浸在初战告捷的外廷官员们惊得瞠目结舌。

　　当年十月，李孜省官复原职，不久，又经通政使而为礼部右侍郎，比以往更威风了。李孜省过去还是夹着尾巴做人，唯恐文官们对他进行弹劾，既然夹着尾巴仍是躲不过，三次被贬谪，幸亏皇帝恩宠不减，三次又爬了上来，而且一次比一次高，便干脆公开和文官们作对。主事张吉、员外郎彭纲、顺天府丞杨守随、太子洗马罗璟、江西巡抚闵珪，乃至兵部尚书马文升、吏部尚书尹旻及儿子尹龙，只要是过去得罪过他的，一一进行排挤。但他也很有策略，翰林学士杨守随、倪岳，少詹事刘健，都御史余子俊、李敏等人们公认的著名人物，他也密封推荐。对于这些人物，见深早有所闻，更觉李孜省忠心为国。至于纷纷扰扰的言官，自有见深一个一个进行收拾。文官们这时只有招架之功，全无还手之力。

幸亏没折腾多久，见深便去世了，文官们一个反击，传奉官便全线崩溃。李孜省、邓常恩、赵玉芝等人均下锦衣卫狱，免死戍边。李孜省因不胜拷掠，死在狱中。外廷文官取得了对传奉官的彻底胜利。

但悲剧也同时发生，传奉官中那些真正的专业技术人员匠官、医官、钦天监官也一股脑被裁革。就在士大夫们欢呼雀跃之际，已有人发表不同看法。陆容说："钦天监官例不致仕，老死而后已。天文生由科目出仕者，只于本衙门任用，不令出任府州县官，盖有深意存焉。太医院官无考满依资格升职者，盖此流医药有效，则奉特旨升官故也。近年吏部考察京职，钦天监官年六十以上者，俱勒令休致，罢革传奉冗官，则太医院官皆在其列。计无辩出，则请旨去留，由是权移他手，而贤否混杀矣。"[①]弘治初裁革传奉官，便如陆言所说，不问青红皂白，只要"非我族类"，非读书正道出身者均予裁革。就像中国历史上曾经反复发生过的那样，儒家正统学说在维护独尊、排斥异己时，同时又一次对真正的科学进行了打击。

四、朝臣倾轧

尽管在传奉官问题上朝臣表现得同仇敌忾，但一涉及自身的

---

① 《菽园杂记》卷九。

利益,却常常相互倾轧。见深对此有时是清醒的,有时却稀里糊涂充当了构陷者的工具。但有时也很开心,因为这样一来,官员们就无暇管他的私事了,而他则可以冷眼看他们的笑话。

见深刚即位,便发生了典玺局局丞王纶和翰林院侍读学士钱溥结党的事情。结果王纶降内使发南京闲住,钱溥外降为广东顺德知县。相关人员尚宝司丞朱奎降盐课司副提举,晋州知州邹和降云南澜沧卫经历。受此牵连,凡与钱溥、王纶来往密切以及供词涉及的人员,均受处分。

文职中兵部右侍郎韩雍降为浙江左参政,顺天府尹王福降两浙盐运使,治中丘晟调福州府同知,通政司右参议赵昂降为江西瑞州府同知,武官南宁伯毛荣、都督马良谪广西,都督冯宗、刘聚谪广东,各听本处总兵官调遣;锦衣卫掌卫事都指挥同知门达,指挥同知郭英、陈纲,指挥金事吕贵均调贵州边卫,带俸差操。[1]

不久,又发生了废立皇后的闹剧,牛玉因此而得罪。接着,便有南京刑科给事中王徽等人疏劾牛玉,同时认为内阁李贤等人"党恶欺君",被贬为边州判官。发生这些事时,见深年纪还轻,实际上是由内阁大学士李贤、陈文进行处理的。随着阅历的逐步增加,见深也渐渐悟出一些道理来。原来那位受自己尊敬和爱戴,而且对自己继承皇位立过大功的顾命大臣李贤也干过排斥异己的事情。

作为政治家,李贤在整个明朝中期都算是出类拔萃的。《明史》载:"英宗之复辟也,当师旅饥馑之余,民气未复,权奸内讧,柱石倾移,朝野多故,时事亦孔棘矣。李贤以一身措柱其间,沛然若有余。奖励人材,振饬纲纪,迨宪、孝之世,名臣相望,犹多(李)贤

---

① 《明宪宗实录》卷一,天顺八年正月壬午。

所拔,伟哉宰相之才也。"考察李贤一生的政绩,《明史》的这一评价是恰如其分的。

但也正因为独力支撑,李贤便不愿让他人影响他在内阁中的地位。彭时曾记载他和李贤就内阁设立公座而发生的一场争执:

> 李公(贤)自吏部进(内阁),以傍坐不安,令人……设公座。予争之曰:"不可,闻宣德初年圣驾至此坐,旧不设公座,得非以此耶?"……李词气稍不平,曰:"假使为文渊阁大学士,岂不正坐?乌有居是官而不正其位乎?"予曰:"正位在外衙门则可,在内决不可。如欲正位,则华盖、谨身、武英诸殿大学士将如何耶?"李公方语塞。①

虽然公座没有设成,却可见这位内阁首辅当仁不让的个性。所以在天顺七年(1463),当另一阁臣吕原病死后,李贤放着资历较深的陈文不用,却推荐了翰林学士柯潜。因为他知道陈文也是一位个性极强,而且历任中外、不好对付的人物。柯潜则是个学问家,舞文弄墨在行,处理行政事务的能力却有限。②

见深即位后,李贤、陈文因担心钱溥以东宫旧臣入阁,借王纶事将其贬往顺德。兵部清理军伍缺官,兵部尚书王竑等人会举在天顺时曾经入阁的翰林院修撰岳正和都给事中张宁,却被李贤利用票拟之便,双双发往福建,岳正为兴化知府,张宁为汀州知府,同时废除大臣推举之例。岳、张二人在当时呼声都很高,但岳正任事敢言,不甘人下,李贤既烦他无所顾忌,又担心日后不好与他共事;至于张宁,则在王徽劾李贤得罪后率六科给事中上疏论救,又推荐叶盛入阁,从而得罪了李贤。为此,兵部对李贤表示出极大的愤

---

① 彭时:《彭文宪公笔记》。
② 按:由于吏部尚书王翱的反对,仍是陈文入了内阁。参见《明史》卷一六八《陈文传》。

慨,尚书王竑当即引疾求退。

叶盛在景泰、天顺间也是一位杰出人物,初为兵科给事中,继为都给事中,景泰时凡六科联署上疏,都以叶盛和吏科都给事中林聪为首。当时刚遭兵变,军务丛脞,叶盛既领兵科,遇廷臣议事,总是率先发言,反复论难,故而引起了一些当权者的不满。当时于谦卓然独立,晋爵少保,人称"于少保",于是便有人戏称叶盛为"叶少保"。但对于叶盛的见识和才干,却是公认的。后又督饷宣府、巡抚两广,所至均政绩斐然。见深继位后,给事中张宁等推举叶盛入阁,李贤则予以搁置,而且在给新任广东巡抚韩雍的敕谕中写上一句:"无若叶盛之杀降也。"①

李贤的这些做法,一定程度上造成了天顺、成化以后内阁成员出身的资格化。天顺时的内阁,是李贤加彭时、吕原,除李贤自己历事内外,由部臣而为阁臣外,彭时、吕原都是翰林院出身。吕原死后,李贤又打算让翰林学士柯潜入内阁,却因老资格的吏部尚书王翱的干预而用了陈文,这本是不得已之举,如果又加上一个叶盛,内阁很可能便是三足鼎立。因此,李贤宁愿引进一位只会写漂亮文章的刘定之,也不要那位会办漂亮事的"叶少保"。李贤的权宜之计被继承者彭时、商辂奉为原则,从此以后,除嘉靖时的杨一清、张璁等人之外,明朝的内阁成了翰林内阁,严格说来,成了一甲进士和庶吉士的内阁。

由于见深的极力维护,加上李贤柄政期间,也确实使得国家秩序走上轨道,所以在生前和死后一段时间很少有人对他进行批评,但社会舆论对他却颇有看法。马晋允评论说:"李文达(贤)贤相也,其立朝,兴利去弊,竭志尽诚,多可嘉者。独其斥张宁,沮叶盛,

---

① 《明史》卷一七七《叶盛传》;又参见《水东日记》。

不救王徽、王渊,不用岳正,遂使直道不合于时,正士不究其用,君子讥焉。岂报复忌能之心犹不能忘,而长厚集善有所未尽乎?"①

到成化九年(1473)五月,南京翰林院署院事侍讲陈秉中因丁忧离任,缺掌院学士。按旧制,翰林院官的任命,先由吏部报上缺额,再由内阁推荐本院资格合适者。大学士彭时等因四名学士和两名侍讲正在充经筵讲官,请于年资较深的修撰中选用。出乎众人的意料之外,见深内批天顺八年(1464)被贬往顺德、旋即致仕的前翰林院侍讲学士钱溥往南京翰林院管事。这一举动,其实是在翻九年前由李贤定下的旧案。

见深的这一决定,遭到了科道官的反对,他们认为钱溥仅能摆弄词章,全无实学,虽然在天顺时累承异宠,却不顾清议,下不能正己,上不能忠君,没有从重治罪,便是恩典,决不能又让他官复原职。但见深显然认为科道带有偏见,实际上是认为李贤当时处置钱溥本已不当,因而驳回了科道的意见,让钱溥速往南京赴任。钱溥从谪所赴南京时路过江西,江西布政使翁世资作诗相赠,在序中提到英宗复辟后的一桩往事。钱溥对夺门很是不满,私下和兵部尚书陈汝言说:"方今论功行赏,殆灭虚日,而母后的徽号却一直无人顾及,岂不是有缺礼典?"陈汝言当即将钱溥的意见转告英宗,得到英宗的赞许。钱溥在天顺时受到"异宠"并辅导皇太子,大概就是因为这件事。至于钱溥的顺德之行,翁世资认为是"为权贵所挤",虽然没有点名,但暗指李贤则是不言而喻的。据翁世资说,见深在经筵讲学时发现没有钱溥,便向吏部官追问,才知早已贬往顺德,于是才有召赴南京之命。陆容以翁世资诗序中的故事请教曾在内阁做过中书舍人的礼部侍郎谢宇。谢宇认为序中所

---

① 谈迁:《国榷》卷三四。

记成化时的事情失实。但不管出于何种原因,见深起用钱溥本身就表现出对已故大学士李贤处理这件事情的不满。

由于李贤的威望和才干,所以尽管有某些报复忌能之举,仍然保持内阁乃至整个文官集团的稳定和团结。而到彭时、商辂相继去世、去位,万安、刘珝、刘吉入值内阁,这种稳定和团结便无法维持了。

万安和二刘都是正统十三年(1448)的二甲进士,改庶吉士,又同时授翰林院编修。由于万安与宦官李永昌的养子李泰交好,有他的关照,后来又拐弯抹角和万贵妃攀上了亲戚,①故在成化五年(1469)就以礼部左侍郎兼翰林学士入了内阁,而六年之后刘珝、刘吉才以同样的资格入阁。

刘珝也有一些背景,天顺时见深出阁读书,刘珝侍东宫讲读,见深即位后,又直经筵日讲。他是山东寿光人,口音和京师相差不大,口才也好,喜欢谈论,每次进讲,都是词气侃侃,反复开导,不仅见深肃然起敬,其他讲官也自叹不如。大学士刘定之评他为讲官第一,见深也因其威望称"东刘先生",赐"嘉猷赞羽"印章。刘珝有山东人的直率,看不惯万安奉迎贵戚、与宦官勾勾搭搭的行为,又自恃东宫旧臣,便不将万安放在眼里,经常背后谩骂万安负国无耻。这样一来,万安和刘珝的矛盾便日益尖锐,但表面上却仍是一团和气。

刘吉则是旁观者清,他看出万安长身魁颜,眉目如刻画,表面待人随和宽厚,却深鸷而奸猾;刘珝色厉而中疏,有报国忧君之心,却无拨乱反正之才。因而断定在万、刘的斗争中必然是万胜而刘

---

① 按:万贵妃二弟万通的妻子王氏之妹,嫁给万安为妻。见《明史》卷一六八《万安传》。

败。他刘吉既无贵妃、权阉为后台,也无皇帝为靠山,好不容易做到了太子太保兼武英殿大学士、礼部尚书,这份功名可不能轻易断送。而且,他比万安小十岁,比刘珝也小一岁,只要和他们耗下去,这首辅的位置还不唾手可得?

因此,在万安和刘珝的倾轧中,刘吉保持着中立,但在关键时刻则暗助万安一臂之力。

刘珝在内阁时有不少政绩,令人称道。如说李孜省左道乱政,疏国本不可动摇等,都得到见深的嘉许。特别是员外郎林俊因劾奏梁芳和继晓下狱,刘珝乘经筵之机,向见深面陈,使林俊出狱,更为人赞叹。林俊也因此为刘珝延誉:"俊以妖僧孽寺,售术贡邪,肆兴土木,不揆狂躁,上干宸怒,万颈俱缩,缚下诏狱,鬼录为伍。惟刘叔温(珝)立为上解,乃得薄谪。"《罪惟录》为此称赞刘珝说:"人臣诸善不胜数,不如其一二大事不错。"但刘珝却恰恰是在一二大事上没把握住而被万安攻了下去。

成化十八年(1482),闹腾一时的御马监太监汪直终于失去了见深的信任,科道官趁机上疏请罢西厂,但见深这时还没有拿定主意,未予批准。万安看准西厂定罢无疑,便邀刘珝一道上疏。刘珝却虑不及此,没有署名,于是万安便以个人名义上疏。见深虽说对刘珝有好感,但因他仗着曾为东宫官僚,遇事喜争,也有些心烦,没想到这次奏劾汪直,却没有刘珝的名字,觉得非常奇怪。

万安邀刘珝同奏,本来还有仗胆之意;但刘珝拒不署名,万安的坏水便冒了出来,暗中指使人弹劾刘珝与汪直有牵连。虽说是构陷,但也并不是全然没有影子。刘珝与王越交好,王越又是汪直的"二钺"之一,[1]这是尽人皆知的事实,见深对此也早有耳闻。既

---

① 按:兵部尚书陈钺、都御史王越被人戏称为汪直的"二钺",见本书第七章。

然有这种关系，万安劾汪直，刘珝作为同官而又不署名，其间的隐情也就无须明言了。

如果仅是这一件事，还难以扳动刘珝。偏偏刘珝的儿子刘镃是位花花公子，经常出入花楼柳巷，邀妓狎饮，有人戏作《刘公子曲》，增饰秽语，并夹在教坊司的奏本中递了进去。见深对戏曲颇有研究，时常将优伶召至宫中演唱。见教坊司有奏本，且有新曲，自然感兴趣，没想到这支《刘公子曲》唱的竟是大学士刘珝的宝贝儿子。见深见过刘珝的幼子刘鈗。那时刘鈗才八岁，聪敏异常，虽然第一次见皇帝，却毫不惊慌，拜起如礼，对答如流，见深很是欢喜，当时就命为中书舍人，从七品官。宫殿门槛较高，当时的同官，到正德、嘉靖时成为著名政治家的杨一清时常牵着他出入。见深看着可爱，让文思院工匠将他出入宫殿佩带的牙牌换成银牌，以免折断。后来，这刘鈗成了著名的学问家。但刘珝怎么又有刘镃这样不争气的儿子？同时又想起刘珝与汪直的关系，见深很是恼火。①

事态发展得很快。成化二十一年（1485）九月的一日傍晚，太监覃昌传旨召大学士万安、刘吉赴西角门，也在文渊阁的刘珝想同往，却被覃昌派来的内使挡了驾。万安、刘吉来到奉天门左侧的西角门，这既是见深第一次接见大臣的地方，也是日后经常由太监传旨的所在。传旨的覃昌是广西庆远人，天顺时伴读东宫，成化时为司礼监太监，见深凡有旨意，多由他和另一太监怀恩传出，和万安、刘吉、刘珝是老熟人了。这时的覃昌，表情非常严肃，他将一个纸札交给万安，纸札上有一朱笔写的"封"字，为见深手书。展开札子一看，却是有人揭发刘珝，说他嗜酒贪财好色，与太监某人认亲，纵子奸宿乐妇，收受除名都御史咸宁伯王越的贿赂，谋为其恢复爵

---

① 《明史》卷一六八《刘珝传》。

位,而且声称,"朝廷看不去(刘)珝,必坏大事",末了未署名,是一份匿名文书。虽然明朝的法律禁止匿名告讦,但见深却将这件违法文书作为追究刘珝过失的依据。

覃昌让万安、刘吉将此事告诉刘珝,并且声称,明天就得将事情公布,到那时刘珝就百口难辩了。《实录》中有关于覃、万、刘三人的一段对话,颇有意思:

万安、刘吉看了匿名书,惊讶地问:"此即匿名文书告言人罪者,律有明禁,朝廷何不火之,召安等看何为?且(刘)珝在内阁与安等同出入,暧昧之事何由而明。其子之过,虽或有不知也,惟冀太监扶持为幸。"覃昌向万、刘道出实情:"向科道官劾汪直本,上已讶无其名,今圣意坚不可回,二先生若不作计处,明旦行事本发出,则无及矣。"万安提出刘珝的父母已老,等其中一位去世时,让刘珝守制,覃昌说是不能等。万安便提出让刘珝自陈休致,但朝廷须厚加恩典,"以为儒臣遭际之荣,以全君臣始终之义"。覃昌说,皇上便是这个意思,让万安、刘吉转告刘珝,以父母年事已高,需要奉养为名,"速进本来"。①

在万安和刘吉的说服下,刘珝连夜草就了乞休养亲的奏疏,立即得到见深的允许,稀里糊涂地退休了。当然,对于过去的老师,见深还是相当优待的,临行前赠了白金钞币及金织裘衣,让沿途驿站妥为接送、安顿,又命地方官每月给米五石,每年拨八名人夫听任驱役。

但对于这件事情的本身,却有不少疑点。本来是刘珝的儿子邀妓狎游,却成了刘珝贪财好色;本来是明令禁止的匿名告讦,却成了定罪量刑的凭据。按一般程序,弹劾文书的内容是应该和本

---

① 《明宪宗实录》卷二七〇,成化二十一年九月甲子。引用时作了文字处理。

人见面的,且允许当事人申辩,如今却由覃昌、万安、刘吉三人替刘珝做了安排。谈迁《国榷》在记载这件事时,说万安、刘吉见到匿名文书后"佯"惊曰:"此蜚章,何不火之?"①较《实录》多了一个"佯"字,实际上是采纳了当时人们的普遍看法,即这份文书本属万安、刘吉及李孜省等人指使炮制。不但刘珝吃了哑巴亏,见深也是人入彀中而不自觉。

刘珝致仕后,万安将与自己关系密切且惯于构陷的彭华、尹直引入内阁,与李孜省、邓常恩等人抱成一团,成化后期一些有名望的大臣如王恕、秦纮、耿裕、马文升等相继被逐。

除了内阁之外,吏、兵两部因分别掌握文、武官员的任命、升迁、考核权,而且在处理军国大计时比其他各部有更多的发言权,因而也是是非之地,对吏、兵二部尚书位置的争夺异常激烈,其中又夹杂着官僚集团中南人与北人之间的矛盾,故此更为错综复杂。

从明太祖开始,就有意识地在用人问题上压制南人、扶植北人。洪武二十六年(1393)关于江(西)、浙(江)和苏松人不得为户部官、吏的禁令,以及洪武三十年(1397)发生的"南、北榜"科场案,②正是这种政策的集中反映。成祖"靖难"和英宗"夺门"的成功,在一定意义上可以视为官僚集团中北方势力对南方势力的胜利;而从王振开始的明朝宦官专权问题,也可以由此而得到一些解释。

见深的父亲英宗是明太祖这一用人政策的积极推行者。正统时,他曾用北人王振为首的司礼监乃至内廷宦官集团来抵消、钳制南人杨士奇、杨荣、杨溥为核心的内阁乃至外廷文官集团;天顺复

---

① 谈迁:《国榷》卷四〇。
② 参见《明史》卷七〇、卷七一《选举志》二、三;王世贞:《弇山堂别集》卷八一《科试考一》。

辟后,更建立了以北人内阁首辅李贤和吏部尚书王翱为首的行政班底,并公开宣称:"北人文雅不及南人,顾质直雄伟,缓急当得力。"①因此,王翱在吏部专抑南人。召岳正入内阁,英宗也进行了一番派系教育:"尔年正强壮,吾北人,又吾所取士,今用尔内阁,其尽力辅朕。"②至于南人,英宗找到了一个样板,那就是他在正统十三年(1448)钦定的状元彭时。他让李贤在新进士中选庶吉士时尽用北人,如果是南人,则"必若(彭)时者方可"。李贤将英宗的意思告诉彭时,彭时当然很是荣耀,但也觉得可笑:"南士出(彭)时上者不少,何可抑之。"③

　　这种由来已久的传统用人政策和南、北方因经济、文化及语言、习俗等方面固有的差异,自然也影响到成化朝的官场斗争。见深在这方面并没有继承他父亲的偏见,相反,却因为江湖术士、能工巧匠以及文学、艺术名流多来自南方,故而往往不自觉地充当起了南方官僚的代理人。

　　李秉是见深继位后一手提拔起来的干才,成化三年十二月任吏部尚书,但一年便被免职。从主观上看,李秉的罢免是因为对吏部这个最容易弄权又容易招怨的衙门性质认识不足,同时缺乏在官场上纵横捭阖的权术。李秉入主吏部,副手却是两位不好对付的人物:崔恭和尹旻。

　　崔恭和李秉都是正统元年(1436)的进士,仅比李贤晚一科,比彭时还早四科。此后,李秉出任延平推官,授户部主事,督饷宣府,巡抚大同;崔恭则授户部主事,出知莱州,迁湖广江西布政使、巡抚苏松。二人均是所至有声,令人瞩目。但因崔恭仕途顺利,到

---

① 《明史》卷一七七《王翱传》《姚夔传》。
② 《明史》卷一七六《岳正传》。
③ 《明史》卷一七六《彭时传》。

天顺时已是吏部左侍郎,李秉却几经坎坷,见深继位后才晋右副都
御史,不但资格差数年,而且虽然都是正三品,但吏部为七卿之首,
都察院居末,地位便大不一样。尤其是二人先后督饷江南,李秉烦
而崔恭简,崔恭已略胜一筹。到吏部后,尚书王翱年已八旬,崔恭
正值盛年,吏部事务实际上是由崔恭处理,王翱对他也非常倚重。
王翱致仕,按常理应是崔恭递补,但见深却让李秉插了进来。崔恭
对见深的这一安排大为不满,自然便将怨气转向李秉。①

尹曼是李、崔的晚辈,正统十三年(1448)进士,文采颇佳,选
了庶吉士,办事有条不紊,受到李贤、王翱等人的器重,天顺末已做
到吏部右侍郎。虽然尹曼曾求学于李秉,但官位却在李秉之上,当
然仕途有顺有不顺,对于李秉出任吏部尚书,他是没有怨言的。

天顺、成化之际,王翱、崔恭、尹曼组成的吏部是个北人班底。
王翱是北直隶盐山人,崔恭是北直隶广宗人,尹曼则是山东历城
人,符合英宗重用北人的思想。李秉取代王翱,他是山东曹县人,
仍为北人吏部。

刚到吏部时,李秉对两位老资格的吏部侍郎很是尊重,遇事征
询他们的意见。但不久便有人散布流言,说是“吏部权悉在侍
郎”。如果李秉处置得当,也许没有事情。偏偏他受不了这口气,
便走了极端,崔、尹二人凡有建议,李秉或置之不理,或反其道而
行,结果不仅和崔恭的矛盾重又激化,连尹曼也对他不满。北人吏
部产生裂缝。②

李秉既受知于见深,加上为人正直,自然更希望在事业上有所
作为,以报答朝廷。在为都察院左都御史主持考察官员时,李秉对

---

① 《明史》卷一五九《崔恭传》;卷一七七《李秉传》。
② 《明宪宗实录》卷六二,成化五年正月丙子。

贪赃残暴官吏大行罢黜。做了吏部尚书，更加锐意澄清吏治。大学士彭时的族弟彭华及某当权宦官为亲属请托，不但被李秉拒绝，而且将当事人罢黜。当时国子监生前后有八千多人等待分配，李秉请准分别进行考核，斥退庸劣者几百人，而这些人又大抵都有后台，他们和在大计中被罢黜的卑官冗吏一道，累奏群挨，呼号道路，崔恭、彭华等人也乘机煽动，整个京师沸沸扬扬，弄得见深不得安宁，以致对李秉的能力产生怀疑。①

从客观上说，李秉的罢免又是官僚集团中派系斗争的结果，见深再一次成了派系斗争的工具。

当王翱致仕时，不但崔恭因年资较深而自认为尚书位置非他莫属，内阁中的彭时、商辂也各有夹带人选。彭时是江西吉安府安福县人，他属意的是吉安府庐陵县人大理寺卿王概，从旁相助的有同府泰和县人翰林院侍读学士尹直和刑科给事中萧彦庄，还有彭时的族弟彭华；商辂是浙江严州府淳安县人，他属意的则是严州府桐县人礼部尚书姚夔。

如果李秉能取得崔恭、尹曼二人的支持，同时在澄清吏治的过程中持之以静，稳扎稳打，那么无论是王概、彭华，还是商辂、姚夔均难以动摇他的地位。偏偏后院起火，腹背受敌，舆论哗然，授人以柄。

成化五年（1469）正月，萧彦庄在彭华、王概的唆使下，上疏劾奏李秉任情行私十三条罪状。见深这时正因吏部考核监生、罢黜官吏的事弄得烦躁不安，但还属于职责上的过失，见萧彦庄竟然列出了李秉十三条罪状，性质也就变了，不由吃了一惊："（李）秉原

---

① 《明史》卷一七七《李秉传》；查继佐：《罪惟录·列传》卷一一上《李秉传》。

是多官所举保,如何乃有许多违法事情?"①但他并不亲自调查事情原委,而是让刑部、都察院、大理寺三法司会同各官廷议。既是廷议,就得首先征询李秉同僚吏部侍郎崔恭、尹旻的意见。二人落井下石,丝毫不替李秉辩解,却说"吾二人谏之不听"。部院大臣也多因李秉在考核时不买他们的面子而附会。于是刑部尚书陆瑜等草草结案上报。李秉自己大概也对吏部这个招怨的衙门有所厌烦,同时也对澄清吏治失去了信心,因此并不上疏辩解,只是让人转告首辅彭时:"为我谢彭先生,(李)秉罪惟上所命。第毋令入狱,入则秉必不出,恐伤国体。"②

见深因众口一词,李秉又自行引罪,为平息舆论,革去李秉太子少保的官衔,以吏部尚书致仕。当时各省举子齐赴京师准备会试,得知李秉被三法司问罪的消息,都奔走相告,扬言要以罢考为李秉申冤。后见只是革去官衔致仕,才渐次平息。③ 而北方籍的科道官则喧谤于朝,指责彭时排挤李秉,彭时只好称病不出。④

李秉致仕后,吏部尚书一职便由崔恭所得。但崔恭煞费苦心得到这一职位才五个月,便因母丧而去位,吏部尚书入了姚夔的囊中。到成化九年(1473)姚夔病逝,并没有轮上王概,而是被尹旻所得,直至二十二年五月被尹直、彭华、李孜省等人构陷而去。

参与倾轧李秉的诸人,其实也多是一些有为之士。彭时、商辂暂且不说,崔恭无论在户部、吏部,还是为知府、为布政使、为巡抚都御史,以及终制以后为南京吏部尚书、参赞机务,都是恪尽职守,政绩卓著。姚夔从景泰四年(1453)开始任礼部侍郎,天顺七年

①　《明宪宗实录》卷六二,成化五年正月丙子。
②　《明史》卷一七七《李秉传》。
③　谈迁:《国榷》卷三五;《明史》卷一七七《李秉传》。
④　《明史》卷一五九《崔恭传》。

（1463）开始任礼部尚书,《明史》说他"才器宏远,表里洞达,朝议未定者,(姚)夔一言立决"。任吏部尚书时,"留意人才,不避亲故"。① 尹旻在吏部最久,又做了十三年的尚书,史称"铨拔无滞,贤愚皆悦"。即便是王概,先为刑部主事、河南按察使、巡抚陕西都御史,后为大理寺卿、刑部尚书,也以熟于刑名、滞案立空为人称道。②

　　如此众多的人才济济一朝,却相互内耗,这里固有地域、派系之争,王世贞称为"乡郡之祸",谈迁叹为"群贤汇征,彼此矛盾,非国之福";③但与见深听之任之,垂拱而不问事的作风不能说没有关系。

　　①　《明史》卷一七七《姚夔传》。
　　②　《明宪宗实录》卷一三二,成化十年八月壬子。
　　③　王世贞:《弇山堂别集》卷二五《史乘考误六》;《国榷》卷三五。

第七章　宦官参政

一、采办需索

　　说到明朝宦官的采办，当从永乐宣德时郑和下西洋开始。据王士性《广志绎》说，郑和下西洋时，一面向海外各国宣扬明朝的国威，一面搜求价格昂贵的异邦珍奇，去时除中国特有的丝绸、瓷器、铁器、铜器等实物外，还带有七百多万两白银，前后耗费六百万两，[①]买回大量香料、染料、花木、玩物等。据顾起元《客座赘语》记载，到万历时，南京静海寺仍藏有郑和买回来的西域画《水陆罗汉像》，每到夏季则张挂出来，南都士女观者如潮。[②] 而随郑和下西洋的回教徒马欢在其名著《瀛涯胜览》中更详细列举了郑和所采办的诸物，如古里的宝石、珍珠、珊瑚，溜山的龙涎香和椰子，祖法儿国的乳香、血竭、芦荟、没药、香苏合、油木，阿丹国的猫睛石、金珀、蔷薇露、金钱豹、驼鸡、白鸠等。[③]

　　见深对于异域珍奇的欲望，丝毫不减于成祖、宣宗，于是便有宦官劝他效法祖宗，也派人去南洋、西洋转转，弄些东西回来开开眼界。万表的《灼艾余集》对此作了记载，颇有意趣：

　　　　成化间，朝廷好宝玩，中贵有迎合上意者，言宣德间尝遣

---

①　王士性：《广志绎》卷一。
②　顾起元：《客座赘语》卷九《诸寺奇物》。
③　马欢：《瀛涯胜览》古里、溜山、祖法儿、阿丹诸条。

王三保出使西洋等番,所获奇珍异物无算。上然之,命一中贵至兵部查三保至西洋时水程。时项公忠为兵部尚书,刘公大夏为车驾司郎中。项尚书使一都吏于库中检旧案,刘郎中先入检得之,藏匿他处,都吏检之不得。项尚书笞责都吏,令复入检。如是者三日,水程终莫能得。刘郎中亦秘不言。会科道连章谏,其事遂寝。后项尚书呼都吏话曰:"库中案卷,焉得失去?"刘郎中在旁微笑曰:"三保太监下西洋时,所费钱粮数十万,军民死者亦以万计,纵得珍宝,于国家何益? 以一时弊事,大臣所当切谏者。旧案虽在,亦应毁之,以拔其根,尚足追究其有无邪?"项尚书悚然降位,对刘公再拜而谢之曰:"公阴德不细,此位不久当属公矣。"后刘公果至兵部尚书。①

其实刘大夏倒是多虑了,即使他不销毁这些档案,见深也未必能够组织得起一支像郑和那样的远洋船队;如果真能组织,明代中后期乃至中国近五百年的历史也许会有巨大的改观。

既然弄不到海外的,那么海内的总要搜罗。于是宦官在各地的采办便成了满足见深还有他那位万贵妃欲望的经常不断的活动。与此同时,几乎所有去采办的宦官也都公私兼顾,在为主子搜刮的同时,绝对忘不了给自己留下一份。

根据现在能看到的材料,成化时宦官采办的物品主要有陕西、辽东的药材,辽东、朝鲜的海东青、白鹊、文鱼,辽东、山西、陕西的皮货,浙江、南直隶的花木、红土,四川的生漆,江西、浙江的瓷器,广东、广西的珍珠,湖广的鱼鲜,云南的料丝灯等土产以及历代的名人字画和金银、青铜器物、雕器、瓷器、骨器、木器、漆器等;同时

---

① 万表:《灼艾余集》卷下;另焦竑《玉堂丛语》卷五、顾起元《客座赘语》卷一等也有记载。

通过广州、泉州、宁波等市舶司的朝贡贸易搜罗来自南洋、日本、琉球等国家和地区的舶来宝石、珊瑚、珍珠、香料、珍禽等。为了筹备采办所需的金银、绵帛、瓷器，又派出宦官往浙江、福建、四川、云南、陕西开采银矿，往辽东、湖广等处淘金、采金，往南直隶、浙江督办织造，往江西景德镇烧造瓷器。

在采办过程中最为卖力，替见深弄到的物事最多、耗资最大，自然也捞得最多、影响最大的宦官当推钱能、韦眷、王敬和梁芳。

钱能是女真人，兄弟四人均为宦官，供奉宫中。钱能排行第三，人称"三钱"，为人机敏，善于奉迎，故得万贵妃的欢心，当上了专门造办、管理宫廷用具、玩器、书籍、画册的御用监的太监。①

成化四年（1468）二月，镇守云南的黔国公沐琮上疏说，太监罗珪、梅忠二人同镇云南，罗珪已经病死，梅忠明敏不偏，可以独任，请朝廷不必增派镇守中官。兵部同意了沐琮的意见，并得到了见深的许可，由内阁写敕给梅忠，让他总镇云南，用心办事。不料四天之后，见深又让司礼监传出圣旨，将梅忠召还，命御用监太监钱能往云南镇守。② 原来在这四天内，钱能说服了万贵妃，由他出京替贵妃采办珠宝玩物。经万贵妃一吹风，见深同意了，于是收回四天前的成命。钱能带着采办的使命，前往云南镇守。这一去，就是十二年，云南从此也闹腾了十二年。③

钱能刚去一年，见深便收到巡抚贵州右副都御史陈宣的奏疏，劾钱能路过贵州时，随行人员怙势横行，百端需索，民吏骇审。陈

---

① 按《明史·职官志三》及刘若愚《酌中志·内府职掌》，御用监造办掌管宫中所用围屏、摆设、器具、玩器、书籍、字画、琴棋等，并下辖佛作等作坊，进行制作。
② 《明宪宗实录》卷五一，成化四年二月癸丑。
③ 按：采办实际上是明代镇守宦官的主要职责之一，倒不仅仅限于钱能。参见方志远：《明代的镇守中官制度》，《文史》第40集。

宣特别指出,钱能在路上尚且如此,到其管辖区更可想而知了,云南、贵州汉民和瑶、彝等族杂居,索求过度,后果不堪设想。因此,他要求将钱能所带的随从由十人裁减到法定的五人,并让二省巡按御史严加禁约。① 对于这类奏疏,见深几乎每天都要见到,但均是两个字的批答:"从之。"从字面上看应该理解为同意上疏人的建议,而实际上,对采办宦官的所作所为也是"从之"。何况钱能出去一年,已有不少东西进献。令在京士大夫哭笑不得,而见深和万贵妃拍手称好的是,贵州巡抚要求巡按御史禁约钱能,巡按云南的监察御史郭瑞却上疏说钱能"刚果有为,政务归一",要求"永令镇守"。见深对这份奏疏非常满意,批发下去,"命所司知之"。看你们还有什么话说!② 这样一来,旁人就没法吭声了。

钱能搜刮的对象,首先是域内的汉族和其他少数民族百姓,手段则既卑鄙又可笑。有富翁患头皮癣病,钱能打听到富翁的儿子非常孝顺,便命人将他召来,说其父的癣病会传染,对驻军非常不利,况且年纪大了,老不中用,打算派人将其父沉于滇池。这位孝子明知钱能是在敲诈勒索,也只好忍痛献上一大笔银子。又有一王姓商人,卖槟榔致富,当地人称"槟榔王家"。钱能得知,坏水即冒,命人将商人抓来,责问道:"汝庶民也,敢惑众借号二字王?"人家明明是卖槟榔的王家,却被他说成称"槟榔王"。富人无处申辩,只得尽出所有,以免蹲监下狱。③ 见深和万贵妃如果知道这些事情,定然十分开心,夸"三钱"聪明能干。

然后是眼光向外。云南与安南接壤,但安南国王进贡却经广西而不入云南。钱能命指挥使郭景进京,说安南夷兵借捕盗越境

---

① 《明宪宗实录》卷六二,成化五年正月丁卯。
② 《明宪宗实录》卷八二,成化六年八月丙寅。
③ 沈德符:《万历野获编补遗》卷一《(内监)镇滇二内臣》。

劫掠,请下敕警告。安南兵越境或有其事,但钱能却借这件事做文章。兵部不知其诈,便派郭景前往。郭景作为朝使,本来也应从广西贡道去安南,但他却因钱能的授意而取道云南,带去玉带、蟒衣、丝帛、犬马等,与安南国王拉关系,让安南使者入贡时从云南往返,钱能从中得到安南国王的大量馈赠。①

就算是"永镇云南"的黔宁王沐府,也逃不脱钱能的敲诈勒索。钱能久在御用监,过手古玩不计其数,也算得上是古玩鉴赏专家了。在十多年里,他用七千多两银子,先后从沐府弄到价值四万多两的文物古玩,一部分孝敬见深和万贵妃,剩下的则全入自己的行囊。后来调南京闲住,钱能与另一太监王赐在公堂上向士大夫展示了他们搜刮的文物:

> 中有王右军亲笔字,王维雪景,韩滉题扇,惠崇斗牛,韩干马,黄筌醉锦卷,皆极天下之物。又有小李、大李金碧卷,董、范、巨然等卷,不以为异。苏汉臣、周防对镜仕女,韩滉班姬题扇,李景高宗瑞应图,壶道文会,黄筌聚禽卷,阎立本锁谏卷,如牛腰书。如顾宠谏松卷、偃松轴,苏、黄、米、蔡各为卷者,不可胜计。挂轴若山水名翰,俱多晋、唐、宋物,元氏不论矣。②

见深和万贵妃如果得知这个消息,不知有何感想。钱能进献给他们的,是否比钱能自留的更珍贵?

据《万历野获编》说,钱能在云南收养巡检司李某之子,取名钱宁。钱能老病时让钱宁管家,钱宁利其所有,便毒死了钱能,于是钱能的财产归了钱宁。③另据《明宪宗实录》载,成化十八年(1482)六月,因进奉甚富,见深命太监怀恩传升正在闲住的钱能

---

① 《明宪宗实录》卷一六八,成化十三年七月乙亥。
② 陈洪谟:《治世余闻》下篇卷二。
③ 沈德符:《万历野获编补遗》卷一《(内监)镇滇二内臣》。

为南京守备太监。① 钱宁所得到的财物,只是钱能进奉以后剩下的。但在南京展示的那些是否也进奉了一部分,则未曾细考。

钱能去云南前后,韦眷也谋得了提督广州市舶司的职务。这是明朝宦官中最有油水的美差。

明代仅在浙江宁波、福建泉州及广州三处设市舶司,接待外国贡使。而且规定,宁波市舶司专接待日本贡使,泉州市舶司只接待琉球贡使,而占城、暹罗及所有其他南洋、西洋贡使均由广州市舶司接待。② 这样一来,韦眷弄钱弄物的门道自然多了。

与韦眷同时在广东的,还有镇守太监顾恒、采珠太监黄福,三人相互勾结,又暗中争斗,竟以采办进奉为能。③ 顾恒曾一次就和广东都、布、按三司为见深和他的后妃们准备了蜜饯果品、藤丝雕漆器皿、银箱酒器及药材、布匹、海味等贡品八十多种;黄福在督促珠工植珠、采珠的同时,还派人往江西、浙江及广东沿海各地收购禽鸟,搜罗各色羽毛,以满足宫中后妃们的需要。④ 但他们弄来弄去只是在境内,韦眷则通过外国贡使采办域外异物。由他进奉的有各种宝石、珍玩、香料、苏木、琥珀,还有犀牛角、象牙等。尤其荒唐的是,竟诱使中亚的撒马尔罕使者远航满剌加,买狮入贡。⑤ 为了办事方便,韦眷又向见深提出要求,让广东布政司增加六十户居民给他办置方物,见深也同意了,只是因为地方官的反对,才减为三十户。⑥

---

① 《明宪宗实录》卷二二八,成化十八年六月丙午。
② 《明史》卷八一《食货志五》。
③ 《明史》卷一八三《彭韶传》。
④ 彭韶:《边方大体事疏》,见《明经世文编》卷八〇。
⑤ 《明宪宗实录》卷二六六,成化二十一年五月癸亥。
⑥ 《明史》卷一六一《陈选传》。

虽然有不少无耻文官如郭瑞等为虎作伥,但也有许多官员对采办宦官进行干涉和制裁。钱能在云南时,曾遭到巡抚都御史王恕的弹劾;韦眷等人在广东,则受到布政使彭韶、陈选和番禺知县高瑶的制裁。

高瑶是位举人出身的官员,在做荆门州学训导时,就曾经上疏请求追加景帝的庙号,这种以卑官建危言的壮举,曾使举朝侧目。后来高瑶升任番禺知县,查得韦眷派人和南洋贡使做生意,没收了他上万两银子,并将当事人投入监狱。高瑶的这一举动,得到了布政使陈选的支持。陈选在为河南提学副使时,曾与前来巡视的西厂太监汪直抗衡。任广东布政使后,又多方对韦眷的需索苛求进行抵制。韦眷提出增六十户夫役,被陈选上疏争辩,减掉三十;韦眷让撒马尔罕使者往满剌加买狮进贡,又被陈选上疏劝止。如今陈、高二人联合起来,本想将采办的危害限制在最小的范围,却不知韦眷的后台便是皇帝见深。韦眷和外国使臣做生意,固然自己可以从中得到好处,但本钱却是皇帝的,陈选、高瑶以为没收了韦眷的钱,却不知实是没收了皇帝的钱。①

韦眷抓住这个机会,诬奏陈、高二人朋比贪污,见深也怪陈、高多管闲事,令刑部员外郎李行会同巡按广东监察御史徐同爱对陈选进行审查。韦眷还物色到了一个被陈选黜退的吏员张裒,让他指证陈选侵欺贪墨,不料张裒无论怎样拷打都不昧良心。但既然陈选、高瑶得罪了韦眷,也就得罪了皇帝,李行、徐同爱不管有无证据,按韦眷所说的罪名上报。陈选、高瑶被锦衣卫校尉带往京师时,广东百姓有数万人号哭阻留。但在当时的制度下,百姓们的呼声只能加重陈选、高瑶的罪名。陈选是个硬

---

① 《明史》卷一六一《陈选传》,卷一六四《高瑶传》。

汉，却不谙大丈夫能屈能伸的道理，自以为忠君报国、与邪恶势力作斗争，却不知邪恶势力的根源正在皇宫，一气之下，身染重病。李行受韦眷之嘱，正希望陈选吃苦头，不让延医治疗，结果刚到江西南昌，便病死于石亭寺。高瑶到京后，也被贬到湖广永州充戍军。①

陈、高之事刚刚了结，见深竟然见到了尚未结案的张鸮从刑部大狱中上的奏疏：

臣闻口能铄金，毁足销骨。窃见故罪人（陈）选，抱孤忠，孑处群邪之中，独立众憎之地。太监（韦）眷通番败露，知县（高）瑶按法持之。（陈）选移文奖励，以激贪懦，固贤监司事也。都御史宋旻及（徐）同爱怯势养奸，致（韦）眷横行胸臆，秽蔑清流。勘官（李）行颐指锻炼，竟无左证。臣本小吏，讹误触法，被（陈）选黜罢，实臣自取。（韦）眷意臣憾选，厚赂嗾臣，臣虽胥役，敢昧素心？眷知臣不可诱，唆行等逮臣致理，拷掠弥月。臣忍死吁天，终无异口。行等乃依傍眷语，文致其词，劾选勘灾不实，擅便发仓，曲庇属官，意图报谢。必如所云，是毁共姜为夏姬，诟伯夷为庄蹻也。

顷年岭外地震水溢，漂民庐舍，属郡交牒报灾，老弱引领待哺，而抚、按、藩臬若罔闻知。选独抱隐忧，食不下咽。谓展转行勘，则民命垂绝，听以便宜议赈，志在救民，非有他也。选故刚正，不堪屈辱，愤懑旬日，婴疾而殂。行幸其殒身，阻其医疗。讫命之日，密走报眷，小人佞毒，一至于此！臣摈黜罪人，秉耒田野，百无所图，诚痛忠良衔屈，而为圣朝累也。②

<hr />

① 《明史》卷一六一《陈选传》；《国榷》卷四〇。
② 《明史》卷一六一《陈选传》。

这份奏疏字字铿锵,纸中透血,见深也许有所触动,也许麻木不仁,既不加罪,也不嘉许,不予答复。韦眷既然害死陈选,挤走高瑶,便更加肆无忌惮了。

与韦眷同时为虐的则是太监王敬。王敬在成化十九年(1483)受见深的差派,往苏州、常州,"采收药饵,收买书籍",又给了七千引淮盐约合八千两银子做活动经费。但王敬以这七千引盐和另一太监段英先在苏州、松江、常州三府让官府兑了六千两银子,又让镇江、太平、池州、宁国、安庆、徽州、广德七府给银一千五百两,回过来用只能值六七百文钱的四百贯纸钞强索松江府二千两银子,一口气捞了白银上万两。然后再往宁国等府,用一万五千五百引盐逼取当地白银三万二千五百两,往苏、常,逼取白银三万六千两,共计九万两。接着,又准备了几百艘盐船,往江北的庐州等府,江南的江西、浙江二省逼卖。①

王敬到江南时还带了两个帮手,锦衣卫千户、术士王臣和百户王完,以及随从十七人,人人都是刮取奇玩之物的好手。他们各方打听富户巨室的古玩字画及当地漂亮女子,只要被其盯上,人、物皆空。东南数省繁荣富庶地区,尽遭蹂躏。直到嘉靖、万历时,"有故老谈及,迄今犹令人色变"。② 回京之后,王敬还向见深奏了一本,说在苏州时,令生员抄录《子平遗集》,③生员哄闹学堂,辱骂朝廷。见深不问青红皂白,让巡按御史将领头生员赵汴等行杖赎罪。④

由于江南士大夫的反对及巡抚应天都御史王恕的劾奏,尤其

① 王世贞:《弇山堂别集》卷九二《中官考三》。
② 李诩:《戒庵老人漫笔》卷一《阉寺骚扰》。
③ 按:元末陈谦字子平,吴郡人,著有《子平遗稿》,王敬命生员抄录的当为是书。
④ 查继佐:《罪惟录·列传》卷二九下《宦寺列传》。

是东厂宦官尚铭的揭发,王臣被杀,传首江南示众,以平民愤,但首恶王敬仅发往南京孝陵卫充净军种菜。① 尽管王恕揭露王敬回京时"舳舻相衔,满载而归,以觊宠幸",并指出"殊不知取之不明其义,得之不以其道,所以失人心者在此,所以损国体者在此,所以伤和气而致灾沴者亦在此"。② 但王恕却不知王敬不受重罚也在于此,他满载而归的江南珍玩,尽属见深,是不会归还的。一百年后,神宗皇帝朱翊钧向江南派遣税使,或许也就是从见深派王敬下江南得到的启示。见深效法不了成祖、宣宗派人下番,神宗是可以效法他派人下江南的。

成化时,钱能、韦眷、王敬以及所有的采办宦官能横行全国,肆意苛索,除了有见深和万贵妃为后台外,还有梁芳替他们做主。

梁芳是广东新会县人,成化时为御马监太监。御马监在内府十二监中虽然排名第五,却是唯一可与第一署司礼监抗衡的宦官衙门。它负有验发兵符令牌、提督四卫营和勇士营的职责,为内廷戎政府;又管理草场、皇店及库、仓,为内廷的财务管理机关。成化时,汪直和梁芳一外一内,闹了个天翻地覆,正是以御马监这两方面的职责为基础的。汪直好斗,所以建西厂,督军务;梁芳贪财,故起用钱能、韦眷、王敬等人,又引进李孜省、僧继晓等人,日进美珠珍宝,以取悦见深和万贵妃。

见深有梁芳等人不断进献,自然高兴,但有一天偶然查看内库,才发现历朝积累下来的七窖白银竟荡然无存。他责备梁芳靡费帑藏,梁芳则辩解说:"建显灵宫及诸祠庙,为陛下祈万年福耳。"见深也弄不清这笔钱到底是怎么用的,只得悻悻说道:"吾不

① 《明宪宗实录》卷二四四,成化十九年九月壬辰;王世贞:《弇山堂别集》卷九二《中官考三》;查继佐:《罪惟录·列传》卷二九下《宦寺列传》。
② 王恕:《论中使科扰民所得物件奏状》,见《明经世文编》卷三九。

汝瑕,后之人将与汝计矣。"①我自然不和你计较,我死之后,新君将找你算账,看你怎么办! 他倒是实话实说,却差点因此引起废立太子的大祸。

虽说是靡费帑藏,宦官们倒还真是弄出了不少稀世之物。

钱能从云南向见深进献了"金灯",又称料丝灯,是用玛瑙、紫石英及纯磁赭石等六种药物煎熬而成的灯罩,内如屏,外罩丝,上有花卉虫鸟,五彩缤纷,中间点烛,绮丽美观,令人赞叹。这种灯始产于永昌,经钱能不惜血本令人改进技术,制作更加精美,同时又予以垄断,专供进奉,所以产量极少,价值也非常昂贵。钱能离开云南后,料丝灯的烧造技术才得以公开,但由于商人单纯追求利润,滥造者多,质量也就下降了。②

派往江西景德镇烧造御用瓷器的宦官,也很有办法。在烧造宦官的督促下,瓷工们将宣德时开始出现的斗彩瓷制造技术加以改进、创新,取得了极为辉煌的成就。他们将用青花勾绘过纹饰的瓷坯罩上透明釉,经高温烧成青花瓷器,再在釉上根据纹饰设色的需要,施以多种色彩,画上人物虫鸟景色,二次用炉火烘烧,釉上彩绘和釉下青花相互辉映,斗艳比奇,故有斗彩之名。"斗彩"之外,又有"填彩",色泽浓艳,富丽堂皇。③

沈德符说:"玩好之物,以古为贵,惟本朝则不然。永乐之剔红、宣德之铜、成化之窑,其价遂与古敌。"一对成化斗彩酒杯,到万历时值银百两,值钱十万文。又说"本朝瓷器,用白地青花,间

---

① 《明史》卷三〇四《宦官列传》;《震泽纪闻》下。
② 檀萃:《滇海虞衡志》卷五《料丝灯》;另见王夫之:《姜斋文集》卷九《杂物咏·料丝灯》;郎瑛:《七修类稿》卷四四《事物类·料丝》;赵翼:《陔余丛考》卷三三《料丝》。
③ 佚名:《南窑笔记》。

装五色,为古今之冠。如宣(德)窑品最贵,近日又贵成(化)窑,出宣窑之上。盖两朝天纵,留意曲艺,宜其精工如此"。① 有传说梁芳等宦官每天都要向万贵妃进献一件珍玩。成化斗彩均是柔美细小的酒杯,如人物故事杯、鸡缸杯、婴戏杯、葡萄杯、三秋杯、鹦鹉啄金杯等,优雅俊美,玲珑奇巧,瓷壁薄如蝉翼,适应闺阁玩赏,似乎可以印证这一传说。但据沈德符所说,见深自己也是喜欢这些制作精巧的细小玩意的。

如此等等,虽说是耗费了大量的内帑,但见深仍然认为是宦官能干,即使要治罪,也得自己拿主意,不让外廷置喙。而外廷一抨击宦官,自然就牵涉皇帝见深,因此往往得罪。成化二十年(1484)十月,刑部员外郎林俊劾梁芳招权黩货,贡献淫巧,引用僧人继晓,左道惑上,建永昌寺,倾竭府库,贻毒生灵,请诛之以谢天下。梁芳的这些事见深自己清楚,也曾责备梁芳。但经林俊一说,贡献"淫巧"、左道"惑上",便将皇帝搭上了,不能宽贷。结果林俊被拖到午门前打了三十杖,谪为云南姚州判官。后军都督府经历张黻上疏论救,也照此办理,杖三十,调往云南师宗州做知州。②

二、请乞强占

宦官既然替皇帝、皇贵妃弄了那么多的玩物,找了那么多有法术、懂长生的术士,自然也得为自己、为家人置些产业。

人们总以为宦官无生殖能力,也就无家业可言,其实是只知其一,不知其二。

① 沈德符:《万历野获编》卷二六《(玩具)耐玩·瓷器》。
② 《明宪宗实录》卷二五七。

以明代宦官而言,主要有五种来源:一是在征服战争中掳掠而来的少数民族幼男,如永乐朝的王瑾、阮安,成化朝的汪直等均是;二是国外进贡的幼童,如洪武朝的金丽渊、成化朝的郑同均是;三是各地尤其是北直隶府州县民家子弟,如成化朝的梁芳,万历朝的冯保、王安等均是;四是被抄没的犯罪官民的子弟,如成化朝的怀恩、正德朝刘瑾均是;五是自宫成年男子,如正统朝王振、正德朝刘瑾、天启朝魏忠贤等均是。

除去一、二类难以与原来的家族、家庭取得联系外,其余三、四、五类大抵都和家人有密切联系。如梁芳得势后,兄弟梁德传升为锦衣卫带俸所镇抚。又向见深奏准让梁德往来供给侍养在原籍广东新会县的母亲,船只、脚夫、口粮、车辆均官府供应。① 再如从景泰时开始提督京营的刘永诚,从子刘聚先荫授千户,后积功至右都督,封宁晋伯,又为刘永诚请谥号、祠额。见深赐了"褒忠"的祠额,谥号则因内阁的反对而未及。②

而且,有身份的宦官还多有养子,如钱能收李巡检子为养子,改名钱宁,李永昌收侄子李泰为养子。养子对养父的财产有继承权,所以钱能死后,家产便归了钱宁。甚至经特许还可以娶妻。成化五年(1469)四月,发生一事,御用监太监丞龙闰娶已故南和伯方瑛之妾为妻,见深知道后令其离异,并交司礼监治罪:"内官给事内廷,以其绝生道无外觊也。"③但正统九年(1444),镇守辽东太监王彦死后,英宗命太监喜宁对其家产进行清理,喜宁私取其奴仆、骡马、金银器皿及田园、盐引等物,被王彦的妻子吴氏告发,英

① 彭韶:《边方大体事疏》,见《明经世文编》卷八〇。
② 《明宪宗实录》卷一〇二,成化八年三月丙寅。
③ 《明宪宗实录》卷六六,成化五年四月乙丑。

宗命喜宁归还田园、盐引,其余入官。① 可见在娶妻问题上有时也可松动。如果龙闰娶妻不被揭露,见深也不会去过问。

既然这样,宦官聚敛积财就不奇怪了。这不仅仅是为自己享受,还可惠及家人和妻子。陆容说天顺、成化以后"京畿民家,羡慕内官富贵,私自阉割幼男,以求录用"。② 可见,有些宦官本来就是负有使家人富贵的使命而进宫的。宦官置产,一般有三条途径:一是借为皇家办事的机会,中饱私囊;二是敲诈勒索,收受贿赂;三是直接向皇帝请乞田地、盐引及他物。见深对这些似乎也特别能理解,宦官有所乞请,总是"曲意"优惠。

宦官侵占田地草场以及皇帝赐给田地,从永乐、宣德时就已开始,而且逐渐合法化。③ 但公然向皇帝请乞则主要是在见深即位之后,甚至可以说是在皇帝占地的启发下开始的。

天顺八年(1464),见深命户部将没收归官的宦官曹吉祥强占的军民田地七十五顷拨为宫中庄田,明朝的皇庄由此而起。④ 成化八年(1472)七月,大学士彭时等听到消息,见深又打算将已故太监刘永诚所献的庄田立为皇庄,很不以为然,在上疏言事时进行规谏。彭时等人在疏中说:"皇庄之名,自古无有,景泰存藩邸之旧,皇上因东宫之余,庄名曰'皇',固已非理,然事因其实,犹为有说。近闻故太监刘永诚所献庄田亦欲立为皇庄,深骇人情。居者

---

① 王世贞:《弇山堂别集》卷九一《中官考二》。
② 陆容:《菽园杂记》卷六。即使自宫,也得有门路才做得成宦官,否则便偷鸡不成蚀把米。如成化元年八月,山东即墨男子自宫求进,被发往贵州充军。成化十三年,自宫求用滞留北京者有九百多人,被各打二十板遣回原籍。参见《明宪宗实录》卷二〇、卷一六四。
③ 成化元年三月,湖广巡抚王俭奏内外镇守官违例占田,见深答复是"不必禁"。见《明宪宗实录》卷一五。
④ 《明史》卷七七《食货志》。夏言:《勘报皇庄疏》,见《明经世文编》卷二〇二。

227

惧于骚扰不已,耕者惧为征科过旧,而街谈巷议,咸谓四海之内,莫非王土,何独以此谓之皇庄?"彭时建议让户部将刘永诚的庄田入籍,让原来的佃户耕种,征收田税。见深这时已做了八年多的皇帝,早学会敷衍搪塞之术。他批复说,"卿等所言,深切民情",先肯定了彭时等在疏中提出的所有建议,唯独"刘永诚还官地,朕自处分"。不管彭时怎么反复陈说,刘永诚庄田还是做了皇庄。[①] 与此同时,周太后的兄弟周寿、周彧,王皇后的兄弟王源、王清、王浚等人,也纷纷采用合法或非法的手段侵占民田。皇族外戚如此,宦官自然不甘落后。

成化十二年(1476)八月,定西侯蒋琬给见深上了一道奏疏,说到北边大同、宣府肥沃土地有几十万顷,均被豪强占种,租税不供,稍遇兵荒,全仗畿内八府;而这八个府的良田也多被势要之家假称抛荒而奏乞侵占,要求派人清理。[②] 蒋琬的意见也代表了户部和地方大员们的看法,见深无奈,只得派给事中、御史等官会同户部、巡按御史及当地官府进行清理。

这些被强占的土地,相当一部分成了宦官的庄田。对于朝廷的清理,宦官们并不过于担心,他们各有对付的办法。户部员外郎官廉奉命往景州阜城清田,便有宦官派人向他打招呼:"田如归我,讲读官可得也!"幸亏这官廉为人极是硬气,告诉来人:"以万人之命易一官,吾非为也。"顶了回去。[③] 当然,清理归清理,就在清理之后不久,见深又答应了宦官陈显的请乞,一口气赐给他定兴县庄田三百九十顷另八十三亩,[④]开了大面积赐田给宦官的先例。

---

① 《明宪宗实录》卷一〇六,成化八年七月庚午。
② 《明宪宗实录》卷一五六,成化十二年八月庚辰。
③ 徐学聚:《国朝典汇》卷一九《庄田》。
④ 《明宪宗实录》卷二一三,成化十七年三月乙未。

有见深的撑腰,宦官不仅敢于侵占民田民地及国家草场,就是宗室的田地也敢占。成化十三年(1477),镇守广西的宦官黄沁就夺占了桂林靖江王府的莲塘草场。靖江王朱规裕向见深奏告此事,黄沁便也上疏讦奏靖江王饮酒时用妓乐、收留自宫男子等违禁违法事,并诬告其他罪行。① 见深向来讨厌这些事情烦他,如果黄沁占了北塘草场而靖江王不告状,这便没有事;如果靖江王告了状而黄沁认了错,将所占草场退还,那也没有事。偏偏互不相让,见深只得命地方官调查。

在成化时,王府的势力已远远比不上镇守太监,地方官可以得罪王府,却不敢得罪宦官。他们清楚,王府中尽管是些龙子龙孙,但真龙只能是北京的那一条,其他的龙都得被禁锢;而镇守宦官却是代表那条真龙来约束、禁锢这些龙子龙孙的。何况这靖江王不过是被太祖高皇帝治了罪的朱文正的后代。② 由于靖江王对地方官调查不服,见深改派了总镇两广太监顾恒、巡抚广西都御史朱英会同正在广西盘粮的给事中和巡按御史联合调查。

调查的结果对黄沁不利,他不仅占了靖江王府的水塘和草场,而且大量接受贿赂,经常杖杀军士,所告发的靖江王种种不法事也大多没有事实根据。三司法根据这些罪状,要求将黄沁逮至京师,处以重刑。见深却让顾恒将他押送南京监候,以逃避审讯,只是将其下属人员押送京师。而那位被占了水塘草场的靖江王,也因做了一些违禁事被见深降旨切责。③

这件事情的处理,反映了见深的一个基本原则,凡是外廷官员

---

① 《明宪宗实录》卷一七〇,成化十三年九月丙子。
② 按:朱文正是明太祖朱元璋的侄子。跟随明太祖起兵,为大都督府大都督。曾以南昌孤城与陈友谅抗衡,后因怨望被杀。其子守谦,封靖江王,世袭。
③ 《明宪宗实录》卷一七〇,成化十三年九月丙子。

乃至宗室,一旦和宦官发生纠纷,他大体上是站在宦官一边的。在他的潜意识中,已经把自己和他的那个政权分离开来,把他自己的眼前利益和祖宗留下来的政权的长远利益分离开来。宦官是他的家奴,为他服务,官员们却是为那个政权服务,似乎与他没有多大关系。

由于有这样一种潜意识,所以当时发生的一系列皇帝庇护宦官的事就不难得到解释。成化元年(1465)九月,宁波知府张瓒对浙江市舶司提督内臣福住的不法行为进行制裁,福住便反咬张瓒,经布政司和按察司调查,罪在福住。但公文一到御前,见深却批了两个字"宥之"。刚好九年之后,镇守浙江内官李义命人用杖刑活活将宁波卫指挥马璋打死,见深仍是两个字:"宥之。"御用监太监陈善往河南采办,路过河间府,知府藤佐等因忙于赈济灾民,没有很好接待,被劾了一本,见深即命人将藤佐逮至北京问罪。怀柔伯施鉴进城,正逢宦官带领锦衣卫校尉护着采办奉献物品用的红细车出城,喝令施鉴让道。施鉴素来看不惯这些狐假虎威的内使、校尉,不但不让道,反而命人拳棒相加,打了锦衣卫校尉三十棍。结果被夺爵,谪贵州立功。①

皇帝这般胡乱处理,使宦官气焰越来越高,占田占塘占草场不过是小事一桩。况且,田地及草场只是间接生财之物,而请乞盐引则是直接生财之道。

自成化二年十二月商人吕铭等人奏准运米辽东、中纳两淮存积盐五万引之后,明朝食盐的垄断性管理制度便迅速发生变化。商人能奏准中盐,主要是走了宦官的路子。宦官既然可以帮助商人中纳,自己自然也希望中纳,不能老让肥水流入他人田。在中国

① 参见《明宪宗实录》卷二一、卷一〇〇、卷二四〇、卷五七。

历史上发生的又一轮官员经商的恶浪，便从成化朝宦官中开始掀起来了。

成化四年（1468）六月，尚膳监太监潘洪对此做了尝试性的努力。他向见深提出，两淮盐运司积有余盐五万九千引，请皇帝给予关照，批个条子，允许其侄潘贵中纳关支。如果得到批准，便意味着潘洪、潘贵叔侄可用两万两左右的白银一次性净挣四万至五万两。见深对宦官的大多请求不算经济账，随口便答应了。反正总是纳银中盐，给商人给宦官还不一样，却根本不考虑商人经商和宦官经商的本质区别及其造成的后果。

这时担任户部尚书的是马昂，虽说已经七十八岁，但还没有老糊涂，虽然没有什么突出的政绩，却也没有干坏事的胆量，不敢造次一口气批给潘洪那么多的存盐。而同时在位的吏部尚书李秉、礼部尚书姚夔、兵部尚书白圭及都御史林聪等又都是些厉害角色。在他们及内阁彭时、商辂的支持下，户部上了一份态度强硬的报告，说是"先有诏旨，禁防盐弊，凡内外食禄之家，不得占中以侵商利、损边储。今（潘）洪所请，不惟沮坏定制，抑且启在位（者）逐利之心，不宜赐允"。见深拿着这个奏疏，左右为难。一方面，司礼监已传下他的旨意，答应让潘洪中盐；另一方面，户部以祖宗曾有禁令为理由，顶着不给。但他也有他的办法，将户部的报告发给内阁，让内阁去处理。内阁不含糊，代见深拟了一个批答："朝廷存积盐课，以待边用，祖宗明有禁例，食禄之家尚不可中，况内臣乎！内臣给事内廷，凡所以养生送死，皆朝廷为之处理，固不必营利以殖生，况乃损国课以益私家乎。其勿与。"①把潘洪眼看已到手的大把银子给堵了回去。至于是否出尔反尔，见深是不管的，潘洪自

---

① 《明宪宗实录》卷五五，成化四年六月癸卯。

然也不敢计较。

但到成化十五年（1479），见深因抹不下万贵妃的面子，给了贵妃二弟万通两淮余盐五千引。宦官们见已有"食禄之家"赐盐的先例，便又纷纷请乞。先是王铀请令家人中河东官盐二万四千引，见深虽然采纳户部的意见，说祖宗之制，不许内官私置产业，并再次颁布禁约，不许势家中盐；但却不同意户部将王铀下法司治罪的意见，说"论法本不可轻贷，姑恕之"。①

既然违禁也不治罪，所以接着便有赵阳、黄沉、刘关、李泉提出要求，总数是八万引，见深答应了。当户部予以抵制并上疏质问时，见深竟做了个令人愕然的回答："盐课国家重计，不宜轻费。势家中纳，已有明禁，况可以请乞而得乎？此曹朦胧累奏，偶曲从之，实非朕意。"②明明知道盐课关系国计，也记得发过禁令，而别人"朦胧累奏"，他便也朦胧答应，一旦出了问题，却说不是自己本意，推个一干二净。这样做皇帝，不但在明朝，便是在中国历史上，也实在并不多见。其实，见深的朦胧倒不是用来对付宦官，而是用来对付户部，如果户部不反对，宦官便将盐支走了；一旦反对，见深则出面处理，一面说非是本意，一面又进行担保，不让法司对请乞者进行处理。

成化一朝，由于户部与其他外廷衙门的共同抵制，堵住了宦官公开请乞盐引的浪潮，也使得见深没有在违背祖制的道路上走得太远；但由于有见深的保护和纵容，外廷却无法遏止宦官进行的食盐走私活动。因为宦官卖私盐总是和替皇家采办纠缠在一起，谁也理不清。

---

① 《明宪宗实录》卷二三八，成化十九年三月庚子。
② 《明宪宗实录》卷二五六，成化二十年九月辛卯。

见深让宦官外出采办，就像唐朝开官市一样，名义上是以钱买货、以银买货或以货易货，实际上却是半买半抢，或干脆就是横征强索。这和郑和下西洋的先议价后交易、公平买卖甚至加倍给钱全然不同。因此宦官带出的只是一点象征性的钱和物，有时钱物均不带，只是带着一纸取盐的批文。只要将批文给商人，这批文就变成了钱。如上文所说的王敬下江南，便是带着批文去的，即使商人不要盐批，那也不要紧，只需让盐场派人将盐送到地方府县衙门，甚至就将盐批直接递进去，地方官敢不给银子？因此，只要是宦官带的盐，无论是船载还是车运，极少有人敢于查问。即使查出来，皇帝批上两个字"宥之"，岂不费力不讨好？而且，盐司官员为巴结宦官，往往是实发数多于批给数，至于亏空部分，他们自有办法去填补。这样一来，即使是户部在朝中竭尽全力左右弥缝，仍然有大量食盐落入宦官之手。有地位、有身份的宦官是不愁没有发财之路的。

成化二十二年（1486），内官熊保奉命往河南办事时，便弄到许多私盐，强迫沿途州县官替他发卖，以这些不用花钱弄来的盐，加上其他办法进行的求索，熊保搞到了白银五千三百多两，另外还有三十三匹马，一头骆驼以及价值五六千两银子的金玉玩器书画，随行人员也跟着他发了财。对于熊保的不法行为，地方官早已司空见惯，竟然无人告发。最后还是因为熊保杖杀了一名皂隶才被东厂缉事官校揭露出来，下了锦衣卫狱。刑部根据熊保的罪状定了绞刑。见深也批示说："熊保擅作威福，沿途暴贪，致死人命，不畏法庭。"提得很高，只是放得很轻："发南海子充净军种菜"，连北京也没有出。①

---

① 《明宪宗实录》卷二八五，成化二十二年十二月甲申。

见深对宦官置财尤其是占地占田开只眼闭只眼，应该还有其他考虑。从郑和、侯显等永乐时的著名宦官，到曹吉祥、刘永诚这样在正统、景泰及天顺、成化间最有权势的宦官，只要在生时不将土地财产分割干净，死后一般由朝廷派人予以接管。其中曹吉祥、刘永诚的田地就被见深收为皇庄，即使像王彦那样随成祖起兵，先登有功，又镇守辽东几十年，且经朝廷允许娶了妻子的，死后除田园、盐引由其妻吴氏继承外，其他奴仆、骡马、金银器皿等均没入官府。① 从这个角度说，宦官们在生时置财，固然可以享受，且可接济原来的家庭成员，但绝大部分最后还是落入皇帝之手中。因此，他们归根到底是在为皇帝置财。见深伤脑筋的倒不在乎他们弄多少钱、多少物，占了多少土地，而是有时他们搞得太过张扬，让外廷言官和地方官抓住把柄；或太过蛮横，搞出了人命。

三、西厂废立

在成化一朝的宦官中，给见深惹麻烦最多却又最得他欣赏的，倒不是钱能、韦眷、王敬、熊保乃至梁芳，而是汪直。与上述弄钱弄物总是等着外廷弹劾的经济型宦官不同，汪直是位主动进攻的政治型宦官。仅仅他的一个西厂，便折腾了五六年，使外廷说"厂"色变。

成化十二三年间，京师北京连续出了几桩怪事。

先是十二年（1476）正月十三日，见深照例到大祀殿郊祀。大祀殿建在京师九门的南大门正阳门外东侧，②见深即位后，轻易连

---

① 王世贞：《弇山堂别集》卷九一《中官考二》。

② 按：永乐十八年，成祖仿南京规制，于北京城南门即正阳门外东侧建大祀殿，祭祀天地。见孙承泽：《天府广纪》卷六《郊坛》。

皇城也不出,唯有这一一年一次的郊祀,虽说是在京城之外,却是太祖太宗定下来的祭祀皇天后土的大典,不得不勉力而为。[①] 但这天的郊祀仪式刚刚开始,便天昏地暗,大风骤起,祭坛上的灯烛尽被吹灭,好不吓人。而且寒气倍增,执旗举幡的旗手卫力士及掌管郊祀奏乐的乐官竟有活活冻死者。据说南宋光宗绍熙年间也曾有过这种事情,传闻是因为光宗敬天之意不诚,头天晚上在斋宫和皇后李氏共长夜之欢饮、展中情之嫌婉,故而第二天早上郊祀时上天震怒,厉风震荡,不能成礼,光宗因此恐怖成疾,以至于崩。见深在祭祀南郊的头天晚上是否也有过像宋光宗之类亵渎神灵的行为,不得而知,只是他比宋光宗要镇静些,雍容成礼,对越上帝。[②] 但不管怎么说,发生这种事情总是不祥之兆,人们因此议论纷纷。

仅过半年,就在这年七月间,京城传闻说西城一带有黑色怪兽,其状如犬,夜出伤人,致使满城骚动。人们昼眠夜作,持刀追捕,却又无影无踪。有一次,这怪兽竟然窜进皇宫,弄得人心惶惶。见深专门派了太常寺少卿刘岌往祭城隍,责备土地神没有尽到却妖护民的责任,又在宫中祭告天地,引躬自咎。经过几个月的折腾,事情才算平息下来。[③]

但接着又发生了李子龙事件。有一个山西籍的莽汉名叫侯得权,自称精通法术,善用符咒,结交了内监韦舍,潜入大内,图谋不轨。虽然经人告发,李子龙、韦舍都被斩首,但这件事的发生,却使见深一直深自不安。

过了不久,见深上早朝的时候,在东班文官中隐约传出盔甲撞

---

① 《明史》卷四八《礼志二·郊祀》。
② 沈德符:《万历野获编》卷二九《郊坛大风》。
③ 《四友斋丛说》卷七;沈德符:《万历野获编》卷二九《朝参讹传》;《明史》卷三〇四《宦官列传》。

击、刀兵相交的声音,庄严寂静的华盖殿内,顿时乱成一团,见深吓得就想离座而去,锦衣卫卫士们连忙持刀护驾。但乱了半天,竟然什么异常事情都没有发现。见深在众人面前丢了脸,非常恼怒。让一百多个班次较低的官员,一齐跪倒在午门外,以示惩罚。执法御史奏准追查首先骚动的官员,竟查不出来。后来人们传说,这种无形有声的怪事是因为"鼓妖"在作怪。①

事情一件接一件,使见深既紧张又烦恼。他认定有人在捣鬼,而且李子龙能串通宦官,那么宫内宫外或许都有隐患,只是没有被查出来而已,由此也对专门从事侦缉活动的锦衣卫和东厂的办事效率产生怀疑。这时,他想起了曾经在万贵妃昭德宫办过事的那个机警能干的小内使汪直。

汪直本是成化初韩雍平灭大藤峡时抓获的瑶族小孩,因聪明伶俐而被阉割,送入宫内办事。明朝的小内使很多是战争中被抓来的少数民族小孩,有些还闯出了极大的名头,如郑和、王彦等。汪直在成化十二三年间已做到了御马监的太监,见深让他带一两个助手,布衣小帽乔装出宫,刺探军民隐事。由于是和见深单线联系,加上汪直办事也确实隐秘,活动了好几个月,外廷连一点风声都不知道,而且着实刺探出不少鲜为人知的消息,使见深大为赞赏。②

当时尚铭掌东厂太监,他是司礼监的秉笔太监。见深既然不信东厂而信汪直,按理说将尚铭罢去,换上汪直即可。但这里却既有祖宗的旧制,又有内廷的派系问题。自成祖设东厂后,掌东厂太监逐渐专用司礼监秉笔太监的第二人或第三人。这样处理既避免

---

① 《明史》卷二八《五行志一·鼓妖》;沈德符:《万历野获编》卷二九《朝参讹传》。
② 《明史》卷三〇四《宦官列传一》。

了司礼监掌印太监权力过于集中，又仍然保持了司礼监在内府中的领导地位。由于东厂属司礼监，汪直则是御马监太监，要领东厂，首先得转衔司礼监，而司礼监掌印太监怀恩却是不好惹的人物。虽然也是太监，但怀恩性情耿直，为人正派，不要说内廷宦官，就是见深有时也敬他三分。要汪直去掌东厂，只怕怀恩这一关就不容易过去。或许是因为这种原因，或许也是为了相互牵制，更好控制，见深绕过东厂，于成化十三年（1477）正月让汪直带着锦衣卫官校百余人，在灵济宫旁灰厂拘讯人犯。由于灵济宫在皇城之西，于是便称为"西厂"。① 英宗天顺后期，门达曾在城西置狱，见深即位后毁去（见第三章）。汪直所立西厂，很可能便是沿用门达旧址。

西厂建立后，汪直便放手大干了。

福建建宁卫指挥同知杨华，是已故大学士杨荣的曾孙，与其父致仕指挥同知杨泰暴横乡里，残害人命，被人告发。刑部请准见深，让主事王应奎和锦衣卫百户高崇往建宁查勘，但杨华却悄然潜入京师，藏于姐夫中书舍人董琪家。董琪与锦衣卫百户韦瑛有交情，托韦瑛为杨华父子疏通关节，没想到给了韦瑛向汪直请功的机会。有了韦瑛提供的线索，西厂校卫拘捕了杨华、董琪，并搜出了二人所拟的准备行贿的名单。名单内有大学士商辂和三法司官员以及司礼监太监黄赐、陈祖生等人，这可以说是西厂建立后侦出的第一桩大案。汪直当即将情况报告了见深，见深对汪直雷厉风行的办事作风感到满意，对杨家准备送人的贿赂尤其关心，让汪直严加追索。

---

① 《明史》卷一四《宪宗本纪二》；陆釴：《病逸漫记》；孙承泽：《天府广记》卷三八《寺庙》；谈迁：《国榷》卷三七；另参见王春瑜、杜婉言：《明朝宦官》。

但是,杨华尽管拟了一个行贿的名单,却并没有付诸行动,礼物也还没有筹备好。西厂校尉搜不到财物,便施以酷刑,杨、董二人忍受不了锦衣卫的酷刑,胡乱招出了叔父兵部武选司主事杨仕伟,说行贿财物存放在杨仕伟处。汪直将杨仕伟连同妻子抓来拷打,杨仕伟既然没有存财物,自然交不出来。结果,杨华因伤势过重,死在狱中,杨泰论斩,杨仕伟、董琪等谪官。见深还派钱能的大哥、太监钱喜带着韦瑛往福建抄没杨家的财产,得了一笔意外之财。①

几乎在同时,汪直又干了一件令见深嘉许的事。南京守备太监覃力朋,到北京进贡后,返回时弄到上百船私盐,一路骚扰。过山东时,武城县一位典史带人查问,覃力朋一掌打断了他几颗牙齿,又射死一名随行人员。此事被西厂校尉侦知,汪直赶忙向见深奏告,将覃力朋逮到京城问罪。虽然覃力朋有司礼监的庇护,最后逃脱了惩治,但见深对汪直更加信任。②

接着,在成化十三年(1477)四五月间,汪直连续办了几件案子。

刑部郎中武清从广西勘查案情还京,到通州时,官校见他行李很多,怀疑夹带私货,将其逮往西厂审讯。礼部郎中乐章、行人张廷纲出使安南后返回,有人告发他们接受了安南王的贿赂,被押送西厂。浙江左布政使刘福起复,到北京等候吏部的任命,有人检举他家居时的违法之事,也被汪直抓到西厂。另外,还有监察御史王本、太医院掌院左通政方贤、院判蒋宗武等人,均因事被西厂校尉逮捕。又有云南晋宁人王凤,被西厂校尉诬为与术士康文秀等在

---

① 《明宪宗实录》卷一六二,成化十三年二月丁丑;谈迁:《国榷》卷三七;《明史》卷三〇四《宦官列传一》。
② 《明史》卷三〇四《宦官列传一》。

山东临清人于源家谋逆,拜受妖书伪职,知县薛方、致仕通判曹鼎与王凤是同乡,也受到株连。[①]

西厂这般不问有无事实根据,不经法律程序胡乱抓人,并用酷刑逼供的做法,造成了极大的社会混乱,也引起了官僚集团的不满。成化十三年(1477)五月,内阁大学士商辂及同僚万安、刘珝、刘吉上疏,历数汪直与西厂的十大罪状,认为由于皇帝信任汪直,致使"人心汹汹,各怀疑虑",文武重臣不安于位,百司庶僚不安于职,商贾不安于市,行旅不安于途,士卒不安于伍,庶民不安于业。他们还特别指出,上年七月以后有妖物伤人,当时人们就认为必有应验。今汪直用事,人心骚动,一如妖物伤人之时,因此,今日的汪直与西厂,便是上年妖物出现的应验。他们要求见深革去西厂,废黜汪直,将在西厂用事的韦瑛和王英押赴法司问罪,只有这样,才可安天意、回人心。[②]

见深正为汪直不断侦破大案而高兴,见商辂等人的奏疏竟将汪直比作妖物,甚至说不废西厂便不能安天意,不能回人心,自然十分恼怒。他派司礼监太监怀恩、覃昌、黄高到内阁,"厉色传旨",责问商辂等人:"朝廷用汪直缉访奸弊,有何坏事?"并追问上这份奏疏出自何人的主意。商辂见来势不善,有些担心。因为当时内阁四人中,万安、刘珝、刘吉都是东宫讲官,做过见深的老师,尽管今为君臣,但这份情谊还在;唯独他商辂,以景泰朝的旧臣入阁,虽然已是首辅,和见深并无个人接触,与这一朝的司礼监太监们也没有什么交情,如今追问上这份奏疏的主谋,明明是怀疑自己。但商辂也是见过大世面的,夺门之变后那样严峻的形势他也

---

① 《明宪宗实录》卷一六一至卷一六六。

② 《明宪宗实录》卷一六六,成化十三年五月丙子。

应付过去了,何况这一次抨击汪直代表着人心,因此挺直腰杆,也高声回答:"汪直违祖宗法,坏朝廷事。失天下人心,(商)辂等同心一意,为朝廷除害,无有先后。"

怀恩对汪直的作为也不满意,只是奉命而来,不能不例行公事,见商辂这样回答,便透露信息:"圣上疑此奏未必四人同然下笔,必有先之者。"这就证实了商辂的担心。万安、刘珝、刘吉也表现不错,纷纷陈言,表示四人一体,无有先后,贬谪黜罚,在所不避。怀恩这时完全改变了态度,他要求阁臣们,即使皇帝亲自召问,也要坚持这一立场。①

经过内阁和司礼监的共同努力,加上得到六部尚书项忠等人的声援,终于迫使见深废除西厂,汪直仍回御马监,韦瑛则调边卫差操。但见深仍然怀疑商辂是这次行动的主谋,不但因为他是前朝的旧臣,而且因为不久前处理的杨华一案,杨华、董琪所开行贿名单第一个就是商辂,加上又是浙江人,与杨华邻省。汪直也以杨华一案向见深陈诉,说司礼监太监黄赐、陈祖生是福建人,受了杨华的嘱托,对他进行报复。见深虽然被迫废了西厂,但对汪直仍然是深信不疑,他也认为外廷能够如此强硬,必定有内监的支持,而支持者就是黄赐、陈祖生,因而不容分说,将二人贬往南京司香。②司礼监和御马监在这场斗争中可以说是暂时打了个平手。

西厂废除才一个月,一位名叫戴缙的来自南京的监察御史却上了一份令举朝震惊的奏疏。戴缙在疏中为汪直打抱不平:

> 近年以来,灾变荐臻,伏蒙皇上谕两京大臣同加修省。夫何训诰彰彰而听之藐藐。未闻大臣进何贤才、退何不肖,以固

---

① 《明宪宗实录》卷一六六,成化十三年五月丙子;《明史》卷一七六《商辂传》。
② 《明史》卷三〇四《宦官列传一》。

邦本。亦未闻群臣革何宿弊、进何谋猷,以匡治理。惟太监汪直缉捕杨华、吴荣等之奸恶,高崇、王应奎等之赃贪;又如奏释冯徽等冤抑之军囚、禁里河害人之宿弊,是皆允合公论,足以服人而警众者也。①

人们在惊骇之余,得出了一个结论:这戴缙九年考满,不得升用,探得西厂虽革,而汪直仍然受到皇帝的信任,于是孤注一掷,上了这道奏疏来讨好皇帝和汪直。还有人揭露说,戴缙的奏疏先经锦衣卫千户吴绶看过,吴绶与汪直关系密切,将奏疏转给了汪直,在汪直将内容告诉了见深并得到首肯之后,戴缙才将奏疏封上。

不管戴缙是出于何种动机,也不管戴缙的人品到底怎样,这份奏疏是帮了汪直的大忙。见深废西厂本来就是迫不得已,既然外廷文官也有人称赞汪直干得好,便顺势复立西厂,汪直重又干起了特务勾当。汪直既然复出,就不容反对者继续在位,一个月之内,兵部尚书项忠削籍为民,大学士商辂、户部尚书薛远、刑部尚书董方、都御史李宾及侍郎腾昭、程万里等几十人相继被迫致仕。②

不过,复开西厂之后,汪直的兴趣已不满足在京师及内地的小打小闹,而是向往到边疆去和蒙古人大干一场,故长年在外,西厂实际上主要由吴绶和韦瑛办事。

吴绶本是锦衣卫副千户,因通晓文翰、办事干练受汪直垂青,受命为锦衣卫问刑官,掌北镇抚司,负责西厂的审讯。不久便升为锦衣卫指挥佥事,仍掌握镇抚司。但这吴绶也有自己的想法,虽依附汪直而有权有势,总觉得长此以往有昧良心。于是改弦易辙,凡有文官被诬陷下狱者,便设法庇护,不让他们受皮肉之苦。结果有

---

① 《明宪宗实录》卷一六七,成化十三年六月庚戌。
② 《明史》卷三〇四《宦官列传一》。

人向汪直告发,吴绶被调往南京,代之以赵璟。①

　　韦瑛本是无籍流民,有缘得为锦衣卫百户,因告发杨华而受汪直的信任,凡到西厂的案件,大多由他而起。所以商辂等人奏罢西厂时说:"汪直之失,虽未为甚,而群小之中如韦瑛者,自言亲承密旨,得专予夺,百官进退,尽在掌握,擅作威福,虚张声势。"要求将他问斩,因为有汪直庇护,调万全右卫。②

　　汪直行边,吴绶改南,韦瑛调外,故西厂复设之后,虽然引起京师内外的恐慌,但并没有像刚开始那样大肆活动。只是因为汪直用事,气焰逼人,人们一直心有余悸,总以为西厂校尉无处不在。

　　到成化十八年(1482)三月,科道官察觉到汪直已经失去皇帝的信任,便纷纷上疏,说西厂苛察纷扰,大伤国体,请求废除。见深一时还拿不定主意,给了个模棱两可的答复:"朝廷自有处置。"③

　　这时在内阁的是万安及刘珝、刘吉,万安因有万贵妃的门路,也知道汪直已经失势,约刘珝一道上疏,请罢西厂。刘珝这些年以来,锐气尽失,已无当年讲官第一的气概,加上对西厂事也不大感兴趣,推辞说:"西厂行事,有何不公道也。"万安见刘珝不合作,便以个人名义上疏,请罢西厂。这是他在阁的十八年中,被士大夫认为所做的唯一一件好事。从万安的奏疏中,可对明朝的厂卫设置有所了解:

　　　　太宗文皇帝建都北京,防微杜渐,无所不用其极。初令锦衣卫官校暗行缉访谋逆、妖言、大奸大恶等事,犹恐外官徇情,随设东厂,令内廷提督控制之,彼此并行,内外相制。行之五

　　① 《明史》卷九五《刑法志三》;《明宪宗实录》卷一九〇,成化十五年五月己卯。
　　② 《明宪宗实录》卷一六六,成化十三年五月丙子。
　　③ 《明宪宗实录》卷二二五,成化十八年三月壬申。

六十年,事有定规,人易遵守。

往年京城妖狐夜出,人心惊惶,载劳圣虑,添设西厂官校,特命太监汪直提督缉访,用戒不虞。所以权一时之宜,慰安人心也。自是事情纷扰,臣不赘言。兹者汪直已受敕镇守大同地方,京都大小官员以及军民人等,众口一辞,皆谓朝廷革去西厂为便矣。伏望圣明洞察事机,俯顺下情,将西厂特颁敕旨革罢,官校悉回本卫,庶旧制以复,人心以安。缘西厂存革,实于人心治体,关系最大,臣不敢缄默。[①]

万安这份奏疏是很费心思的,他说锦衣卫和东厂"彼此并行,内外相制",是祖宗旧制,西厂则是一时的权宜,但事出有因,先承认西厂设置的合理性,给见深一个台阶;而且,对西厂的是非,万安只用"事情纷扰,臣不赘言"八个字便带了过去,不使见深过于难堪;最后又提出汪直既在大同镇守,西厂已无首脑,罢革顺乎自然。

见深见了这份奏疏,觉得西厂也实在是可有可无,与其徒具虚名,增加烦扰,不如废除,耳根清净。废除西厂的旨意一经传出,士大夫们如释重负。万安本来名声不好,因此而声誉鹊起;刘珝素有直名,这次竟然沉默不语,连见深都觉得有些奇怪。[②] 谈迁评论万安奏罢西厂事说:"万眉州(安)至骫骳也,其罢西厂,亦不亚于商淳安(辂)矣。寸有所长,虽鄙夫,得不令终耶。"[③]

只是西厂虽废,汪直仍在大同监军,只有彻底将其击垮,士大夫们才有安全感。

---

① 《明宪宗实录》卷二二五,成化十八年三月壬申。
② 《明史》卷一六八《万安传》《刘珝传》。
③ 谈迁:《国榷》卷三九。

四、汪直其人

正统朝王振、正德朝刘瑾、天启朝魏忠贤,是明朝名声最坏的三个宦官,如果要排第四位,那就轮到成化朝的汪直了。

王振在正统时权倾中外,英宗言听计从。后来土木之变,英宗蒙尘,人们归罪于王振,说英宗是被他鼓捣去亲征的;又说回军路线也是他擅自改变的,致有土木之败。但英宗复辟之后,却派人往土木堡故战场为他招魂,并立祠祭奠,祠额名"旌忠"。太监刘恒等说王振"恭勤事上,端谨持身,左右赞襄,终始一德",英宗也深以为然。① 可见英宗对于自己被蒙古人俘虏,后又幽禁南宫是有认识的,不把责任推给王振。成化八年(1472),宁晋伯刘聚为其叔父已故御马监太监刘永诚请乞封谥及祠堂匾额,见深赐祠额为"褒功",并让内阁拟封谥。大学士彭时的一段话也令人吃惊:"王振辅翼英宗年久,又死国事,英宗复位,非不欲重加褒恤,因无旧例,止赐祠额。今刘永诚得照例赐额,已为过矣,若又加封谥,出于王振之上,则轻重不伦,人心不服。"②可见就是在明朝,对王振的评价也并不是那么绝对。

即便是魏忠贤,虽然人人都说该杀,但在李自成、张献忠飙发于内,皇太极、多尔衮逼迫于外,明朝统治眼看就要土崩瓦解之际,竟也引起一些士大夫的怀念,认为国家到了这种地步,主要是没有杀伐决断的人物,如果魏忠贤还在,当不致如此。③ 可见魏忠贤也

---

① 王世贞:《弇山堂别集》卷九九;卷九一《中官考一》《中官考二》。
② 《明宪宗实录》卷一〇二,成化八年三月丙寅。
③ 按:我在1987年撰写《从明末农民战争看汉族地主阶级》一文时,曾在明人笔记中见到这一说法,惜乎再也想不起出自何书,特作着学之士。

有一日之长。

见深既然对汪直感兴趣，自然也有原因。除建立西厂外，汪直还替见深做了两件大事：一是出征辽东，攻打女真；二是出师河套，袭击蒙古。

成化三年（1467），武靖伯赵辅和都御史李秉曾由抚顺出关，征剿建州女真，遏制了女真人向南向西发展的势头。但由于女真各部互不统属，在向明朝进贡的同时，各部和汉民间也常发生经济纠纷，有些部族甚至聚众在瑷阳一带抢劫。巡抚辽东右副都御史陈钺不问青红皂白，一面发兵袭击近塞土著女真一十八族，向朝廷请功；一面又报称建州及海西女真将大举入寇，请出兵进剿，并鼓动汪直，劝他建立边功，取悦朝廷。①

汪直虽然以立西厂为朝野瞩目，其实不过是个二十来岁的小伙子，②年轻气盛，喜欢热闹，出于好奇，尤喜打仗。见深在做太子时，也喜欢骑射，后来做了皇帝，看到万贵妃身着戎装，腰悬佩刀，仍兴奋异常。汪直想去辽东打女真，见深又何尝不想，只是身份不同，加上身体不大好，无法遂愿。经汪直一纠缠，见深便让他和抚宁侯朱永及陈钺一起，出征建州。建州女真经过上次打击，元气尚未恢复，又全然没有想到朝廷会发兵，等汪直、朱永、陈钺分五路杀到，想抵抗也来不及，结果青壮年纷纷逃匿，老弱妇孺被汪直杀了七百人，俘虏近五百。虽然外廷认为此役纯属无事生非，但见深还是加了汪直岁禄三十六石，因为汪直做了他想做而不能做的事。朱永由抚宁侯晋爵保国公，陈钺由右副都御史进位右都御史，都沾

---

① 《明宪宗实录》卷一九二，成化十五年七月癸酉。
② 按：汪直是韩雍在大藤峡俘虏的瑶族幼童，当时阉割入宫的小内使多在五至七岁。又商辂"请罢西厂疏"也说汪直"年幼"，可推测汪直当时不到二十岁。

了汪直的光。①

　　汪直对蒙古人的一仗,更使见深觉得他能干。事情发生在成化十六年(1480)初,据延绥守将报警,蒙古亦思马因部渡过黄河,入靖虏营(今甘肃靖远县)。兵部尚书兼都御史王越一直和汪直关系很好,他曾经长期在延绥和蒙古人打交道,并袭击红盐池,取得成祖北伐后明朝对蒙古战争的最大胜利,对于防御蒙古人有些办法。特别是刚刚看到朱永、陈钺随汪直打女真升了官,王越很不服气,便劝汪直去延绥转转,和蒙古人真刀真枪干一仗,那才是真正的英雄好汉。根据当时的规定,凡战功以打蒙古人最大,打女真人其次,再次是"西番""苗蛮"即西南少数民族,最后是"内地反寇"即汉民的起事者。成化十四年(1478)还具体规定,杀一个蒙古人的升赏和杀三个女真人、六个内地闹事者相等,这既说明蒙古人难对付,也激励一些好斗之士去北边立功。

　　汪直早就想去延绥,同时对王越敢于孤军深入、直捣红盐池很是佩服。见深批准了王越和汪直的请求,仍以朱永为总兵官,王越提督军务,汪直监军,发京军及宣、大边军往征亦思马因。朱永在成化朝算是最著名的将领,曾多次为总兵官,讨荆襄流民、征建州女真、御鞑靼蒙古,虽说每次都有功而还,加官晋级,封爵国公,却是因人成事。在荆襄时是白圭谋定而后战,在延绥是王越、余子俊等人布置方略,在辽东则是打全然没有迎战准备且尚未恢复元气的建州女真,并没有真正打过硬仗。由于从永乐、正统以来逐渐形成的制度,总兵官例由勋臣担任,故汪直、王越仍将朱永捎带上了。但王越的本意,是不想与朱永同行的,一是怕他分功,二是朱永征建州女真,那么好的差事竟不关照自己。故一出北京,王越在得到

　　────────────

　　① 《明宪宗实录》卷一九六、卷一九七。

谍报,说潜入河套的蒙古人以威宁海子为老巢后,便说服汪直并奏准见深,兵分两路,朱永率大军由南路进军,约好在榆林会师,而自己则和汪直选京营及大同、宣府轻骑二万一千沿着边寨昼伏夜行,向西疾行。

这次出兵的诏旨是成化十六年(1480)正月十六发出的,不到两个月,三月初六日,见深就收到了汪直、王越派人送来的捷报。他们于二月二十二日出大同孤店关,二十七日到猫儿庄,这里离威宁海子已经不远了。就像上次王越袭击红盐池一样,这次又遇上天气突变,西北大风夹着雨雪,呼啸而来,天昏地暗。王越认定这是老天助他成功,分兵几路,向威宁海子扑去。黎明时分兵临营地,蒙古人尚且不知,被王越和汪直打了个措手不及。明军斩首四百三十七级,俘虏一百七十一人,获牛羊马驼六千多头,盔甲弓箭皮袄之类上万件。汪直和王越既然已经告捷,榆林也不去了,让朱永兜了一阵西北风。①

见深即位十六年来,大大小小的战事不计其数,还没有哪一次有这样痛快,时间既短,斩首缴获又多,杀了四百多蒙古人,可不容易。当时便赐敕奖励,并分别升了两位报捷人两级官。当然,和当年项忠、李震一样,报捷这种好事照例是不会让别人做的,一位是汪直的养子汪钺,由锦衣卫副千户升为指挥佥事;另一位是王越的儿子王时,由锦衣卫百户升为正千户;王越因此封世袭威宁伯,成为明朝开国以来继王骥之后第二位以军功封爵的文臣。② 汪直本是太监,已到了宦官的极品,故加禄米四十八石,后来又累加到岁

---

① 《明宪宗实录》卷一九九、卷二〇〇、卷二〇一;《明史》卷一七一《王越传》。
② 按:明代以军功封伯爵的文臣只有三人,即正统时王骥,以平麓川封靖远伯;成化时王越,以袭威宁海子封威宁伯;以及嘉靖时王守仁,以正统十四年平宁王朱宸濠之乱封新建伯。

禄四百八十石,创了明朝开国以来的纪录。①

　　这个时期,不仅真汪直威风,连假汪直也可以横行一时。有位名叫杨福的江西人,在南京遇上故旧。这位故旧见过汪直,说杨福与汪直很相像,又说到汪太监如何威风。二人越说越投机,便弄起鬼来,杨福自称汪直,故旧伪装校尉,为先导。两人从芜湖,经常州、苏州、杭州,到浙江绍兴、宁波、台州、温州、处州,再到福建建宁、延平,一路上府、州、县及布政司官承奉恐后,连浙江市舶司的提举内官也给他们唬住了。沿途百姓听说汪太监下江南,纷纷前来告状,有几位倒霉的贪官污吏、土豪劣绅竟被杨福狠狠治了一顿。最后到福州,才因为拿不出符验被镇守太监卢胜识破,②一时传为笑谈。

　　真汪直也毕竟年轻,只知道在外面冲冲杀杀,图个热闹,以此来使见深对自己感兴趣,却忘了走裙带关系。不管后来人们揭露了汪直多少罪行,但没有人说汪直到东北时弄了多少珍禽异兽及贵重药材给万贵妃,也没有人发现汪直利用西厂缉事的便利,给皇帝弄过什么名画古字及奇巧玩物。在这方面汪直是远远比不上钱能、韦眷的,更不要说梁芳。又少年气盛,不但不将外廷文官武将放在眼里,而且也欺压内廷有头有脸的同僚,从而惹下了很大的麻烦。加上久在边外,消息闭塞,一旦有事,连解释的机会也没有。

　　见深喜文喜画喜曲艺,有个在钟鼓司供职的小内使名叫阿丑,善于诙谐,又会演戏,找了个机会在见深面前装醉汉,见人便骂。其他内使跟着起哄,连说:"皇上来了!"阿丑不理不瞅。又有人说:"汪太监来了!"阿丑赶忙装着逃走,口里嚷嚷:"今人但知汪太

---

① 王世贞:《弇山堂别集》卷一五《皇明异典述十·中官岁米》。
② 《明宪宗实录》卷一八〇,成化十四年七月癸亥。

监也!"又学汪直的样子,双手挥舞,口中念道:"吾将兵,仗此两钺耳。"有人故意问他,是什么钺,他应声答道:"王越、陈钺也。"见深既觉有趣,又生疑窦,所以《明史》说他"稍稍悟"。①

这位名叫阿丑的小内使倒是一个真正的有心人,不仅仅是汪直,朱永也在他的嬉笑怒骂中。朱永做了保国公之后,大兴土木,私役班军,阿丑便在为见深演唱之时,杜撰了一支楚歌,歌词说:"吾张子房,能一歌而散楚兵六千人。"配角在旁边插话:"吾闻之,楚兵八千,何以六千?"阿丑作色答道:"其二千在保国府作役耳!"闻者大笑,见深也忍俊不禁。朱永听到这件事后,怕见深回过味来找他算账,连忙遣散占役的军士。②

不过不知见深是大智若愚,还是不得开窍,每当阿丑这般讥谏,他总是笑笑而已。一次,阿丑在见深面前表演新戏,内容是吏部任官。阿丑自己扮堂上官,先选了一人,阿丑问其姓名,那人自称名叫"公论",阿丑将他喝退:"公论如今无用。"又选一人,自称"公道",阿丑又喝道:"公道亦难行。"最后选的一人,自称"糊涂",阿丑连声称道:"糊涂如今尽去得。"众人大笑,见深也微微一笑。何良俊在记载了这件事后深表惋惜,认为阿丑的表演,正是司马迁作《滑稽列传》所说的"谈言微中也可解纷","惜乎宪庙(指见深)但付一哂而已"。"若宪宗因此稍加厘正,则于朝政大有所补。"③从这点看,朱永的担心是多余的。

不过,汪直最后还是栽给了司礼监和东厂。东厂太监尚铭本来依附汪直,后见汪直长驻边陲,便放开胆子办了几件案子,汪直怪他没有通气,扬言要报复。尚铭怕汪直回京后找自己的麻烦,便

---

① 《明史》卷三〇四《宦官列传一》;何良俊:《四友斋丛说》卷一〇《史六》。
② 谈迁:《国榷》卷三九。
③ 何良俊:《四友斋丛说》卷一〇《史六》。

将汪直平日在言谈中所泄露的宫中秘事及与王越等人过从甚密向见深奏告。① 所谓宫中秘事，不外是后妃间的丑闻及见深本人的毛病，尽是听了令人脸红之事。汪直就此失宠，想回北京，但见深不愿见他。到成化十八年（1482）西厂废除后，汪直失宠已是尽人皆知，于是科道官们再次发扬了痛打落水狗的精神，将汪直所有不法之事尽行揭露。见深于成化十九年（1483）六月将汪直调往南京御马监，接着又贬为奉御。汪直就像一颗横贯天际的彗星，令人胆战心惊一阵之后，从此无声无息。

虽然说几年来缙绅士大夫在汪直面前威风扫地，但细论起来，汪直为人也真有几分可爱处，难怪不但见深和万贵妃喜欢他，成化时的一些著名大臣，如吏部尚书尹旻、兵部尚书王越、刑部尚书林聪等也和他有较密切的关系。

汪直爱和士大夫作对，商辂被他挤走，项忠受过他侮辱，还有一位以后在弘治朝大大露脸的马文升也被他下锦衣卫狱，由整饬辽东军务兵部侍郎谪戍重庆卫。但汪直不是小心眼，一旦令他佩服，他可以倾心相交。

在文官中，最令汪直佩服的自然是王越。因为王越敢和蒙古人真刀真枪地打仗，而且两次深入，直捣"套虏"的老巢，从永乐以来只有他干过这种事。所以汪直和王越守边时，全由王越策划。

其次是秦纮。秦纮为右佥都御史巡抚山西时，奏晋府镇国将军奇涧等人之罪，被奇涧父庆成王钟镒诬告下狱，经法司审问，全无根据。宦官尚亨奉命抄秦纮家产，仅抄得绢一匹及几件旧衣服，尚亨很是感动，如实奏告。见深听了，也不禁嗟叹许久，觉得秦纮官已不小，竟一贫如洗，立即释放，改巡抚河南，并赐钞万贯，以示

---

① 《明史》卷三〇四《宦官列传一》；何良俊：《四友斋丛说》卷一〇《史六》。

表彰。同时革了朱奇涧等三人的爵位,庆成王朱钟镒的岁禄也削减三分之一。① 秦纮到河南后,正逢汪直带人出巡,一路上送往迎来,招摇过市,唯独秦纮不亢不卑。汪直回京后,见深让他评点地方官,汪直竟推秦纮第一。见深拿出一份奏疏,汪直一看,却是秦纮劾他多带旗校,骚扰郡县,连忙叩头请罪。见深由此更觉汪直可爱。

还有一位兵科给事中孙博,上疏抨击东西二厂,说是缉事旗校,多毛举细故,以中伤大臣,而且说:"旗校本厮役之徒,大臣则股肱之臣。岂旗校可信,反有过于大臣。纵使所访皆公,亦非美事,一或失实,所损实多,乞严加禁革。"② 见深看了这份奏疏很不高兴,说孙博不谙事体,所陈均浮泛之辞。汪直听说孙博攻击了西厂,命人将其召来,当面责问,并奏准见深,让孙博随他去打蒙古,其实是准备给小鞋穿,人们都为孙博担心。汪直每次出战,便让孙博随行,想吓吓这个书生。谁知孙博却很有胆量,意气峭拔,挽弓拍马,来往于万军之中;又颇富谋略,指画利害,持论侃侃,汪直反倒肃然起敬。③

汪直的这种性格,在许多宦官中都有表现。钱能在云南干坏事,就怕巡抚都御史王恕告他的状。等钱能千方百计挤走王恕之后,朝廷派来了新巡抚吴诚。钱能问迎接吴诚的都指使吴亮,这位巡抚可比得上王恕。吴亮回答说:"这巡抚十分敬重公公,与王某不同。"钱能却笑着说:"王某只不合与我做对头,不然,这样巡抚(吴诚)只好与他(王恕)提草鞋。"④

---

① 《明史》卷一七八《秦纮传》。
② 《明宪宗实录》卷一九九,成化十六年正月戊申。
③ 谈迁:《国榷》卷三八。
④ 何良俊:《四友斋丛说》卷九《史五》。

看来,士大夫有时被宦官压得抬不起头,不仅是因为皇帝信任宦官,也怪文官中有不少是卑鄙小人,自己不争气,腰杆不硬,做事也没有能耐。见深对此是有看法的。所以商辂请罢西厂,说朝廷用汪直坏事,见深便派怀恩反问:"朝廷用汪直缉访奸弊,有何坏事?"言下之意,事情哪里都是宦官坏了? 后来他孙子武宗便直截了当地说:"天下事岂尽是宦官坏了? 文官十人中仅有三四好人耳,坏事者十常六七。"①当然,见深和他的子孙们永远也不会明白,想用特务手段清除腐败,结果只能是更加腐败。从一定意义上说,汪直等宦官只是代皇帝受过。事实上,汪直及其支持者得罪后,成化朝的政事也没有多少起色。

一百五十年后,当谈迁写《国榷》时,倒对汪直有几分同情:

> 神龙不可脱于渊,猛兽不可脱于林,势使之然也。人主生长深宫,日与宦竖习,盗威福,伺怒喜,因其近幸,外廷毋及闻焉。伏生狎,狎生奸,至于奸而国始蠹矣。汪直年少,矜宠幸功,越在边陲,久离宫掖,彼内臣纷纷者何限,各思乘间而出其右。耳目渐移,謇笑互中,虽有异眷,岂能要其终哉。(汪)直之外镇也,直自失计耳。向使归自辽左,戢影禁中,天门沈沈,畴得而窥之? 虽然,直而内也,又不止南谪矣。迟发则祸逾重,直之失计,或直之厚幸也。②

① 王世贞:《弇山堂别集》卷九四《中官考五》。
② 谈迁:《国榷》卷三九。

第八章　偏信僧道

一、君门万里

见深在位二十三年,虽不算太长,却也不算太短。在明朝的十六位皇帝中,他仅次于神宗朱翊钧(在位四十八年)、世宗朱厚熜(四十五年)及太祖朱元璋(三十一年)而居第四位。但在士大夫们看来,见深充其量只是认认真真做了一两年皇帝。事实上,他也只是在即位后的一两年里,才多一些公开的活动,然后便进入了半休眠状态。清代赵翼《陔余丛考》说:"自成化至天启,一百六十七年之间,其间延访大臣,不过弘治之末数年,其余皆帝远堂高,君门万里。"①

明朝前期的几位皇帝都是亲自处理朝政的。即使是见深之父亲英宗朱祁镇,虽说是缺乏长进,昧于世事,却也不敢稍有懈怠,用人行事之际有不明之处,正统时是请教司礼监太监王振,天顺时则征询大学士李贤的意见。李贤作为当事人,曾不无自得地说:"凡左右荐人,(上)必召贤(李贤自称)问其如何。贤以为可者即用之,不应者即不行。"又说:"上躬理政务,凡天下奏章,一一亲决,有难决者,必召贤商议可否。"②

---

① 赵翼:《陔余丛考》卷一八《有明中叶天子不见群臣》。
② 李贤:《天顺日录》。

如果说见深什么事也不做,那倒是冤枉,有几件必须要做的事他还是在内阁和司礼监的督促下按规矩做的。第一件是每年正月往南郊大祀殿祭祀天地。见深在位的二十三年里,这件事是遵循得最好的,没有一年不去。而且,每次祭祀之前,都要在奉天殿戒饬文武群臣,致斋三日,以示诚意。第二件是每年正月初一去奉先殿及仁寿宫向祖先及皇太后行礼,然后出御奉天殿,接受群臣及周边各少数民族贡使的朝贺。除了遇上大的天变,如日食等,这正月初一的朝贺礼,见深是坚持下来了的。第三件是批答奏章。凡有群臣上疏,虽然基本上是批给有关部门处理,但毕竟"留中不发"的很少,有时也还亲自动手批出几条意见。不过到底有多少是见深自己批的,有多少是司礼监按见深的意思批的,又有多少是见深根本不看、直接由司礼监批的,则无从考究。第四件是视朝。如果以为见深在二十三年中很少上朝,那也是误解。恰恰相反,除了极特殊的情况外,他是天天上朝的,只是上朝时并不多说话。其他如遇旱求雨、遇潦求晴等,也还是勉力为之。

　　遇上心情好,还偶尔去西苑看练武,因为他自己做太子时就喜欢骑射。不过,每次看了练武,总让他失望,武官们的骑射技术虽然与他比还是拿得出去,但也不见得强多少。

　　成化九年(1473)四月二十二日,按理是经筵日,但这天是仁祖淳皇帝(太祖朱元璋的长兄朱世珍)的忌日,见深从奉先殿行礼出来,但见阳光明媚,初夏的北京,尽扫往日的郁闷之气,不由得精神振奋。与其坐在文华殿呆头呆脑听翰林官讲课,倒不如出去散散心,也驱赶一下自去年春天以来因皇太子祐极去世而带来的阴郁。见深的车驾出西华门,来到西苑皇家练武场。四十年后,他的孙子武宗朱厚照便在这里建豹房、立西官厅。皇帝看比武应是看高层次的,于是在京师的公、侯、伯诸勋臣以及充任京营坐营、把总等官的都督、都指挥使、指挥使等高中级军官当场演习骑马射箭。结果,连中三箭的只有四个人,三箭射中两箭的有二十三人,只射中一箭的有九十九人,其余的一箭也没射中,还有在马上无法开弓放箭及连弓也拿不住的。

见深本来想开开心,结果扫兴而归,指责了提督京营总兵官抚宁侯朱永等人一番:武备此般懈弛,"皆尔等不严训练之过"。"使此辈总统部伍,安能递教军士。"①尽管朱永等人因此而将把总李胜等四十六人黜回老营,但见深在半年后再往西苑检阅时,仍有把总九人射不中靶。从此以后,他再也懒得去看练武了。

偶尔他也去国子监看看。那是成化元年(1465)三月初十,见深在大学士李贤、陈文、彭时以及六部、翰林院官的陪同下,身着皮弁,先在集贤门给先师孔夫子行了四拜礼,然后到国子监正堂彝伦堂,听祭酒司马恂、司业张业讲书。② 这个地方当年宣宗皇帝曾来过两次,如今"圣上"驾临,使师生们大为激动。不过见深也只让他们激动了一次,以后就不再来了。

最使文臣们不满意的是,见深对他们苦心安排的经筵讲学不感兴趣,尤其不愿召见大臣。

天顺八年(1464)八月初二,见深即位后的第一次经筵在文华殿举行(见第二章)。对这种讲学,他在做太子时就领教过了。现在做了皇帝,还得规规矩矩坐在那里听讲官们的教诲,多少有些厌烦。说实话,他并不是不愿读书,而是对经筵讲学的方式和内容不感兴趣。以初开经筵那天李贤讲的《大学》和陈文讲的《尚书·尧典》来说,见深早已滚瓜烂熟,但仍耐着性子听。好容易经筵结

---

① 《明宪宗实录》卷一一五,成化九年四月壬午。
② 《明宪宗实录》卷一五,成化元年三月丁巳。

束,讲官们在皇帝御赐的筵席上议论着日讲内容,但皇帝却在盘算如何逃避这件苦不堪言的事情。在那次经筵以后,接下来是没完没了的"日讲"。夏日尚可,如果是在冬天,天寒地冻,寅时起床,没法睡懒觉,天刚蒙蒙亮就要上朝,上完朝又去文华殿听侍讲官讲学。如果是和阿丑等人讨论戏曲,与吴伟等人讨论书画,与钱能、梁芳鉴赏古玩,与万妃、邵妃打趣说笑,或者和方士们研究养气练神,那自然是其乐无穷。可这四书五经枯燥无味,《通鉴》《史记》前车已远,实在是打不起精神。

但不管皇帝愿不愿意喜不喜欢,内阁和礼部、翰林院及其他有关部门仍是按祖宗规矩办,而且积极性很高,不但要讲先哲曾子的《大学》,还要讲宋儒真德秀的《大学衍义》;不但要讲司马光的《资治通鉴》,还要讲各家的考异考证。对于这些,见深有些无可奈何,外有内阁大学士们喋喋不休的上言,内有司礼监太监们卑词正言的讽谏,上面还有皇太后的不断督促,只得勉力而为。

当然,见深的性格是外圆内方,顺从中有执拗,宽厚中藏狡黠。既然经筵日讲不好不去,便来个消极抵制,任你讲官说得天花乱坠,他硬是死活不开口。既不表示赞成,也不表示反对,让你讲得自觉无聊,可以早早收场。讲官们对这位不冷不热、不言不语的主子也无可奈何,讲学犹如对牛弹琴。到成化六年(1470),一位来自福建莆田的经筵展书官、翰林院编修陈音忍无可忍,借灾异上疏力言此事,想把皇帝的金口撬开:

> 养德之要,莫先于讲学;讲学之功,莫切于好问。今陛下虽日御经筵,然势分尊严,上下相隔。上虽有所疑而未尝问,下欲有所陈而不得尽。愿陛下退朝之余,择一二儒臣有学行者,引至便殿,从容赐坐,有疑辄问,务使圣心涣然,如天间日皎,则以之正心、正家、正百家、正万民,而亿万载太平之业基

于此矣。①

这陈音是位饱学之士,为人负气节,后来闯出很大的名气。司礼监太监黄赐的母亲去世,部、院、寺、司诸官都前往悼念,侍讲徐琼也动员翰林院众官前往,陈音当众斥责:"天子侍从臣,相率拜内竖之室,若清议何!"虽然今天看来,陈音不免偏颇,而且也没有意识到宦官地位的法律性变化,但当时的舆论便是如此,众翰林固是肃然起敬,徐琼也自觉惭愧。汪直命韦瑛领西厂校尉夜入兵部郎中杨仕伟家,考掠家属,追查杨华所说的行贿礼物。陈音与杨仕伟比邻而居,听到杨家骚扰,爬上墙头大声呼喊:"尔擅辱朝臣,不畏国法邪!"校尉们见竟然有人敢于干预,反问道:"尔何人,不畏西厂?"陈音却不吃这套,理直气壮地通报姓名:"我翰林陈音也!"②这件事传到内廷,宦官们也挑拇指称赞。但那是几年之后的事。而在成化六年(1470),见深对陈音却没有什么印象。当然,即使有印象,见深也不会因为他的一番言论而改变自己的原则。

不过,见深偶尔也会表现出对史鉴的兴趣,这自然是文官们求之不得的。

成化九年(1473)二月,翰林院史官们根据见深的要求,对朱熹的《资治通鉴纲目》作了考订。见深的要求也很特别,原来插在纲目之中的后儒的考证、考异统统删去,另外附上宋儒王逢的《集览》和尹起莘的《发明》。这样做是为了看起来轻松方便,又保存了基本参考资料。见深对自己的这一主意很是得意。见到翰林院送上的新编纲目,一时兴起,亲自写了一个序言,让付梓印行,这却

---

① 《明宪宗实录》卷七七,成化六年三月辛巳。
② 《明史》卷一八四《陈音传》。

是翰林官们没有想到过的。校订、印行《资治通鉴纲目》之后,见深兴致不减,又命内阁组织人员编纂《宋元续通鉴纲目》。到成化十二年(1476)十一月,《续资治通鉴纲目》修成,见深又作了一序,这次倒是修书史官们所预料到的。据《明宪宗实录》和《明史·艺文志》记载,翰林官曾在成化十四年(1478)五月,编辑了见深的《御制诗集成》四卷,①可惜今已失传(或笔者孤陋寡闻,未曾寻得),故这两篇序文倒是难得的资料。

既然是皇帝自己下旨编书,劝人向学,文官们便决不会放弃机会规劝不愿听讲学的皇帝。翰林院编修谢铎借古喻今,上了一道奏疏。奏疏递上去,见深知道必无好事,不过要见识一下这位史官的文采和学问。谢铎开篇便将了见深一军:"是书(《通鉴纲目》)师法《春秋》,实经世之大典、帝王之龟鉴。陛下发自宸衷,重加考定,必将日御经筵,命儒臣讲论陈列,力求善恶兴亡之大者,以为劝惩。以实见于践履设施之际以大起治道。不为文具故事,以备太平之美观也。"接着,谢铎举了两位反面教员的例子:"夫宋神宗集是书而不能讲,理宗讲是书而不能用。故不免纷乱削弱而终不能复其祖宗之盛治。"编书而不讲学不行,讲学而不实行也不行,因此,谢铎提出:"治道之本,莫先于讲学。"他列举了当时的种种弊端,措辞激烈,最后归结为一条,是皇帝没有专心致志读《资治通鉴纲目》这样的好书,尤其没有认真讨论这部书所提倡的治国安民的道理。②

看了这份奏疏,见深既没有发怒,也没有理睬,仍是那个原则,以不变应万变,发给有关部门了事。至于经筵日讲,仍是一言

---

① 《明宪宗实录》卷一七八,成化十四年五月戊寅;《明史》卷九七《艺文志四》。
② 《明宪宗实录》卷一一九,成化五年八月壬戌。

不发。

如果只是不愿和儒臣讨论经史,那倒罢了。从见深即位开始,就根本不单独召见大臣,不管发生什么事情,都是由司礼监太监内外联络,或通过内监口头传达,或让各官用文字陈述。这样一来,不仅是五府、六部各机关长官无法和皇帝一起讨论国事,就连代皇帝起草诏书、批答奏章的内阁大学士及学士们,也只能通过司礼监来获得皇帝对具体事情的意见,外廷整个和皇帝隔绝了。无论从哪个角度说,这都是相当危险的。皇帝不见大臣,意味着不问政事,如果司礼监利用内外隔绝进行专权,那是非常容易的事情。为此,外廷官员进行了坚持不懈的努力,要求不是通过宦官而是直接与皇帝进行对话,当面陈述对国家政策及法令乃至对皇帝家事的看法和建议。

成化七年十二月初六,令人担忧的彗星又一次出现在天际,这一次没有像成化四年(1468)九月至十一月的那次那样,前后达两个多月,但那条尾巴却出奇的大而且长,横贯东西,光芒万丈。开始是北行,犯太微星垣的上将及幸臣、太子、从官诸星;接着尾巴指向正西,横扫太微垣郎位,又犯天狼星垣,扫北斗、三公、太阳等星,进入代表天子的紫微垣内。其光芒之亮,正午的时候都可以看得见。帝星、北斗星、魁星、庶子星、后宫星、天皇大帝星以及阁道、文昌、上台诸星,没有不被彗星那条大尾巴扫到的。[①] 人们预感,大概这次的大灾难是难以避免的,皇宫内外陷于一片恐慌之中。

每当发生天变,尤其是大天变,宦官、佞倖们便惶惶恐恐,担心外廷文官谴责他们贻误国家大事。外廷一些声誉不好的大臣也战战兢兢,准备接受科道官的新一轮弹劾。皇帝见深只有到这个时

---

① 《明史》卷二七《天文志三》。

候才会想起自己的所作所为是和国家命运联系在一起的,何况彗星尾巴把整个紫微垣扰得没有安宁。

彗星出现的当天,见深就发布了一道由内阁草拟的情词恳切的敕谕,先是自我责备,接着要求文武群臣痛自修省。各官在做了自我检查后,照例又将球踢回给皇帝。大学士彭时、商辂更是痛心疾首,认为祖宗朝凡有庶政,都是皇帝和内阁辅臣议定而后行,唯独本朝,自李贤去世后便没有人能当面为皇帝排忧解难。因此,他们借着天变示警,力请面君言事。他们的言辞婉转,却难以推却:"兹者天象垂戒,古今罕见,外人不知皇上忧勤在心,窃谓遇此灾变,视如泛常,未尝降颜一接臣下,询访民情。"请于次日即十二月十七日早朝后在便殿面君,一宽"圣心",二息群议。① 司礼监怀恩等人也从中相助,劝皇帝见见大臣,看看他们有何陈说。

见深一来畏于天变,二来也有些难驳众人的面子,勉强答应在十二月十七日接见内阁三辅臣。旨意一传出,臣情兴奋,认为这是一个好的开端。彭时、商辂及万安自然更觉重担在肩,各自盘算见了皇帝以后,该陈说哪些对利国利民、弭灾消祸最为迫切的事情。一直等着这一天,这一天就要来到了,是惊,是喜,是激动,是惶恐,要说的事情实在太多了,要革除的弊病实在太多了,一时还真不知该从何说起。

十二月十七日退朝后,见深来到文华殿,命司礼监内使传彭时、商辂、万安,他要在这里接见内阁三辅臣。② 但彭时等人会说些什么,他又该怎样答复,心中实在没有定见。但出乎他的意料,彭时等人来后,几乎什么也没有说便退了出去。《明史》记载了这

---

① 《明宪宗实录》卷九九,成化七年十二月癸未。
② 《明宪宗实录》卷九九,成化七年十二月癸未。《国榷》《明通鉴》记在十二月十五日壬午,今从《实录》。

次会见的前后情况：

> （成化）七年冬，彗星见天田，犯太微。廷臣多言君臣否隔，宜时召大臣议政。大学士彭时、商辂力请。司礼中官乃约以御殿日召对，且曰："初见，情未洽，勿多言，姑俟他日。"将入，复约如初。比见，（彭）时言天变可畏，帝曰："已知，卿等宜尽心。"（彭）时又言："昨御史有疏，请减京官俸薪，武臣不免觖望，乞如旧便。"帝可之。（万）安遂顿首呼万岁，欲出。（彭）时、（商）辂不得已，皆叩头退。中官戏朝士曰："若辈尝言不召见。及见，止知呼万岁耳。"一时传笑，谓之"万岁阁老"。帝自是不复召见大臣矣。①

这段文字是根据彭时的笔记写成的，故将责任推给万安和那位告诫他"勿多言"的司礼监宦官。但彭时见皇帝时所说的两件事，第一件空洞无物，被见深一脚给传了回来；第二件则不关痛痒，也难免让人失望。万安后来说到过这件事，不过他却将责任推还给了彭时："往彭公请召对，一语不合，辄叩头呼万岁，以此贻笑。"并以此告诫其他同僚："今吾辈每事尽言，太监择而闻之，上无不允者，胜面对多矣。"②

其实，就这件事本身来看，谁也不能怪。司礼监内官反复叮咛，也许像谈迁在《国榷》中所说，是怕彭时等人揭露他们为非作歹的劣迹，但也不能排除是出于好心。皇帝即位以来还是第一次召见大臣，怕彭时等人言辞过激，弄得皇帝下不了台，以后就没有这种机会了。如果这第一次会见使皇帝开心，可能还会有第二次、第三次。彭时经内官提醒，加上也是第一次应召面对，不知深浅，

---

① 《明史》卷一六八《万安传》。
② 《明史》卷一六八《万安传》。

唯恐有失礼处，自己倒不要紧，以后就难再有机会了，所以先说一些较为务虚或不甚敏感的事情，以免刺激皇帝。万安在三辅臣中排列最后，彭时、商辂不说完，是轮不上他开口的。而他在三人中又最善于察言观色，见彭时说的两事，一在天上，一在地下，空的过空，实的又过实，也怕他一时难以控制，第三事便得罪皇帝，于是开口称"万岁"，提醒彭时注意分寸。但既呼"万岁"，就是告辞的礼节，稀里糊涂便一起出来了，徒留笑柄。

见深本来就不愿单独召见大臣，只因这次天变，实在吓人，不得不顺从舆情，见上一见。不料彭时说的两件事，都是三两句话甚至一两个字就可以解决的，上个疏，朱笔一批不就好了，哪里用得上郑重其事地讨论商量？

但像这样即位七八年才和大臣单独见上一面，三言两语便算了结，而且从此以后再也不召见大臣的皇帝，实在是难得一见。因此，如果要说责任，这责任只能由见深一人承担。当然，见深也有他的难处，这难处还说不出口，人们自然也无法谅解。

第一个难处是见深得了一种类似于心理障碍的疾病，坐久了或见生人心里便发慌，便不自在，得让万贵妃陪伴他、替他按摩，才觉舒服。① 这个难处他曾直言不讳地告诉母亲周太后，却不能对外廷宣布，也不能有所表示，否则，岂不贻笑天下？尚铭通过揭露汪直向外界泄露宫廷隐事而打倒汪直，在这些宫廷隐事中，恐怕也包括见深的这个毛病。

第二个难处是见深还犯有口吃。他生来有些舌短，谈吐便不太顺当。《万历野获编》说："宪宗皇帝玉音微吃，而临朝宣旨，则

---

① 查继佐：《罪惟录·列传》卷二《皇后列传》。

琅琅如贯珠。"①临朝宣旨,犹如背诵课文,诵读已熟,所以能朗朗上口,恰似有些医师通过教唱歌来纠正口吃病人。但召见大臣、商议朝政却不是这样,得随时问答,这口吃就很讨厌了,既让人暗笑,又使自己丧失信心。

《菽园杂记》记载了一件很有意思的事。每当上朝时,诸司奏事,如果准许实行,见深一般只说一个字"是",以避免多发音。他本来就舌短,偏偏在成化十六七年间又烂舌头,连这个"是"字说起来都很困难。鸿胪寺卿施纯很体谅皇帝的难处,悄悄向近侍人员说:"'是'字不便,请以'照例'二字易之。"近侍将这个主意告诉见深。见深一说"照例"两个字,觉得很流畅,问是谁出的好主意,近侍将实情告诉他。于是施纯得升礼部侍郎,掌鸿胪寺事,不久又升为礼部尚书,加太子少保。当时有人作了两句打油诗讥讽说:"两字得尚书,何用万言书!"②虽是笑话,也可想象见深的苦处。

想当年英宗打算换太子,所谓知子莫如父,见深的这些毛病,恐怕也是导致英宗想换太子的重要因素。李贤从稳定局势考虑,劝阻英宗。此举固然得到舆论的称赞,却由此造就了一个不愿亲政、不见大臣的皇帝,也开了明朝皇帝不见大臣的先例。于是"帝远堂高,君门万里",成了明朝中后期的一大政治特征。

成化七年十二月以后,见深再也不召见大臣,内阁也不再提出要面君,处理国事,全靠常朝面决及各衙门提出方案,内阁票拟批答。皇帝为"垂拱天子",宰相为"万岁阁老"。后来彭时去世,商辂去任,万安、刘珝、刘吉组成新的三人内阁,遇事不争,从而得了

---

① 《万历野获编》卷一《(列朝)君相异禀》。
② 陆容:《菽园杂记》卷六。

"纸糊三阁老"的浑号。六部尚书也被科道戏称为"泥塑六尚书",①最高统治机器很大程度上靠着固有的惯性运转。法纪松弛、官风懒散,自然也就不可避免。

　　成化十二年(1476)九月十五日,负责朝议的鸿胪寺官因发现上朝的官员明显不足数额,请按各门预定数查究。经锦衣卫和鸿胪寺核查,少了一百八十多人。见深每次上朝,不是在奉天殿便是在华盖殿大殿内,有时在奉天门或西角门,能够见到的不过是有资格进殿或排在丹阶之上的高级官员,而那些只能站在从奉天门到奉天殿御道两边乃至奉天门外的中下级官员,连"御容"也看不到,天长日久,懒得起四更,待五更的自然不少。见深对此早有耳闻,但没想到竟有近二百人不上朝,故严旨切责:"人臣懒惰违礼,当正于法,以惩后。"但他自己也从内心讨厌这烦琐而没有实质意义的朝议。每天天不亮起床,匆匆忙忙上朝,听众官高呼几声万岁,然后就散朝,各官回衙门办事,自己去文华殿听翰林官日讲,好不烦人。因此,他倒颇能理解众官的心情,说是要"正于法",却又留一道门缝:"姑宥之。"缺朝者每人停发三个月的俸粮。②

　　如果是在洪武时,官员们都靠俸禄养家活口,三个月的俸粮可不是小数目。但到成化,经过几番俸粮折色,已拿不到实际数目。加上商品经济开始活跃,官场作风渐趋腐败,官员们弄钱的门道多了,中下级官员中有不少人已看不上那点微不足道的俸禄。而敢于不上朝的,又多半是那些平日视法纪为蔑如、能够弄到钱的官员,对于他们来说,三个月的俸粮能值几何?

　　因此,见深这个停三月俸粮的惩罚,不仅没有起到警示来者的

---

　　① 《明史》卷一六八《刘吉传》。
　　② 《明宪宗实录》卷一五七,成化十二年九月癸丑。

作用,反而助长了官员们藐视法规的风气。成化十六年(1480)五月二十日上早朝时,连见深自己也发现人员稀稀拉拉,不齐不整,让鸿胪寺和锦衣卫清点,不朝参者竟然达到六百三十四员。按理说见深这次该发怒了,但他比上一次还宽容,"此曹不谨,懒惰朝参,法本难容,姑宥之,再犯必罪",①连俸粮也不停了。一年以后,即成化十七年(1481)六月初二,朝参时又少了五百九十三员,见深仍说:"姑宥之,再犯不宥。"②

如此一而再,再而三,人们终于明白,皇帝有时清点缺朝官员,并不是为了整肃法纪,而是为了抓朝臣的小辫子,并故意卖人情。你们违纪,朕不追究,朕有所好,你们也别多管闲事。君父臣子,彼此彼此,大家各行其是,祖宗法度,且莫提起。

二、崇僧佞道

皇帝不接见大臣,不亲自向朝廷各部门发号施令,其实也是很难为情的事。对于这一点,见深并非全然没有感触,他也试图克服心理上的障碍和生理上的缺憾。但是,他的毛病又不单是御医和药物可以治疗的,到后来,又增加了对死的畏惧和对长寿的渴望,于是便自然而然地向儒家正统学说所排斥的迷信与科学的结合物——宗教与方术寻求帮助和解脱。

在人类进入文明社会的几千年中,一方面不断与各种愚昧和迷信进行斗争;另一方面,又从来未曾真正摆脱过愚昧与迷信。况且,愚昧与智识、迷信与科学又往往是紧密交织在一起的。很多时

---

① 《明宪宗实录》卷二○三,成化十六年五月己亥。
② 《明宪宗实录》卷二一六,成化十七年六月乙巳。

候,人们在摒弃迷信、抨击愚昧的同时,总是连同迷信表象下的科学、愚昧包容着的智识一道摒弃,一道抨击;而在寻求科学、挖掘智识的同时,又总将附着于科学之中的迷信、充斥于智识之中的愚昧一起收藏。见深和他的佞幸以及外廷的正直官员们,正是分别在这两个方面进行努力。

见深首先需要的是精神上的力量,于是他找到了宗教。其实也用不着去找,僧、道两家从来就向包括帝王在内的所有人众敞开大门。

明太祖是位精明的君主,虽然他自己就是靠投身明教而发迹,却深知僧、道既可借以成事,也可败人家国,因而对僧、道二教进行整顿,并严加控制。僧教划定为三等:一是"禅";二是"讲",亦称"讲法";三是"教",亦称"瑜珈"。道教划归为二,一是全真,二是正一。其他在民间流行的如明教、祆教等,尽行禁止。正一教本为天师教,明太祖召见第四十二代天师张正常时认为:"天岂有师哉?"改名正一嗣教。僧寺道观,每一个府、州、县,只能各留一个,僧、道人数,每府不能超过四十人,州三十人,县二十人。男子四十岁以下,女子五十岁以下,不得出家。又令天下僧道赴京考试,通经典者给予度牒,不通者还俗为民。但对"番僧",即来自乌斯藏的僧人则较为优待,主要是考虑通过笼络上层僧侣来加强对青藏地区的控制。[①]

但是,在没有产生新的宗教及精神信仰之前,僧、道两教是限制不了的。明太祖自己就曾为诸子挑选高僧,既为僧师,又为已故马皇后诵经荐福。成祖更以僧道衍为谋主,起兵靖难,入主南京。

① 查继佐:《罪惟录·列传》卷二六《方外列传总论》;《明史》卷七四《职官志三》,卷三三一《西域列传三》。

后又大修太和武当山宫观,寻找张三丰踪迹,大封乌斯藏僧,使得天下纷纷扬扬。① 从宣德九年(1434)大慈法王释迦也失留住京师及正统四年(1439)王振修大隆恩寺起,朝野上下更掀起了一股崇僧佞道的浪潮。

查继佐《罪惟录》认为,在明朝十六位皇帝中,溺于僧、道两教最深的,是宪宗见深和世宗厚熜。沈德符《万历野获编》则指出了两朝的区别:嘉靖朝是重道不重僧,成化朝却是僧道俱重。

待遇最高的自然是"番僧"。成化时受封的"番僧"主要来自乌斯藏,另外还有朵甘。封号字数最多的是札巴坚参,叫"万行庄严功德最胜智慧圆明能仁感应显国光教弘妙大悟法王西天至善金刚普济大智慧佛"。② 除"法王"和"佛"为法名,封号达三十五个字,比元世祖赐给八思巴的封号还多两个字,比太祖、太宗、仁宗、宣宗、英宗的尊号两倍还多。当然,这也不是见深的创举,当年成祖赐昆泽思巴、宣宗赐释迦也失也是三十五个字。③ 但见深所封的其他五花八门的封号却令先人黯然失色。与札巴坚参同时受封的是他的三位弟子。札实巴封"清修正觉妙普兹护国衍教灌顶弘善西天佛子大国师",锁南坚参封"静修弘善国师",端竹也失封"净慈普济国师"。此后,札实巴等六位"西天佛子"进位"法王",其中领占竹封为"万行清修真如自在广善普慧弘度妙应掌教翊国正觉大修法王西天圆智大慈悲佛"。其他诸如西天佛子、"灌顶国师""灌顶大国师""禅师"等等,不计其数。④

道士中封号最尊的仍是正一嗣教张真人。天顺八年(1464)

---

① 《明史》卷一四五《姚广孝传》,卷二九九《方伎列传》。

② 《明宪宗实录》卷五三,成化九年五月庚戌。

③ 《明史》卷三三一《西域列传三》。

④ 《明史》卷三〇七《佞幸列传》。

六月,见深将张元吉的封号由"冲虚守素昭祖宗法安恬乐静玄同大真人"改为"体玄悟法渊默静虚阐道弘化妙应大真人",虽然都是十四个字,但规格却不可同日而语。另一位道士王文彬的封号则是"静一冲元守道清修履和养默崇教抱朴安恬真人",虽然不像张元吉那样为"大真人",而且"掌天下道教事",但封号却达十八个字。大学士刘健曾对真人封号提出异议,认为宗庙谥号也不过十六字,真人竟达十八字。实际上,十八字还不到头,嘉靖时陶仲文达二十字,那才是最高纪录。

相比之下,由于被番僧压着,汉族和尚的地位便低得多,僧继晓在一段时间内很受见深的信任,也不过为国师,封号只有六个字,叫"通元翊教广善国师"。①

不但自己受封,父母家人也跟着沾光。番僧为无根水,故无父母受封之说。汉人讲究孝道,即使出家为僧道,也得有孝行。所以张元吉改封号时,也为其母高氏求得了"慈和端惠贞淑太玄君"的封号;②僧继晓受宠信,也念念不忘请皇帝表彰他母亲朱氏的孝行,虽然因朱氏曾做过娼妓而使此事受到一定阻力,但见深仍然体谅人情而答应了继晓的要求,并制止有关部门对其母"孝行"进行核实。③ 其他如真人喻道纯、王文彬的父亲赠太常寺丞,母亲赠安人等,不一而足。

番僧备受礼遇姑且不论,即使是真人,所享受的待遇也超过了先圣孔夫子的后人,这使得读书士子大为不满。陆容曾以一事为例,表达了这种不满。

孔府嫡传在明朝袭封衍圣公,每年衍圣公赴京朝贺,沿途水陆

① 《明史》卷三〇七《佞倖列传》。
② 《明史》卷二九九《方伎列传》。
③ 《明宪宗实录》卷二四四,成化十五年九月丁巳。

驿站例行迎送接待,但待遇只给中等的马匹及车船、食宿,回山东曲阜时更得自行解决车船运输。而江西龙虎山的张真人却风光得多,来回都是上等的马匹,车船接送,上等的食宿款待。明代驿传由兵部管理,陆容当时是兵部职方郎中,主管此事,对这种重道而轻儒的规矩很不以为然,便于成化十六年(1480)三月向兵部尚书余子俊提出提高衍圣公朝贺待遇的意见,余子俊很是赞同。经报请皇帝批准,才使衍圣公也得到和张真人相同的待遇。陆容对自己干的这件事颇为得意,自称:"于吾道实有光云。"①

僧道犯罪,见深也是百方庇护。

张元吉虽然封为"大真人",却是手段残忍、灭绝人性的恶棍。他利用宗教地位和民众的愚昧无知,横行乡里,强夺良家子女,诈取平民财物。稍有不顺其意者,则诬陷为伪造符象,命徒弟棍棒相加,往死里打。真人府还私设监狱,备有各种酷刑,有不服者,或用绳索绞死,或用沙袋压死,或者捆缚起来,投入深潭之中。前后有四十多人死于非命,甚至有一家三口均被害死。但是,人们畏于真人府的权势,不敢告官。即便告官,官府也不敢受理,徒取其祸。贵溪县有位名叫蔡让的生员忍无可忍,乘巡按江西监察御史赵敔行文征询民间疾苦时,上书条陈张元吉的罪行。赵敔巡按江西时惩土豪,治劣绅,平反冤狱,也算是响当当的人物,但对于这桩案子,却不敢过问。最后还是张氏族人张留浣,因事得罪了张元吉,自忖必死其手,与其坐以待毙,不如铤而走险。于是潜入北京,买通关系告御状,将事情直接捅到了见深那里。

由于牵涉四十多条人命,见深也感到张元吉太过分,便命都察院和刑部派员往江西,会同巡按御史及地方法司联合调查。调查

---

① 陆容:《菽园杂记》卷八。

结果,张留浔所奏全部属实,张元吉被械送至京。经三法司会审及九卿廷鞫,张元吉对所犯罪行供认不讳。

外廷文官们对见深的崇僧佞道早已不满,既然张元吉犯有如此大罪,便打算置之于死地,并乘势对僧道进行一次毁灭性打击。于是,刑部尚书陆瑜等人结合张元吉的罪行对正一嗣教进行了全面抨击:

> 张氏远祖道陵,自以修炼为术、清虚为宗,主张玄教,其言无稽。天岂有师,谬崇其号,子孙相传,遂为故实。至援引汉张良,以为所出。自前代间有官封,然亦不常。至宋以来,加以真静先生等号,而犹未有品级。胡元入主中国,始有封爵,令视三品。我朝革去天师之号,止称真人,延至于今。子孙不肖,往往争袭,致成雠隙。今(张)元吉所犯,律当凌迟处死,其妻子当流,其党有当斩绞者。且其先世无功于国,无补于世,宜绝其荫封,以扶植正教。仍籍其族而徭役之,无令印行符录以诬惑斯世。并毁其府第,革其所设管勾都目诸人。①

但见深却不想将张元吉处死,倒不是怕得罪真人府,而是怕得罪真人后面无处不在、法力无边的天神上帝。因此,见深用他的小聪明钻了陆瑜等人的空子。陆瑜等人奏上廷鞫的意见时,要求将张元吉"凌迟处死",却忽略了加上"决不待时"几个字。按明朝法律,死刑有两种处理办法:一是立决,二是监候。立决是立即执行,监候则要等秋审时重作处理。而且"凡刑狱重犯,大逆、大盗决不待时外,余俱监候处死"。② 张元吉既没有谋大逆想杀皇帝,也没有杀官劫府做大盗,监候处决是说得过去的。对于外廷绝其荫封、

① 《明宪宗实录》卷六六,成化五年四月戊午。
② 《清会典》卷五三《死罪》注。

籍其族徭役之、毁其府第、禁其符录的要求,见深则以"祖宗旧制"为由,驳了回去。

但这一"监候",实际上是将张元吉及其子张玄庆保护起来了。经过外廷的一再催促,见深直到成化六年(1470)十月才对这桩案子进行冷处理,令外廷深感失望,但也在意料之中。真人府在这前后一年多的时间里,大可找门路说项通融,何况见深本来就不想杀张元吉。当时刑部再次上疏,说张元吉"法当凌迟处死,决不待时",见深继续拖延,命仍旧锢禁。刑科将这道旨意驳了回去,认为时过霜降,宜从论决。如此反复三次,见深看不能再拖了,牙一咬,下诏将张元吉免死,杖一百,发肃州卫充军,家属随往。

明知皇帝要保住张元吉的性命,那位使见深头痛的刑科都给事中毛弘仍然上了一道义正词严、无可责难的奏疏,以示抗争:

> 刑法者,所以持纪纲。驾驭天下,防奸宄,息寇盗,平民情,皆系于此。不以贱而加增,不以贵而加损。在人臣则执之,在天子则行之,罚曰"天罚",讨曰"天讨",所以深明,虽天子亦不得任意出入于其间也。今罪人张元吉,夺人货财,奸人妻女,僭朝廷之制,擅生杀之权,杀无罪四十一人,有一家被杀三人者,具列十恶之条,不载八议之内……若以袭其祖之谬号天师,不欲加戮,《记》曰:"执左道以乱政者,杀不以听。"元吉正系左道之流,况又罪重恶报,岂宜曲加宽贷。且连年秋后处决斩绞人犯,多系止偿一人之命者。夫元吉以杀四十余人而获生,余皆一人之命而抵死,犯绞斩者则论决,犯凌迟者得不死。人心不平,天理安在?自此以后,万一罪恶再有如元吉者,又当何以处之?将欲尽法,彼得藉口;将欲宽贷,则法寝废。奈何惜一异端末流而屈天下大法,何以扶纲纪,何以驭天下?又何以抑奸宄、息寇盗而平人情乎?窃为朝廷惜之。伏

望断以至公,处以大法,仍将元吉戮之于市,庶使国法昭彰,神人息怒,而死者之冤可雪,灾沴之气可消。①

对于这一套,见深早已修炼有素,他也不做解释,只批下几个字:"事既施行,已之。"既然已经这样做了,也就用不着再行争执,得饶人处且饶人,算了吧!至于是非曲直,没有必要进行讨论。如果李贤不死,或许对见深的这种做法会有所规劝。但当时在内阁的彭时、商辂、万安三人,连和皇帝单独见面的机会也没有,对这些事便只有开只眼闭只眼。毛弘孤掌难鸣,也久闻年轻的皇帝笃信僧、道,要他下旨杀掌教张真人,那也真是勉为其难,只好不了了之。

再过两年,到成化九年(1472)正月,已经袭封为真人的张元吉的儿子张玄庆上了一道奏疏,说张元吉母老子幼,乞求放免原籍。既然死罪都可以免,何况充军?见深当即批示准奏。科道官员照例上疏抗争,将张元吉的罪行重新历数一遍,特别指出:"若以元吉母老子幼可悯,则元吉所杀四十余人,其中又岂无母老子幼者乎!"见深收到这个抗议疏后,又作了批示:"元吉事既处置,待其母终,仍令戍边。"②科道们见到这个批示,面面相觑,竟是笑哭不得,等他母亲死了以后再让他戍边,岂不是蒙骗小孩?

有道是"上有好者,下必甚焉",又说上行而下效。既然做宦官有好处,便有人不顾断子绝孙,私自阉割;做僧、道则只须领张度牒,全无皮肉之苦,也无绝后之虞,何乐而不为?于是要求出家为僧、道者日众。据监察御史陈鼎的一个奏疏,从成化二年到十二年的十年之中,其共度僧、道十四万五千余人,这还是由官府发给度

---

① 《明宪宗实录》卷八四,成化六年十一月丁未。
② 《明宪宗实录》卷一一二,成化九年正月丁午。

牒的。至于私造度牒的，则无法统计。① 兵部尚书马文升做了一番推算，僧、道原来定额为每府不超过四十人，州三十人，县二十人，成化时全国有一百四十七府、二百七十七州，一千一百四十五县，按员额应为三万七千五十余人。而成化二年到十二年已度僧、道十多万人，十二年到二十二年又度二十万人，加上成化以前所度的二十万人，共有五十多万人。这些人不耕不织，不仅没有田税徭役，光吃饭一年就耗米二百六十万石。②

僧、道既多，寺观自然也就遍于天下。而这股大建寺观的热浪，也是从京师，由见深掀起的。

嘉靖时王廷相有《西山行》的长诗，内称："西山三百七十寺，正德年中内官作。"③实际上，成化时新修、重修的僧寺道观并不比正德时少，其最为著名的有僧寺大能仁寺、大慈恩寺、大永昌寺等，各有番僧住持。如大慈恩寺有法王札失藏卜、札失坚钊、乳奴班丹，大能仁寺有法王锁南坚参、结干领占，大隆善护国寺有西天大佛子著扎领占、朵儿只巴等。道观则有朝天宫、显灵宫、灵济宫等，各有大真人、真人、高士、正一、演法等。

比起番僧主要是提供精神寄托，道士则在精神力量之外加上了实用的法术，因而更使见深沉溺，道宫也就修得更为气派。成化十六年（1480）修朝天宫，征调了军士一万二千人，由后军都督府都督同知冯升督役，三清、通明、普济、景德、总制、宝藏、祐圣、靖应、崇真、文昌、玄应十一殿均装饰一新。④ 第二年修显灵宫的规

① 《明宪宗实录》卷一九五，成化十五年十月庚子。
② 郑晓：《今言》卷二。
③ 沈榜：《宛署杂记》卷二〇。
④ 《明宪宗实录》卷二〇，成化十六年二月戊辰；《天府广记》卷三八《寺庙》。

格更高,由内官监太监陈贵、泰宁侯陈桓、工部右侍郎张颐督工。①最为显赫的是灵济宫,从成化十六年(1480)开始动工重修,到二十二年(1486)九月修成,历时六年。

这灵济宫本来是在福州,全称"洪恩灵济宫",祭祀的是五代时吴丞相徐温的两个儿子徐知证、徐知谔,称二徐真君。永乐十五年(1417),成祖得了一场重病,有人说洪恩灵济宫的神灵有效,于是派人赴福州致祭。致祭的那天晚上,成祖梦见二徐真君来授灵药,第二天病竟然就好了。成祖既感谢真君救命,又希望长久得到保佑,便封二徐为金阙、玉阙真人,并在北京建宫,也叫"洪恩灵济宫"。

既是祖宗封的神,而且如此灵验,见深自然虔诚信奉。灵济宫尚未修缮完毕,见深便派大学士万安前往致祭,加封金阙真人徐知证为"九天金阙总督魁神洪恩灵济慈惠高明上帝"、玉阙真人徐知谔为"九天玉阙总督罡神洪恩灵济仁惠宏净上帝",并加天冠明黄罗纡衣。二真君既为"上帝",又加封其父徐温为"高上神王慈悲圣帝"。同时,每年还要遣内官往福州致祭。②

为了修缮寺观、讨好神灵,以求健康长寿,见深是不恤人力财力的。当朝天宫兴工时,京营总兵官张懋等人曾通过兵部上疏,说在京备操的官军除听调西征以及正在役用修理郊坛、都城等工程之外,只剩三万九千多人,外卫轮班的班军尚未至京。如果修朝天宫又调一万二千军士,则军少役繁,不足调遣。希望朝廷安不忘危,练养兵力。张懋等人所说,全是实情。但见深则认为其他的事

---

① 《明宪宗实录》卷二二一,成化十七年十一月戊寅。
② 沈德符:《万历野获编补遗》卷四《(释道)二徐真君之始》;《明宪宗实录》卷二七七,成化二十年四月壬午。

情再大,也大不过修朝天宫、大不过祭祀天帝。他批示兵部说,朝天宫已择日兴工,不可耽搁,军力不足,可从修理天坛及城墙等处抽调,另拨三大营老家及锦衣卫官军、力士补役,定要并力克期完工。① 至于灵济宫,耗费更不计其数。见深偶然视查内库帑藏,见历朝积累下来的七窖银子荡然无存,责备主管库仓的御马监太监梁芳、韦兴,梁芳一句话就挡了回去,说是用去修祠庙,"为陛下祈万年福耳"。而且特别提到灵济宫,见深竟无话可对。②

梁芳是为见深办事,见深自然不好多说,但外廷却有人无法容忍。成化二十年(1484)十月,刑部员外部林俊以灾荒连年,僧继晓却请建大永昌寺于西市,逼迁居民数百家,费银数十万两而上疏:

> 今年以来,灾异迭臻,京师地震,陵寝动摇,日月继蚀,监戒之昭,莫此为甚! 陕西、山西、河南,频年饥馑,人民流离,道瑾相望,振济无从,可为流涕。而僧继晓,以妖言荧惑圣听,遂竭有用之财,供无益之费,工役不息,人怨日兴,臣谓当斩继晓以谢天下。然纵继晓之恶者梁芳也,芳倾复阴狠,引用邪佞,排斥忠良,数年之间,假名干役,祖宗百余年之府藏殆尽。家赀山积,尚铭不足多;所在骚抗,汪直莫能过。今内而朝臣,外而市井之徒,皆痛心饥民之死,莫不欲食(梁)芳与继晓之肉,而卒不敢以此进言者,所惜者官,所畏者死耳。臣何忍畏罪不言,以误陛下!③

这时的见深,虽然仍旧大度,却不能容忍有人对神灵的亵渎、对修建寺观的异议,立即下林俊于锦衣卫狱拷讯,上疏论救的都督府经历张黻也下狱。见深怒气不减,准备开开杀戒,置二人于死

---

① 《明宪宗实录》卷二〇〇,成化十六年二月戊辰。
② 《明史》卷三〇四《宦官列传一》。
③ 夏燮:《明通鉴》卷三五。

地。幸亏这时司礼监的掌印太监是忠心耿耿又敢于犯颜直谏的怀恩，他反复陈说："杀（林）俊将失百官心，将失天下心。"并声称不敢传诏杀林俊。见深怒极而说了实话："汝与（林）俊合谋讪我，不然安知宫中事？"他认为只要是批评了敬神灵、修寺宫便是嘲弄他。怀恩仍是伏在地上不传旨。见深抓起御案上的砚台砸了过去，怀恩横下心，准备以死相谏，用脑袋去迎接飞来的砚台。幸而见深也不是真要砸死他，砚台砸在了地上，又抬脚踢翻了一只茶几。怀恩当然不能总是来硬的，便脱下官帽，伏地痛哭："奴不能服事爷爷矣！"见深虽然发怒，却见不得别人哭。当年初罢西厂，汪直一哭，见深便将司礼监太监黄赐、陈祖生驱往南京。如今怀恩一哭，他又心软了，喝令怀恩滚出去，也不再传旨杀林俊、张黻。怀恩出宫，奔往东华门，警告镇抚司掌刑官：你等迎合梁芳，想致死林俊，林俊如果死了，你们也别想活。校尉们自然知道这位司礼监"公公"的权势和来头，林俊这才幸免于一死。[1]

那段时间正是"纸糊三阁老，泥塑六尚书"在位，科道官也对见深失去信心，无人对修庙建观提批评。林俊一道奏疏，重新激励人心，而怀恩舍命救林俊，更令人刮目相看。京师一时流传着两句民谣："御史在刑曹，黄门出后府。"讥讽科道的失职。[2]

据当时南京兵部尚书王恕说，北京修的寺庙宫观有一千多处，他挖苦道："京师祀天地仅一坛，祖宗暨先圣仅一庙，而佛乃至千余寺者，舛也。"疏是到了御前，见深懒得搭理他，留中不报。[3]

见深的崇僧佞道，对外说是"上为母后祝釐，下为万民祈福"。但梁芳却说了实话，"为陛下祈万年福"，是为自己求长生。欲求

---

① 郑晓：《今言》卷三。
② 夏燮：《明通鉴》卷三五。
③ 谈迁：《国榷》卷四〇。

长生,便需两个方面努力,一是修庙建宫,祈求神佛保佑;二是练气养性,以求身强体健。于是,形形色色的江湖法术,也就皇而堂之地北上京师,进入皇宫。

三、沉溺方术

见深崇信僧道,沉溺方术,既是为了强身健体,以求长寿;同时,也是追求一种生活上的刺激。而中国古代的道家养生术及各种江湖法术也确实源远流长,令人神往。

说到道家养生术,人们都要追溯到老子的《道德经》。北宋道士张伯端的《悟真篇》认为老子摄生养生术有三个要点:一、入手立基虚极静笃的养静术。虚灵要到极,守静要至笃;二、由静极进于绵绵若存的养神术。绵绵若存,才能长久不灭,与天地同根往来;三、辅助养静养神的养气术。养静、养神均得靠气来维系,神与魄得由气来沟通。简言之,就是要养静、养神、养气。

东晋葛洪既是道士又是药物学家,他也认为:“服药虽为长生之本,若能兼行气者,其益甚速。若不能得药,但行气而尽其理者,亦得数百岁。”讲究的是内练气,外服药。宋代官修《圣济总录纂要》附有“神仙导引”“神仙炼丹”“神仙服气”,专论气功理论及具体操作办法。以张安道的“养生诀”为例,就详细叙述了练气的方法:“每夜子时后,披衣起,面东或南,盘足坐,叩齿三十六通。据固,闭息,内视五脏,待腹满气枢,则徐徐出气。候出入息匀调,即以舌搅唇齿,内外嗽练,津液满口,即低头咽下,以气通入丹田中。”①

---

① 参见施杞主编:《实用中国养生全书》中卷第六章“气功调摄养生法”,学林出版社。

见深身为天子,守着皇家书库,这些练气练功法自然有人推荐给他。

弄清了这一层,对于见深不愿见大臣、不愿与经筵、不愿亲政,当有进一步的认识。他不只是偷懒,也不只是有心理障碍和生理缺陷,还因为他要养生、要长寿,动与静实在难以统一起来。如果真按张安道的说法去做,子时即起练功,然后从天亮起又要早朝、日讲、午朝、议政,哪有那么多精力? 二者总得有所取舍,而长生实在是更能吸引人。远的不说,即使在明代,通过修炼而长生的传说便有不少,而且都是道士。

头一位是张三丰。这位一衲一蓑遍游天下的道家传奇人物,据说元初曾与忽必烈的宰相刘秉忠同师学艺,后学道于三清宫,到明初该有一百多岁了。太祖、成祖曾多次派人寻访,却无缘得见。① 又有道士冷谦,因逢异人授以中黄大丹,故年纪与张三丰相仿,都是颜如孩童,洪武初做过协律郎,后游武夷山中,人莫知其存亡。② 这些都年代久远,可望而不可即。而成化时的王士能,不但实有其人,见深还召见了他,听他讲述了自己的经历。

王士能说他是海州(今江苏灌云县境)人,生于元顺帝至正二十四年(1364),到见深即位时正好一百岁。王士能从小向慕养生术,辞家出游,四方求师,均无所遇。后到四川,听人说某雪山有异人,便往寻访。在一深洞中,他发现一位老人披着毡子躺在石床上。老人身长只有三尺多,看上去颜如婴儿。王士能知是异人,纳头便拜,老人并不言语。王士能从此便在山洞中住了下来,给老人提水采食,三年不懈。老人这才被感动,授以摄形练气之法。学成

---

① 《明史》卷二九九《方伎列传》。
② 查继佐:《罪惟录·列传》卷二六《冷谦传》。

之后,王士能辞别老人下山,自行修炼。平日从不举火,每天只吃几枚枣子,或几根青菜,喝少量的水。后到山东济宁居住,这时的王士能已六十多岁了,鹤发童颜,邻居只知他是海州人,却不知他的来历。到成化时,有位名叫王宣的济宁卫指挥使也是海州人,听说济宁有位海州籍的百岁翁,前去拜访。一问姓名,大吃一惊,说上世有叔祖,也叫王士能,少年时好道出家,不知所终。二人一说往事,王士能便是他的叔祖。

王宣有位同僚,求王士能传授长生术,王士能说他"声妓满前,日事妄作,非吾徒也"。这人认为受了羞辱,便上疏朝廷,想告王士能妖术惑众。不料见深正在寻求长生术,听说有王士能这样一位异人,于成化十九年(1483)命山东地方官将"王士宁"安车载入北京,这时的王士能已经一百二十岁了。见深错将"王士能"写成"王士宁",竟也给了他很大的荣誉,算是"赐"了名字。

见深找来王士能,自然是想让王士能传授长生的秘诀,但王士能的长生术,见深却难以学到。

礼部主事吴县人杨循吉因为身体多病,在成化二十二年(1486)经济宁私访王士能,但见他身着白禅衣,坐在木榻上,问起长寿之诀,王士能回答说:"无他术也,但平生不茹荤,不娶妻,不识数,不争气耳。"他对见深所说的大概也是这番话。练气练功是可以的,但王士能的这"四不"如何做得到?所以见深赐给了他一些银子,遣回济宁。① 但杨循吉大概从王士能的"四不"诀中得到了某些启示,第二年便辞官而归,虽然并没有真正做到四不,尤其做不到"不争气",却也活到八十九岁。②

---

① 陆粲:《庚巳编》卷四《王士能》;查继佐:《罪惟录·列传》卷二六《方外列传》。
② 《明史》卷二八六《杨循吉传》。

见深固然也练气、养静,但更希望得到的,则和历代帝王如秦始皇、唐太宗等人一样,主要是既不用亏了自己的享受,又能强身健体的长生术。这样,就自然由学长生术而接触到各种奇异之士及江湖法术。

修建寺观,吃苦的是老百姓,出钱的则是户部;而各种江湖法术,则既有趣,又不惊动百姓和户部,还往往立竿见影。

中国古代的江湖法术千奇百怪,又包罗万象。其中流行最广的有占卜术,包括龟卜、蓍占、星占、梦占等;有相术,包括相面、相首、相手、相八字等;还有堪舆术、遁甲术、炼丹术、练气术、房中术、巫医术,以及其他五花八门的异术。《汉书·艺术志》仅有关预测吉凶的数术就分了天文、历谱、五行、蓍龟、杂占、形法六种。①

《明史·方伎列传》有一序,这个序一方面对《左传》《史记》的张扬方术颇有微词,一方面又认为:"夫艺人术士,匪能登乎道德之途。然前民利用,亦先圣之绪余,其精者至通神明、参造化,讵曰小道可观已乎。"实际上是承认方术的通神入化。这个序还特别提到明初的几位术士如周颠、张三丰等,认为他们踪迹秘幻,莫可测识,"要非妄诞取宠者所可几",又提到张中、袁珙的占验奇中,因而非常谨慎地做了个结论:"夫事有非常理所能拘者,浅见鲜闻不足道也"。即对于这些江湖术士,不能以通常的眼光去看待,有许多事情是用常理无法解释的。

到见深即位时,不但张三丰、张中仙风远飙,便是精通相术的袁珙、袁忠彻父子也早已物故,最享盛名的,是一位名叫尹继先的蓬头道士。

尹继先是陕西临洮府人(今属甘肃),自称生于南宋高宗绍兴

---

① 《汉书》卷三〇《艺文志》。

年间(1131—1162),到明成化间来到南京,已三百多岁。人们只见他颜如孩童,又蓬头垢面,揣着元世祖时的一张天庆观道士的度牒,来去不定,但到底有多大岁数,谁也弄不清楚。从行迹看,这尹道士有点像明初的周颠、张中和张三丰,也是可以多则一个月少则五六日不吃不喝。一旦开怀畅噉,不管多少,没有留余。有人曾见他一次吃掉四十多碗面,又一次吃掉一担西瓜,并精通医道、内功。有一少年得了重病,家人遍请名医,均束手无策,最后请来尹道士。尹继先看了看少年的病情,告诉他家人:这个病不是药物可以治好的,须用特殊疗法,得耗费我十年的功力。说话间,让人搬来两张床,两床相连,自己和少年抵足而卧,用绳索将两双脚捆绑结实,然后开始运功。尹继先鼓气运转,喉头呼呼有声,将气逼入脚底涌泉穴,再传入少年体内。少年在尹继先真气的激荡下,遍体流汗,臭秽毕泄。整整弄了一天,尹继先自己虽然累得筋疲力尽,而少年的脸上也逐渐有了血色。尹继先又命人将绳索解开,然后开了一剂刀圭药,少年服后,立时痊愈。

有传闻说,这位尹道士不仅活过了成化,还活过了弘治,一直活到正德。最后因刘瑾迫害,骑铁鹤仙去。王守仁第一次参加会试失利后,在南京国子监读书,知有尹道士其人,前往拜谒,和他同住了上百天。尹继先对王守仁很是器重,却不收他为徒,告诉他:"尔大聪明,第本贵介公子,筋骨脆,难学我。我所以入道者,危苦坚耐,世人总不堪也。尔无长生分,其竟以勋业显哉。"王守仁听了,既怅然,又振奋。后来虽然只活了五十七岁,却在功业和学术上成为明代士大夫的第一人。

陆粲在记叙了有关尹继先的传闻后,特别感叹:"养生善调摄,上可千余岁,次得数百年","神仙由异禀,受之自然,非积学可企"。可遇而不可求。从明朝开国到正德、嘉靖,仅出了张三丰、

冷谦、尹继先区区数人。同时也说明他只记叙尹继先的原因:
"张、冷迹无可稽,而南都人能历历道尹遗事,故论著焉。"①当然,
这些"遗事"自是真伪相糅。

以尹继先在南京的名头,北京紫禁城中的皇帝朱见深自然不
会不知道。但真正身怀绝技者总是独往独来,受不得约束。便是
张中、周颠、冷谦,明太祖也只是在打天下时才用得上他们,坐天下
后便容不得了。所以张三丰不管太祖、成祖如何派人寻访,宁愿去
四川和蜀王谈神仙,也不去南京、北京和皇帝打交道。见深寻找方
士,靠的是梁芳、韦兴,自然找不到尹继先,只找到了李孜省、僧继
晓及王敬等人。当然,这些人也自有一技乃至数技之长,虽说都是
旁门左道,但有时也令人不能不信。

李孜省的特长是会五雷正法及扶鸾术。这是中国流传已久的
古代巫术,用符箓祈雨驱鬼,并预卜吉凶。但也是相当危险的伎
俩,稍有不慎,即招杀身之祸。永乐时袁珙、袁忠彻父子以相术测
吉凶,名满天下。成祖分别命他们为太子高炽相面。袁珙相后说
了三个字:"人主也。"袁忠彻相后说了两个字:"薄福。"高炽后来
继承了皇位,成了"人主",袁珙的预测是对的;但高炽继位后不到
一年就去世,真应了"薄福",袁忠彻的预测也是对的。只是父亲
狡猾,说了好的一面,儿子逞能,补充了坏的一面。仁宗即位后,想
起袁忠彻的恶言,命人将他从南京押赴北京处死。袁忠彻说服使
者,故意拖延时间,磨蹭到临清时,终于等到了仁宗去世的遗诏,才
免了一死。②

李孜省从成化十五年(1479)由梁芳、钱义引荐,直到见深去

---

① 陆粲:《庚巳编》卷八《尹山人》;另见《罪惟录·列传》卷二六《方外列传》。
② 查继佐:《罪惟录·列传》卷二七《艺术列传》。

世、孝宗即位后才罢斥,八年间多次因科道官的弹劾而降职,但每次又重新复职、升官。既然李孜省靠的只是法术,那么他的法术应该是应验的时候多,不验的时候少。成化十三年(1477),见深曾因宫中闹黑眚,殿中有兵甲声而设西厂侦缉隐情。成化十五年(1479),李孜省得宠以后,宫中则不再发生类似情况。按理说,这也本不奇怪,因为在成化十一年(1475)之前也没有发生过那类怪事。但就见深来说,或许就认为应归功于李孜省的法术。

由于李孜省在被引荐之前没有表演过他的法术,罢黜以后不久就死去,所以他到底施展过哪些法术,外间士大夫却不得而知。只听说他有一次在宫中当着皇帝的面表演扶鸾术,竟在平整的沙盘中变出了"江西人赤心报国"几个字。不管用什么办法弄出来,这众目睽睽之下也得要有真本事。① 而僧继晓及王臣等的法术,外间却广为流传。

继晓、王臣及邓常恩都因对房中术有研究而得宠于见深。本来房中术也从属于长生术。《周礼》有"房中乐",《汉书·礼乐志》说高帝时有"房中祠乐",武帝时有"房中歌"。又说:"房中者,情性之极,至道之际,是以圣王制外乐以禁内情,而为之节文。乐而有节,则和平寿考,及迷者弗顾,以生疾而陨性命。"②1973 年从长沙马王堆西汉古墓出土的帛书竹简中有《天下至道谈》,即有关于"七损八益"房中养生术的介绍。后世名医从葛洪、孙思邈到万全、李时珍,无一不对房中术做全面介绍。而后世的许多江湖术士,只将房中术的"乐"发挥到极致,却全然不去管它的"节",从而使人对房中术产生误解,以为尽是"淫邪"之术。

---

① 《明史》卷三〇七《佞幸列传》。
② 陶宗仪:《南村辍耕录》卷一四《房中术》。

邓常恩劣迹不显,大概属于引导见深"乐而有节"的一类。而王臣和继晓则以自己的行为,向外人宣示了他们向皇帝上的房中术是什么货色。王臣往江南采药时,便多取民间女子,肆意蹂躏;继晓因以淫术欺诳楚王府,事败之后逃往京师,又得见深宠信,尊为法王,可以出入宫门,虽是僧人,见深却赐给他十多个美貌女子。① 他们的房中术献给皇帝,怎叫外廷官员不担心?但这种事情又不好多说,多说了便触犯忌讳。见深对他们当然是宠信的,或许就是采用了他们提供的房中术,才能在成化十四年(1478)以后平均每年得一位皇子。

王臣除房中术外,又自称擅长黄白术,而所用药物,则出自江南。所以成化十九年(1483)太监王敬和王臣下江南,名义上是买书买药,实际上却是察访房中术书,采买炼丹成金银的药。② 此外,王臣还会变戏法。有人见他常在怀中揣一对木偶,各一尺长,能互相抵触角斗,进退行止,听其指挥。别人手中的物事,他总可以设法取来。有时明明见他将物事投于水中,随即又可从袖中取出,令人既惊讶又觉有趣。③ 如果不是下江南时招摇过甚,激起公愤,又泄露了宫中隐秘,见深是万万舍不得将他处死的。

除李孜省等人之外,真人张元吉父子也善于发符驱鬼,祭天祈雨,当然,也是时验时不验。见深还听说江西有一术士,会驱纸刀杀人。有位按察副使不相信,让术士当众表演。术士请副使端坐,自己用纸剪了两把刀,然后作起戏法,只见两张纸刀上下翻腾,渐渐飞近副使,副使两眼微闭,纹丝不动。等纸刀扑到面门,副使才以袖拂去。术士也不多言,收起两张纸刀,扬长而去。众人一看副

---

① 何良俊:《四友斋丛说》卷七《史三》。
② 祝允明:《志怪录·王臣》。
③ 王锜:《寓圃杂记》卷一〇《妖人王臣》。

使,眉毛已被纸刀剃掉。副使既惊且怒,命人搜捕,却已不知去向。① 当然,这种术士见深是不能请的,一旦没有控制好,那纸刀没剃去须眉,却在颈项划上一刀;抑或把捏不准,纸刀插入双眼,岂不酿成大祸?

自然,术士中也有运气不太好的。如成化十八年(1482),有位来自南直泰州的术士李文昌,自称遇过异人,授以铅汞炼银之术。见深听了介绍,自然很高兴,命梁芳等人监试。李文昌连续试了五个月,却没有一次成功。既然炼不出银子,见深便斥责李文昌是"不务安分,妄为欺罔"。但也没有过重的处罚,仅命锦衣卫打了五十杖,发回原籍。② 处理这些事他还是有分寸的,既是方术,就很难要求人人应验;如不应验便重治,那谁还敢再来?

四、长生无门

虽然建造了大量的僧寺道观,虽然实验了多种长生术,见深却没有能够长寿。灵济宫修好不到一年,他就于成化二十三年(1487)八月二十二日去世了,做了二十三年零八个月的皇帝。不过,虽然当时才四十一岁,其实不满四十周岁,享年却长于他的祖父宣宗(三十八岁)、父亲英宗(三十八岁)及儿子孝宗(三十六岁)、孙子武宗(三十一岁)。

他倒没有病多久。这年的正月初一,他还像往年一样,去南郊祭祀天地。直到八月上旬,他仍在视朝,没有人看出有何反常之处。

---

① 陆容:《菽园杂记》卷一〇。
② 《明宪宗实录》卷二二九,成化十八年七月甲申。

八月十三日,见深没有上朝,给文武群臣发了一道敕谕:"朕偶患泄泻,虽止,气体尚弱,欲调理数日,暂免视朝。其日行政务,并谢恩见辞者,皆具奏以闻。"大臣们并未感到事情的严重。到十七日,见深仍未视朝,却又发了一道敕谕,说是"朕疾渐平复,欲再调理数日,命皇太子暂视朝于文华殿"。① 这道敕谕下来,实际已经告诉人们,皇帝的病是难以"平复"了。如果真是"渐平复",也用不着急于让太子视朝。

　　虽然如此,外廷官员们却仍然非常平静。这些年来,皇帝宠幸僧、道,沉湎方术,需要规谏的话已不知说过多少遍了。为此,科道官们付出了沉重的代价,被贬被黜被杖责的不下百人。稍微敢于发表意见的大臣或者已被罢免,如大学士商辂、兵部尚书项忠、马文升;或者已缄口不言,如兵部尚书余子俊、礼部尚书周洪谟、户部尚书李敏;或者干脆和术士们抱成一团,如大学士万安、尹直。现在皇帝眼看一病不起,还有什么话可说?是劝皇帝改弦易辙、不再宠信方术,还是劝皇帝继续练气练功、以虔诚创造奇迹?恐怕只有像洪武、永乐朝太祖、成祖那样,等着周颠及二徐真君托人托神送灵药了。

　　因此,在见深病间只有内阁大学士万安、刘吉、尹直上了一道礼节性的奏疏:"伏惟皇上临御二十四年,未尝一日不视朝,忧勤万几,过古帝王远矣。偶婴微恙,今已浃旬,虽渐平复,尤宜加谨调摄。昨日百官钦奉明命,暂朝皇太子于文华殿,中外人心,靡不宁妥。皇上正宜少宽宸虑,颐养精神,勉进药食,早致全愈。"见深仍旧是那句话:"朕已服药,疾已渐减。"②

---

　　① 《明宪宗实录》卷二九三,成化二十三年八月庚辰、甲申。
　　② 《明宪宗实录》卷二九三,成化二十三年八月乙酉。

两天之后,宫中传出消息,皇帝已经"大渐",无论是御医还是法师均无回天之力。见深这时神志还是清楚的,召来太子祐樘,命他早即帝位,并告诫要"敬天、法祖、勤政、爱民"。这八字遗命传出后,为见深赢得了极大的声誉。到二十二日,见深撇下了祖宗留下的基业,撇下了他的生母周太后及后妃子女,也撇下了文武群臣侍宦近俸及天下子民,溘然而去。从得病不视朝到去世,前后仅十天。[①]

　　但见深自己对此却早有预感。也就是在这年的正月初九日,见深去正阳门外大祀殿祭祀天地。一路之上,漫天大雾,咫尺之内,人不相辨。随行文武及官校乐工尽皆惊讶。见深坐在御辇之内,也隐隐有些不安,预计将发生什么不祥之事。但到大祀殿行礼时,大雾却渐渐散了,见深一直绷紧的神经也稍稍放松了。

　　第二天即正月初十日是庆成宴。这也是祖宗传下的规矩,属祭祀南郊的最后一个程序。祭祀南郊之前,皇帝和随行大臣都要斋戒三天,不吃荤腥,不近女色。郊祀回来后,皇帝要还宫拜谒皇太后,再御奉天殿接受文武群臣行庆成礼。郊祀的第二天则是庆成日,皇帝要御奉天殿,大宴文武群臣及天下朝觐官和四夷贡使。这既是庆贺祭祀天地成功,可保当年风调雨顺,万民安康,也是皇帝一年一度对天下臣工的犒劳和酬谢。所有这些,见深都按规矩做了,但刚刚做完这些事情,精神上的巨大打击便降临了。

　　庆成宴结束后,见深回到乾清宫,尚未落座,便有安喜宫内侍前来报丧,说是贵妃万氏薨逝。见深乍听噩耗,竟似木刻泥塑,好半天才长叹一声:"万侍长去了,我亦将去矣。"[②]命从即日起辍朝

　　① 《明宪宗实录》卷二九三。
　　② 《万历野获编》卷三《(宫闱)万贵妃》。

七天，赐谥"恭肃端慎荣靖皇贵妃"，葬天寿山。除了不能附葬外，待遇几乎超过历朝皇后。① 见深从此悒悒无聊，六神无主，连万贵妃的死因也懒于追究。

有记载说，万贵妃因责打一个宫婢，怒极痰涌，一口气上不来，抢救不及而去世。② 也有传闻，说万贵妃眼见太子日渐长成，而对自己则持戒备之心，故疑惧自杀。又有传闻，说是随侍宦官为讨好太子而将其缢杀。③ 但对见深来说，不管万贵妃因何而死，都不重要，重要的是毕竟总是死了。由于他七天后照常视朝，视朝又只说一个字"是"，或两个字"照例"，大臣们既听不出他的声音有何变异，也看不出他的容貌有何变化，自然不知他的灵魂正追随"万侍长"而去。

宋元时期，讲究修炼仙术的中国道家丹道学派，有南宗北派之分，南宗张伯端的丹法既有单修性命的口诀，又有性命双修乃至男女夫妇合籍双修的法门。见深和万氏是否夫妻双修，无可靠资料以供说明，但万贵妃的去世使见深失去了感情依托却是事实。

由于预感自己将不久于人世，见深在万贵妃死后曾不动声色地对一些后事做了安排。

最主要的自然是太子，这是"国本"。太子祐樘这年十七岁，和见深二十三年前即位时同岁，立为太子也有十二年。接受自己在守制期间行大婚礼的教训，见深在万妃去世后的一个月为太子举行了婚礼，册鸿胪寺卿张峦之女为太子妃。④

有记载说，宸妃邵氏读书知理，颇有见识，容颜娇美，善解人

---

① 《明宪宗实录》卷二八六，成化二十三年正月辛亥。
② 沈德德：《万历野获编》卷三《(宫闱)万贵妃》。
③ 查继佐《罪惟录·列传》卷二《皇后列传》。
④ 《明宪宗实录》卷二八七，成化二十三年二月。

意,很得见深的欢心。邵氏子祐杬(即世宗厚熜之父)又聪明机敏,见深遂有易储之意。梁芳耗尽内库积蓄,见深说"后之人将与汝计",因与万贵妃合计,欲另立太子。幸亏司礼监太监怀恩极力劝阻,又适逢泰山连续发生地震,钦天监官认为是东宫不安之象,见深历来畏天变,梁芳等人也怕遭天谴,祐樘故此得以无恙。①

即便这段插曲属实,见深也没有将易储的念头公开,而在万妃去世之后,见深对太子问题却是不再含糊,因而在皇位继承上没有发生任何障碍。

其次是诸皇子。国本既固,而且册封了太子妃,这便断绝了其他皇子对皇位的觊觎。七月十一日,见深封皇子祐杬为兴王、祐棆岐王、祐槟益王、祐楎衡王、祐枟雍王。② 这既是进一步确立名分,也表示父亲对儿子们的一片情意。另外几位皇子祐楷、祐梈、祐橓、祐枢、祐楷年龄尚幼,留给新君即位后再行册封。

再就是母亲周太后。这位争强好胜一辈子的女人,当初曾因儿子为皇太子而被立为皇贵妃,却并不得宠于丈夫。三十四岁时因儿子做了皇帝而升格为太后,却也开始了寡妇的生涯。见深与这位生母不但一直有隔阂,而且见了她总觉得抬不起头,总有几分怯意。但眼看母亲又要为儿子送丧,毕竟有一些内疚。四月十七日,见深为母亲上了"圣慈仁寿"的四字尊号,以感谢她对自己的养育之恩。③

最后还有晚年侍奉他的妃子们。七月二十七日,见深除了进宸妃邵氏为贵妃外,一口气又封张氏为德妃、郭氏惠妃、章氏丽妃、

① 陆容:《菽园杂记》卷一一;沈德符:《万历野获编补遗》卷四《(讥详)圣主征应》。

② 《明宪宗实录》卷二九二,成化二十三年七月戊申。

③ 《明宪宗实录》卷二八九,成化二十三年四月。

姚氏安妃、王氏敬妃、唐氏荣妃、杨氏恭妃、潘氏端妃、岳氏静妃,共十人,而且每人册文中的评语都可以荣耀家族。贵妃邵氏的评语是:"禀性柔嘉,因心和顺。点契宫闱之教,明征图史之言。"德妃张氏的评语是"毓秀名门,称贤淑壸。尧全四德,动循图史之规,恪秉一诚,式赞轩龙之政。"①

唯一被遗漏的是皇后王氏。这位可怜的女人,虽说母仪天下,主持六宫,却从来没有讨得过丈夫的喜欢,自然也就体会不到做皇后的乐趣。如今丈夫就要仙逝,竟然无一语相慰。这份情债,得留给储君即位后再行补报。

家事全部安排妥帖,国事则自有新君和文武群臣安排,见深便无牵无挂地追随"万侍长"而去了。

① 《明宪宗实录》卷二九二,成化二十三年七月甲子。

第九章　是非功过

一、垂衣拱手

见深是明朝第一位不与大臣面议国事的皇帝,这在当时曾引起朝臣的普遍不满。但盖棺之后,修撰《宪宗实录》的史馆诸臣,却别出心裁地为见深下了这样一个定论:"上以守成之君,值重熙之运,垂衣拱手,不动声色,而天下大治。"①这个结论可说是思精言赅、颇费苦心。先用"守成之君"将见深定格在一个不高不低的档次上,这样,就不能像要求秦皇、汉武、唐宗、宋祖及明太祖等雄才大略的"英主""创业之君"那样去要求他。只要国家不出大的乱子,国家的元气仍然保存,顺利地将皇位移交给储君,便可不必求全责备。接着点出见深遇上了一个好时机。他即位时,土木之变的危机已经过去,昔日强盛的瓦剌分崩离析,正在崛起的鞑靼也是各部自为雄长、不相统属;建州女真虽然在跃跃欲试,但羽毛尚未丰满;沿海虽然时有倭警,但并未造成大患。因此,可说是外无强敌。除了荆襄流民为求得生存权而数生变端,可说是内无大敌。至于西南瑶民、苗民时而发难,西北"土达"偶尔"跳梁",那也是历朝历代都有的事情,不足为怪。而且,明朝开国百年,太祖、太宗的余泽犹在,民心思定,百姓乐生;畏于高皇帝手定的刑典,官风也还

---

① 《明宪宗实录》卷二九三。

没有大坏,故而可说是"值重熙之运"。在这种条件下,只要不过于节外生枝、重劳民力,便是垂衣拱手、不动声色,国家也是可以安稳,天下也是可以太平的。

经过这番处理,不仅承认了见深"垂衣拱手"的合理性,而且为继承者设计出了一种君临天下的模式。这种模式说来也很简单,那就是皇帝除了按祖宗定下的规矩上朝、祭神,并出席其他必须出席的仪式外,并不亲自处理政务。所有的事情都由各部门提出处理意见,大事则经过廷议,写成书面文字,经内阁票拟、内监批红、六科签发。当然,皇帝也看奏疏,不但偶尔批上几个字,遇上兴致,有字迹毛草的,或有错字漏字的,还不时驳回询问,但就是不当面讨论。因此,这种模式其实是一种以文牍主义为特点的统治方式。在官僚集团中,实际上有一种潜在意识在支配,即在国家事务的处理过程中,没有出过紫禁城而且少不更事的皇帝还是越少过问越好,一旦过问,反而坏事。只要顺着当权者们的路子走,虽然谈不上做惊天动地的事,却也不会捅出大娄子。

见深自己当然也万万想不到,漫不经心做了二十三年皇帝,竟给文官们七弄八弄,弄成了可以被子孙继承的成法,弄成了被人们接受的为君之道。到正德、嘉靖时,郑晓更将见深的这种为君之道加以发挥。本来是推一步走一步,甚至是推而不走,却说成是"练达情理,临政莅人,不刚不柔,有张有弛";本来是中无定见,听其自然,却说成是"进贤不骤而任之必专,远邪不亟而御之有法";本来是军备不振,搜套无功,却说成是"遣将薄伐,不勤兵以竭财力"。[①] 所有"英主"的毛病到了这里都成了美德。

但至少有一点见深是明智的,他从来不企望做"英主"。汉唐

<hr />

① 谈迁:《国榷》卷四〇。

盛世固然是以个体农业为基础,但汉武帝和唐太宗、唐高宗、唐玄宗及武则天时期的开疆拓土,却不能不说与当时出现的重商主义和国民的冒险精神有密切关系。即便是东汉明帝时,班超也敢带着三十六人在西域"杀人放火"。而到明成化时,两名蒙古骑士驱赶着上千汉人,沿途官军竟然不敢出击。可见"英主"的产生是需要条件的。

明太祖建国后,采取了一系列强制性措施,将整个国民经济框架在个体农业的格局内,扼杀思想文化及经济领域一切可能导致社会动荡的不安定因素,并设计出一整套适应极端君主专制制度需要的行政管理制度,让子孙后代恪守不移。社会思想遭到了禁锢,商品经济受到了摧残,元代因民族融合和中外交通培育起来的国民的自信心和探险精神被压制,国家政权对社会的干预及其所产生的影响,在明前期的一百年中得到充分的表现。在这种充满保守主义和冷峻肃杀的氛围中,是难以产生英主的。即使有人不顾客观条件的限制去扮演英主,也只能为后人留下笑柄。见深的父亲祁镇就是活的标本和耳闻目睹的榜样。成化初给了他一个"英宗"的庙号,既是为了圆他的英主梦,其中也不乏讥讽之意。

一方面是受性格和条件的限制,另一方面或许是吸取父亲的教训而走向极端,反正见深在位的二十三年中,明显地表现出无所作为的价值取向。虽然这种无所作为及见深造就的特有的文牍主义统治方式往往,因议而不决贻误时机,却也可以磨去浮躁和急功近利,避免决策上的失误;同时,也不会力图用政治权力去过多地干预社会经济生活。这恰恰是中国君主制度下封建法网松弛、商品经济活跃、新的思想和观念萌芽及社会风气转变的必需条件。成化朝所以成为明朝社会经济和社会风气的转变时期,固然是受社会自身的发展所决定,但与最高统治者见深的统治作风也有密切的关系。

见深又是明朝开国以来所受批评最多的皇帝。人们除了批评他不面见大臣议政外，主要集中在三个方面。一是宠爱贵妃万氏，由此而听任宦官梁芳等人耗费储藏，购买奇玩淫巧；二是宠信汪直，建置西厂，数兴大狱，弄得人心不安；三是偏信僧、道，沉湎方术，而且内批授官，冲击了正常的官员除授程序。但这些在当时却不足以造成国家的动荡。

宦官采办，永乐、宣德时早已有之，只是言官畏于太宗、宣宗不敢直言而已。永乐末宣德初安南的服而复叛，兵连祸结，直接原因便是宦官在安南的采办苛索。从对社会的影响说，成化时宦官的采办未必甚于永乐、宣德。虽然在成化十七年（1481）十一月和十八年十月两次从太仓拨银至内库，却没有新增田赋、扩大朘削面；虽然在京师修庙建寺，却并未在全国范围内征发力役、转运木石，故涉及面有限。

西厂虽然前后存在近六年，但真正的活跃期不到一年，主要在成化十三年，打击的对象也主要限于官僚集团中的某些经济上不甚干净的成员，除杨仕伟叔侄及康文秀二狱外，也没有过多搞株连，故而并未摧残士气。所以当杨福伪称汪直下江南时，民间不但没有发生骚乱，反倒有人向其称冤投诉。

成化一朝内批授官约在二千至三千人之间，在孝宗祐樘即位后罢黜的二千人中，有一千三百余人是工部营缮所的匠官，进入仕途的实为五百多人，除李孜省等极少数外，均未参与朝政，因而虽然扰乱了任官程序，对内政外交所产生的影响却很有限。何况，内批授官也并不只是发生在成化一朝。弘治十二年（1499）九月，监察御史燕忠等人在一份奏疏中指出，从弘治四年到十二年的九年时间，匠官杂流不计，传奉官文职为五百四十余员，武职也有二百一十七员,和成化末的数字相差无几。①

也正因为这样,所以谈迁作《国榷》时,一方面认为不能为见深掩盖"失德"处,另一方面则认为"于全照无大损也",甚至说是"尺璧之瑕,乌足玷帝德哉"!②

而见深为后人津津乐道的"帝德"倒还真不少。《明史》归纳为三条:一是"恢恢有人君之度",二是"笃于任人",三是"蠲赋省刑"。纵观见深一生,还都不是溢美之词。

"人君之度"是从见深上景帝尊号、为于谦平反、抑黎淳而召商辂等几件事中得出的。景帝曾将他由太子废为沂王,于谦、商辂则是景泰时的决策人物。有记载说在景帝病重时,于谦曾一再对复立见深为太子表示反对。但见深即位后却不计前嫌,比起后来世宗厚熜因孝宗张皇后曾为难过其母蒋氏,便对张家兄弟百般寻仇,其度也真可称"恢恢"。而且,见深不断受到言官的批评,很大程度上也是因为这种"恢恢之度"而引起的。成化一朝,言官及其他臣僚因提意见而挨板子、遭贬谪的不下百数,却没有一位被打死或被处死。即便打板子,一般也就是二三十下。从这点来说,见深也是明朝开国以来的第一人。明朝言路大开、科道飙发,肇始于景泰,林聪、叶盛开其先;而形成气候,却在成化;毛弘、丘弘继其后。

"笃于任人"是从见深始擢王竑、李秉,继用韩雍、项忠,以及对王越、彭韶等人的处置而得出的。成化一朝,出的名臣也确实不少。如内阁的彭时、商辂,部院的王竑、李秉、姚夔、白圭、林聪、尹旻,督抚中的叶盛、韩雍、王恕、原杰、马文升、何乔新、项忠、余子俊、朱英、秦纮、彭韶,均一时之选。再如科道的丘弘、毛弘、魏元、

① 《明孝宗实录》,弘治十二年九月甲戌。
② 谈迁:《国榷》卷四〇。

张宾、李森、李俊、汪奎、王瑞,翰林的罗伦、章懋、丘浚、柯潜、李东阳、谢迁,地方官中的陈选、高瑶、吴道宏、陶鲁、杨守陈等。或面折廷争、犯颜极谏,或反复陈词、匡扶正气,或学问洽博、识见不凡,或保境安民、惩恶扬善。得人之盛,不让宣德。即使被讥为"万岁阁老"的万安,以及"泥塑尚书"的李裕、李敏、周洪谟、谢一夔,他们所以被抨击,也并不是因为疲懦无能、贪赃枉法,而是因为对见深宠幸万贵妃、内批传奉官等事没有进行有力的劝阻。除此之外,从成化后期对灾区的赈济及对地方事务的裁处来看,他们还是各有所长、恪守职责的。

史载见深"一闻四方水旱,蹙然不乐,亟下所司赈济,或辇内帑以给之;重惜人命,断死刑必累日乃下,稍有矜疑,辄从宽宥",是有事实根据的。据《实录》记载,从天顺八年(1464)到成化二十二年(1486),共减免灾区税粮一千九百多万石,平均每年近百万。但这个数字只是反映了对"官田"的减免,不包括"民田"。以成化二十一年(1485)为例,《实录》记载是"减免天下官田等项税粮一百(零)八万五千九百石有奇"。但就在这一年正月,以帑金二十五万两赈山西、陕西、河南灾民;四月,拨江南漕粮四十万石赈陕西潼关一带灾民;同月,免山东济南等府去年秋粮米三十七万石、南直隶凤阳等府夏税二十万石;十月,免四川成都等府税粮五十一万石,免山东济南等府夏税四十五万石,免河南开封等府夏税五十七万石,免山西平阳等府夏税四十万石。① 这些都是有确切数字的蠲免及赈济,减免税粮已为二百五十多万石,连同赈济数,实际则是三百多万石,相当于全国当年税粮额的十分之一。因此,尽管成化一朝水旱灾变不断,在荆襄流民问题处理之后,并未出现大的社

---

① 《明宪宗实录》卷二六〇、卷二六三、卷二七〇。

会波动。

见深对真人张元吉的处置,招致了科道的猛烈抨击,也实在是罚不当罪。但除了感情及忌讳方面的原因,与见深的性格也有关系。他对言官们揭他的隐私、不给他留面子很恼火,也时时责罚,甚至故意找岔子、给小鞋穿。成化十八年(1482),见深挑出南京御史李珊等上疏中的讹字,竟命锦衣卫校尉赶到南京,在南京皇城的午门前,由守备太监监刑,将李珊等人每人施杖二十,开了迁都北京后到南京行杖的先例。① 但他却并不太狠,相反,在宽容中还有相当大的同情心。因此,地方有死刑囚犯报到刑部,他总是要求审理明白,尽可能重刑减轻、轻刑豁免。对张元吉固然是宽大过头,对臣僚百姓也不滥施重刑。也正因为这样,不但为本朝,还为弘治朝、正德朝乃至嘉靖朝保存了一批干才。这些干才既替见深调教出了一位受到士大夫普遍称赞的继承者,也在正德、嘉靖时帮见深的两位爱使性子的孙子渡过一次又一次难关。

因此,《明史》毫不吝啬地称赞"仁、宣之治于斯复见",②《国权》则说"称明治者,首成、弘焉"。③ 便是《罪惟录》,虽然对见深的"失德"处批评得淋漓尽致,并附以"灾异之警,无有酷于此二十三年者"的诅咒,但也不得不承认成化时"幸称小康"。④

不过细论起来,见深的最大幸运莫过于淑妃纪氏替他生了个本分听话的儿子,而且这个儿子又恰恰得以继承皇位,并被士大夫们调理成了见深"垂衣拱手"为君之道的楷模。如果见深死后,继位的不是儿子孝宗祐樘,而是孙子武宗厚照,将会出现何种景象,

---

① 《明史》卷九五《刑法志三》。
② 《明史》卷一四《宪宗本纪二》。
③ 谈迁:《国权》卷四〇。
④ 查继佐:《罪惟录·列传》卷九。

实在难以预料。在中国历史上,有不少英主是毁在儿子手上的,秦始皇、晋武帝、隋文帝即是;也有不少庸主靠儿子而风光,汉景帝、唐睿宗还有见深皆是。不同的是,汉景帝的儿子武帝、唐睿宗的儿子玄宗是以他们的雄才大略为父亲争光,而见深的儿子祐樘则是以他比乃父还要"垂衣拱手""不动声色"而使国家保持安稳,使社会得到进步的。

二、诸政更始

虽说是垂衣拱手、无所作为,但在社会经济关系发展的推动下,见深及其臣子们也被动地或说是"不动声色"地对某些陈规旧制进行了改革,使之适应新形势的需要。

漕　　运

成化朝诸政的改革,莫过于对荆襄流民问题的明智处理,以及由此而产生的对人口流动的新认识,关于这一问题,已在第四章叙及,不赘述。其次便是漕运改革。

成祖迁都北京,固然实现了政治重心的北移,但经济重心却不是可以靠行政手段搬动的,江淮、江南仍是国家的财赋来源,京师及诸边官俸军饷所需粮食,仍依赖南粮北运。

明初有三条运道:一是海运。即将苏、松、江西、浙江等处税粮中的起运部分输纳苏州太仓,在刘家港用海船绕山东半岛运往直沽。二是淮运。用淮船将江淮一带的粮食由淮河、沙河运抵陈川(今河南淮阳县)颍岐口,再用巨舟装载入黄河抵八柳树,再车运赴卫河输北京。三是陆运。将河南、山东粮食运至临清仓,再从临清运北京。由于海运风浪大,且时遭倭寇骚扰,淮运、陆运又颇费周折,故从洪武时起,便重新疏浚运河,到永乐九年(1412)会通河疏浚、运河畅道,南粮便大体由运河输往北京。但也有周折,永乐时,江西、湖广、浙江等处税粮由民夫运到淮安仓,然后加派浙江、南直隶官军挽运到徐州仓,再改由山东、河南官军挽运到通州仓,供京仓提取。这种方法《明史》称作"支运",郑晓则称为"转运"。① 宣德时,因考虑民夫运粮至通州,往返将近一年,耽误农时,故作了调整。江南民夫运粮只需到淮安或扬州的瓜洲渡口,河南、山东粮户则分别运粮至小滩、济宁,交割给漕运官军,然后专由官军漕运京、通仓。交割时,民夫得按地区不同依一定比例加耗,即加交兑运费,这种办法叫"兑运"。

成化七年(1471),根据应天巡抚滕昭的建议,将兑运改为官军长运,即江南民夫运粮不必去瓜洲、淮安,只需运到南京长江边,便可交付漕军,故而运粮水程大为减少。虽然每石漕粮的加耗达五至九斗,但节约了农时,对于农业生产却是有利的,而且便于统一管理。这种办法叫"长运",即官军长运,也称"改兑长运"。② 同时,又将每年漕粮运至通州的数额定为四百石;并立粮到期限,北直、河南、山东为五月初一,南直江北为七月初一,江南为八月初一,浙江、江西、湖广为九月初一;三年一考成,违限者降罚运官。明代漕运至此才有了完备的制度,一直沿用到明末。

匠　役

手工业者在成化时身份上有了进一步的自由。明代户口分

---

① 《明史》卷七九《食货志三》;郑晓:《今言》卷二。
② 顾起元:《客座赘语》卷一。

军、民、匠、灶四类,继元朝旧制,工匠另立户籍,分"住坐"和"轮班"两种。住坐匠是从各地征集的熟练技术工人,定居京师,户口隶工部,每月服役十天,给月粮三斗,为宫廷所需服务,无工则停支月粮。轮班匠是各地轮流赴京服役的工匠,根据道路的远近,五年一班至一年一班不等,每班服役三个月,属无偿劳动,往返盘缠也需自理。洪武时,在册轮班工匠共二十三万二千另八十九人,①每年轮五万至六万人。宣德元年,逃役者有五千多人,约为当年当班工匠的十分之一。② 正统十年,逃役者为一万余人;③到天顺四年,逃役者达三万八千四百名,④占当班工匠的三分之二。

工匠的逃役,使原有的匠班制度难以继续。为保证工匠的征用,工部根据当时的工价,于成化二十一年奏准,轮班匠有不愿赴京服役者,南匠每月出银九钱、北匠每月出钱六钱,即南匠每班出银二两七钱、北匠每班出银一两八钱便可免役。⑤ 这一举措看似简单,却是上百年来工匠逃役的结果,又是明政府户籍制度变化在匠役上的反映,开始了匠役由力役到银役的过渡。从政府来说,既可每年征匠班银十多万两,用于雇工造作,又无须终年追捕工匠,劳官扰民。从工匠的角度来说,二至三两银子不但可免三个月的工役之苦及往返途中的花费和时间,而且可换来四年的人身自由。⑥

---

① 《明太祖实录》卷二三〇,洪武二十六年十月。
② 《明宣宗实录》卷一三,宣德元年正月庚申。
③ 《明英宗实录》卷一三一,正统十年七月戊寅。
④ 《明英宗实录》卷三一七,天顺四年七月庚辰。
⑤ 《明会典》卷一八八、卷一八九《工部·工匠》一、二;参见《明宪宗实录》卷二六五,成化二十一年闰四月。
⑥ 据《明英宗实录》卷二四〇,景泰五年四月工部奏准,工匠无论南北,均四年一班,赴京工作。当时共有轮班匠二十八万余人。

关　税

随着商业的活跃,商税的征收也为政府所重视。

明初在各地设有税课司、局近四百处,向商人征收过税和坐税,又有河泊所、抽分局等,征收土产税。宣德四年,既为钞法不道,也为运河疏浚后南北商品流通扩大,明政府在运河沿线的潞县(今北京通县)、临清州、济宁州、徐州、淮安府、扬州府、南京上新河等客商辏集处设立钞关,差御史及户部官对过往商船按尺寸大小及路程远近监收船料钞。景泰时又设湖广武昌金沙洲、江西九江、浙江杭州北新及南直苏州浒墅、松江五处钞关。①

见深的父亲英宗幼年曾接受过严格的儒学教育,在位期间虽然做过许多自己也时时后悔的事,但对祖宗成法却较为注重。宣德、景泰时的钞关既非太祖、太宗所设,又船料钞过重,故先后罢去徐州、济宁、上新河、金沙洲、九江、苏州、杭州北新等钞关,其余钞关船料钞也由每百料征钞六十贯减为二十贯。②

成化二年(1466),因军士月粮折支不足,恢复了武昌金沙洲和江西九江二处钞关。次年,又因光禄寺缺少供应,恢复苏州浒墅和杭州北新二处钞关,皆照原例丈量商船,每百料征收船料钞十五贯。③ 到成化七年,增派工部属官三员,分往南直隶的太平府芜湖县、湖广荆州府沙市、浙江杭州府城南税课司,专理抽分。这三处是江南著名的竹木集散地,以前仅收课钞。工部尚书王复为解决京师盖造公署以及制造器物、打造船只经费的不足,奏请派官抽

---

① 《明会典》卷三五《户部·钞关》。
② 根据明朝制度,船头长一丈一尺、梁头十六座为一百料。
③ 参见《明宪宗实录》卷三五、卷四三。

分,抽分的竹木就地变卖银两,直接解送工部。①

四处钞关的恢复和芜湖等三处抽分,看似为解决一时经费的
不足,却反映了理财思路的变化,不是将用度摊派于田亩,而是征
集于商人,实为商业趋于活跃在财政制度上的反映。据成化十六
年户部的一个报告,武昌、九江、苏州、杭州及原有河西务(漷县钞
关移于此)、临清、淮安、扬州八处钞关每年所收船料钞定额为二
千四百余万贯,按当时钞、银比价,约合白银十二万两。② 另据成
化二十一年(1485)户部的报告,沙市、芜湖、杭州三处抽分每年可
变卖得银约五万两。③ 两项合计十七万两。以后,由于商品流通
的进一步活跃,商税收入也不断增加,但钞关的设置及商税的征收
则大抵以成化为定制。

科　　举

《明史》说:明朝科举"沿唐、宋之旧,而稍变其试士之法。专
取四子书及《易》《书》《诗》《春秋》《礼记》五经命题试士,盖太祖
与刘基所定。其文略仿宋经义,然代古人语气为之。体用排偶,谓
之八股,通谓之制义"。④ 于是人们认为,八股取士始自明初,实为
误解。顾炎武《日知录》有"试文格式",专论八股:

> 经义之文,流俗谓之"八股",盖始于成化以后。股者,对
> 偶之名也。天顺以前,经义之文不过敷演传注,或对或散,初
> 无定式,其单句题亦甚少。成化二十三年会试"乐天者保天
> 下"文,起讲先提三句,即讲乐天四股;中间过接四句,复讲保

---

① 《明宪宗实录》卷八七,成化七年三月戊寅。
② 《明宪宗实录》卷一九九,成化十六年正月庚戌。
③ 《明宪宗实录》卷二六三,成化二十一年三月乙丑。
④ 《明史》卷七〇《选举志二》。

天下四股;复收四句,再作大结。①

清人胡鸣玉也对八股取士作了考订:

> 今之八股文,或谓始于王荆公,或谓始于明太祖,皆非也。案《宋史》,熙宁四年罢诗赋及明经诸科,以经义论策试进士,命中书撰大义式颁行,所谓"经大义",即今时文之祖。然初未定八股格,即明初百余年,亦未有八股之名。故今日所见先辈八股文,成化以前,若天顺、景泰、正统、宣德、洪熙、永乐、建文、洪武百年中,无一篇传也。②

顾、胡二人均为考据典故的大师,他们的考订,可说明八股作为科试文体,并非由明太祖和刘基所定,而是从成化二十三年(1487)会试开始的。这次会试的主考官是入阁不久的太子少保、兵部尚书兼翰林院学士尹直和右春坊右谕德吴宽,他们自己也绝不会想到这份试题竟然决定了以后四百年万千举子的命运。

以八股文试士,其初衷恐怕是为了使试文由无定式到有定式,应该是考试制度规范化的表现,有利于阅卷时掌握划分等级的标准。但由于明清以科举取士,科举则重经义,经义又以八股文为试文格式,从而导致人人习八股,称为"时文"。从文风来说,又是一种倒退。到嘉靖、万历更发展到有人专以卖八股时文为业。本来是"十年寒窗苦",但有人竟可只熟记若干时文,便取得功名,于本经原史,却茫然不知。所以顾炎武认为"八股之害,等于焚书。而败坏人材,有甚于咸阳之郊,所坑者但四百六十余人也"。③ 不过,这种批评也过于尖刻。八股文固然使一些有真才实学者未能进入

---

① 顾炎武:《日知录》卷一六《试文格式》。
② 胡鸣玉:《订讹杂录》卷七。
③ 顾炎武:《日知录》卷一六《十八房》。

仕途,却没有、也困不住英才。成化以后的明代及同样以八股取士的清代,其人物又何尝逊于不行八股的唐、宋及明前期。

一百年来在三月初一举行的殿试,则因一个偶然的变故推迟了。成化八年正月,太子祐极病逝,出葬时间定在三月初六日。这年正值大比,按祖制,三月初一是殿试日,初三"读卷",初五"传胪",初六新进士谢恩,每个仪式皇帝都得亲自出席。于是礼部提议,将这两件事的时间错开,殿试为葬礼让路,改在十五日举行,阅卷、放榜、谢恩等均相应推后。① 从此,三月十五日殿试成了定制。

朱国桢后来将这一变动归于天意:"旧制殿试在三月初一日,谢恩在初六日。成化八年,以悼恭太子发引,改十五日,至今仍之。然初一日太促,毕竟十五日为妥。此虽人事,亦天意之相合也。"② 原来的三月初一殿试,也确实仓促了些。二月初九、十二、十五为会试日,考完之后要糊名、誊录、校对,再分房阅卷,进行预选;预选经主考官审阅并拟定名次,然后将准备录取的"朱卷"与考生原来的"墨卷"加以"对号"即复核;复核无误,再行公榜。所有这些决定一千多名举子命运的录取工作,均需在半个月内完成,紧接着便是殿试。礼部及翰林院等有关部门忙得喘不过气来。将殿试改在三月十五日进行,倒真是从容一些。至于说是"天意",也并不太过荒谬。三月初一日的殿试是明太祖建都南京时定的,成祖迁都北京后仍其旧,没有考虑南北两京的温差。加上殿试不同于会试,会试是在礼部贡院内进行,殿试却在奉天殿(今北京故宫太和殿)前的空地露天进行,遇上风雨则在两庑走廊上进行。推迟半个月,

---

① 《明宪宗实录》卷一○一,成化八年二月癸未。
② 朱国桢:《涌幢小品》卷七《殿试改期》。

贡士们也可少受些风寒之苦。

此外,对官员的考察、大臣的荫子、团营的编制、两京的会审等制度,成化时也多有厘定,以适应不断变化的社会环境。

三、成化新风

顾起元《客座赘语》有这样一段记叙:

> 正(德)、嘉(靖)以前,南都风尚最为醇厚。荐绅以文章政事、行谊气节为常,求田问舍之事少,而营声利、畜伎乐者,百不一二见之。逢掖以呫哔帖括、授徒下帷为常,投贽干名之事少,而挟倡优、耽博弈、交关士大夫陈说是非者,百不一二见之。军民以营生务本、畏官长、守朴陋为常,后饰帝服者少,而卖官鬻爵、服舍亡等、几与士大夫抗衡者,百不一二见之。妇女以深居不露面、治酒浆、工织为常,珠翠绮罗之事少,而拟饰娼妓、交结姅姆、出入施施无异男子者,百不一二见之。①

顾起元是南京人,又以学识渊博、著作精核、留心桑梓文献著称,所以他的记叙是带有权威性的。但顾起元的活动时间和感受时代却是在万历、天启时,所以他又特别声明,上述记述是得自"一长者言"。

正德、嘉靖是明朝的多事之秋,被人们视为明前期和后期的过渡时期。明朝社会风气的大变,也确实是在这个时期。但其发端,则在成化时代。顾炎武以其敏锐的洞察力,对此颇有认识。他将明朝社会风气的变化放在成化,认为成化以前"士君子尚品养廉,农工商贾安分守业,风俗淳厚,治化可称";成化以后,则人伦渐

---

① 顾起元:《客座赘语》卷一《正嘉以前醇厚》。

丧、争讼渐甚,豪恶日番、良善日困,奢靡为荣、节俭为耻。① 成化既是前一时代的结束,又是后一时代的开始,明代中后期的各种社会风气,大抵都可在成化时见其滥觞。

社会风气的变化,一般是从日常消费开始的。

成化六年十二月,户科给事中丘弘等上了一道有关京师民风问题的奏疏,内称:

> 近来京城内外,风俗尚侈,不拘贵贱,概用织金宝石服饰,僭拟无度。一切酒席皆用簇盘糖缠等物,上下仿效,习以成风,民之穷困,殆由于此。②

其实,这种情况并非只是发生在北京。

顾起元在他的《客座赘语》中又引用了他外舅"少冶公"对南京请客习俗变化的回顾。正统时请客,一般在当天早上令童子至各家邀请,到巳时客人便到齐了。六至八人一席,用大八仙桌一张,大菜四道,另有四道小菜,不设果品。喝酒只用两只大杯,轮流饮用。桌子正中置一大碗,装着清水,用以汕碗。到午时后,即便散席。十多年后,即景泰、天顺之际,改为先一日邀请,以示对客人的敬重;但所用餐桌和酒菜与正统时无异,只是喝酒的杯子由两只增为四只。再过十多年,约当成化初,开始用帖子请客。请帖宽一寸三四分,长五寸左右,上书某日午刻宴客,下具主人姓名,注重讲排场了。不过酒宴内容仍无大变。再过十多年,即到成化末弘治初,情况就不一样了,请客得用双帖,定下宴请日期时先发一帖,宴请前一日再发一帖。请帖的制作也讲究了,分为三折(三开),折

---

① 参见谢国桢:《顾亭林学谱》。成书于成化时期的《皇明条法事类纂》则集中反映了当时的各种社会矛盾和社会问题。

② 《明宪宗实录》卷八六,成化六年十二月庚午。

好后长五六寸,宽二寸,类似于今日的请柬。宴席由原先的八人合席改为开席,每席两人,每席除菜肴之外,另有果品数种。已刻入席,申未方散。至正德、嘉靖,则发展到设乐、役厨。[①] 从宴请的变化,可以看出成化乃是一个转折时期。

远离都市的山区,消费风气也在变化。

夏尚璞在弘治、正德间记其家乡江西广信府永丰县(今广丰)的习俗时说:"予邑僻在山中,与闽接壤,乡先生多出朱吕真西山之门,以故俗尚礼义,视他邑为胜。"但就是这个"礼义"之乡,"近年相继沦谢,风俗日趋于下,求其好贤尚义……者,已不多得"。[②]《永丰县志》对这种"日趋于下"的风气作了具体陈说:

> 先是男子衣惟绌布土缣,富者间衣文绮,必袭以布,谓之"衬衣"。仕非达官,员领不得辄用纻丝。女子服饰视贫富以为艳朴,士人之妻,非受封不得长衫束带,惟婚会假之,重礼也。今不以分制,而以财制,侈富逾节者,亦即多矣。先是燕会果肴以四色至五色而止,果取诸土产,肴用家畜所宜,聊且具数而已。于是遇节庆,远亲近邻无弗会者。今一会或费数十金,为品至数十,剪彩目食之华,宛效京师。耻弗称者,率自摈焉,而婚族疏邈如途人者有矣。[③]

不但消费习俗发生变化,原先的身份、等级以及亲邻关系也随之发生变化。县志的作者对此颇有感叹:"噫,奢僭甚而犯礼多,浑朴消而殷富替!"

在浙江嘉兴府的海盐、绍兴府的余姚、宁波府的慈溪、台州府的黄岩、温州府的永嘉,则兴起了一股戏文热。"良家子弟"热衷

---

① 顾起元:《客座赘语》卷七《南都旧日宴集》。
② 夏尚璞:《东岩集》卷五《施拙庵墓志》。
③ 嘉靖《永丰县志》卷二《风俗》。

于习为倡优,称"戏文弟子",全无羞惭之态。① 所习戏曲则为四节、连环、绣襦及锁南枝、傍妆台、山坡羊之类,其语秽亵鄙浅,其音婉约矫柔,大异于明初气象,②反映出当时精神情趣的转变。

社会风尚由简朴到奢靡的变化,是在两股力量的推动下发生的。

一是社会经济的发展而导致社会财富的积累,致使人们的价值观念包括消费观念、等级观念、道德观念发生变化。而掌握着社会财富又较少正统观念束缚的富商、勋贵们则领导了这一社会潮流。

从陆容《菽园杂记》关于"马尾裙"流行的一则记载,便可看出这种转变过程:

> 马尾裙始于朝鲜国,流入京师。京师人买服之,未有能织者。初服者惟富商、贵公子、歌妓而已,以后武臣多服之,京师始有织卖者。于是无贵无贱,服者日盛。至成化末年,朝官多服之者矣。大抵服者下体虚攀,取观美耳。③

先是富商、贵公子、歌妓穿,然后是武臣穿,再就是一般市民穿,最后文官们也穿。大学士万安冬夏不脱,礼部尚书周洪谟叠着穿两条,大臣中唯一顶住了马尾裙引诱的只有吏部侍郎黎淳。

孝宗继位后下了禁令,不许再穿这种"妖裙"。到万历时,沈德符见到朝鲜使臣穿这种裙子,"袍带之下折四张,蓬然可笑",他不理解成化时人们为何争服这种类似马尾巴般的裙子。尤其是周洪谟,平日以理学自命,奢谈天下大事,又身为礼部尚书,竟然作出

---

① 陆容:《菽园杂记》卷一〇。
② 沈德符:《万历野获编》卷二五《词曲》。
③ 陆容:《菽园杂记》卷一〇。

这等表率。①　却不知风气所至,贤者不免。政府虽然禁止穿马尾裙,却禁不了整个社会风气的变化。大学士刘珝的被迫致仕,直接原因是儿子狎妓夜游而为政敌所攻,但士大夫宿娼嫖妓却并未因此而绝,倒是愈演愈烈。

二是政治气候的宽松及上行下效的作用。土木之变后景帝祁镇的即位以及景泰时言路的飙发,宣告了明前期高压统治的结束。尽管英宗复辟后政治空气重趋紧张,但见深的继位和随后的一系列平反活动,以及西厂的设而复罢,都说明宽松的政治气候更适应新的形势。而见深本人的个性,也对政治气候的宽松化起了重要作用。从仁宗、宣宗开始的宫内生活的奢靡侈化,被见深和贵妃万氏大大推进了一步,变得全然不顾忌社会影响。万贵妃公然通过梁芳、钱能及万通等人采买奇玩淫巧,成了路人皆知之事。丘弘在成化二年上疏时就对此进行公开的指责:“民俗奢俭,国脉盛衰所系。臣愿陛下远珍奇、绝玩好,痛自裁抑,为臣民先。”②成化六年(1470)又点明“在京射利之徒屠宗顺”等人便是以进献为名,贩卖宝石。③　但言者姑言之,听者姑听之,宫廷的奢靡反过来又对社会消费产生了导向作用。

社会风气的变化,也反映在士风的变化。沈德符论“国朝士风之弊”以三个时代为界标:“浸淫于正统,而糜溃于成化……(至正德)而朝士之体渐灭尽矣。”④浸淫、糜溃、渐灭,三个措辞是递进性的,虽然仅仅将士大夫与当权宦官的关系作为立论的出发点,而且带有士大夫的偏见,却在客观上把握了士风变化的三个关键时

---

①　沈德符:《万历野获编补遗》卷四《(嘲鄙)大臣异服》。
②　《明宪宗实录》卷三三,成化二年八月辛丑。
③　《明宪宗实录》卷八六,成化六年十二月庚午。
④　沈德符:《万历野获编》卷二一《(佞倖)士人无赖》。

代,而成化则具有承前启后的作用。

成化时士风的变化是从三个方面表现出来的。

一是部分士大夫人格的堕落。这种堕落在万安和康永韶身上具有典型意义。

万安自成化五年(1469)入阁,到二十三年孝宗即位后被迫致仕,在内阁的连续时间长达十八年,创下了"三杨"去世之后的纪录。虽然名声不好,却找不到他职责上的过错。万安的问题,是出在人格上。成化以前的大学士,从解缙、杨荣、杨士奇,到陈循、王文、徐有贞,及至成化前期的李贤、陈文、彭时、商辂,人品有优劣,才智有高下,却并没有人一意钻营、献谀迎合。便是徐有贞先是倡言迁都避敌,后又策划英宗复辟,也是出自对形势和是非的认识,其间虽有权术和阴谋,却也坦坦荡荡,并无不可告人处。万安则攀附万贵妃于先,秘献房中术于后,尽是不为人齿之事。直至弹章当面,尚自踟蹰不去,开了大臣恋位之先。其后刘吉、尹直以及嘉靖朝诸青词宰相,皆以万安为楷模。但以万安的名声,却见容于整个成化朝,彭时、商辂也和他相安无事,可见他是被这一时代所认可的。

至于康永韶,先以直言有声,后乃专事迎合,其转变恰又和成化朝士风的转变同步。

二是部分士大夫对财富的追逐。

成化二年(1466)罗伦因论李贤夺情被贬泉州,市舶副使本为大有油水的职务,但罗伦宁可靠卖文养家,也不取非义之财。钱能成化四年(1468)镇守云南,无论是搜刮民财于境内,还是谋取重赂于城外,都是由卫所军官及所带随员办理。

而到成化中后期,却接连发生文官谋财枉法的案子。成化十七年(1481),给事中冯义和行人司右司副张瑾受命出使封占城王。到广东时,知拟封的占城王已经死去,但二人因多携私货,准备借出使之机交易牟利,恐消息传到北京后失去发财的机会,便兼程赶往占城。到占城后,也不请示朝廷,径封安南所立傀儡为王,得其贿赂黄金百余两。然后在占城、满剌加国卖其私货,获取厚利。① 一年后,一艘去满剌加国的使船沉没,经专人调查,出使者为给事中林荣和行人黄乾亨,二人既自带私货,又收受商人重贿,让其随船出海,结果因人多货重,船在途中沉没,全船一千多人只生还二十四人,林、黄二人也丧身海底。② 在此之前,还揭露出家居的翰林院学士钱溥令其子以官盐牟利,并嘱托巡抚江南右副都御史毕亨传檄苏州府派卖一案。③

这几起案子,有两点值得注意:其一,当事人既不是主管部门的当权者,也不是主宰一方的地方官,而是身居言路、专门弹劾他人的科道官及身居清要位置的翰林官;其二,牟利手段主要不是贪赃受贿,也不是强取豪夺,而是利用职责之便,从事商业贸易,开了文官经商的先例。

三是弃学经商风气的兴起。以江西吉安为例。

江西吉安府素称文章礼仪之邦,是科举鼎盛之地。景泰时,泰和籍大学士陈循曾振振有词地寻找原因:"臣原籍江西及浙江、福建等处,自昔四民之中,其为士者有人,而臣江西颇多,江西各府而臣吉安府又独盛。盖因地狭人众,为农则无田,为商则无赀,为工则耻卑其门地,是以世代务习经史,父子、叔侄、兄弟、族姻自相为师友……皆望由科举出仕。"④习举业、入仕途很大程度上是为了

---

① 《明宪宗实录》卷二二〇,成化十七年十月丙辰。
② 谈迁:《国榷》卷三九。
③ 《明宪宗实录》卷一四五,成化十一年九月己未。
④ 《明英宗实录》卷二六八,景泰七年七月丙申。

解决生计,进入仕途后再生花利息。在户籍管理制度严格、自然经济占绝对统治地位的明前期,在受文章礼义传统强烈熏染的吉安,人无分贫富,均走读书做官这条本钱少、获利大的路。所以在明前期一百年的时间里,弹丸之地的吉安府,竟然考了四百七十七位进士,其中包括二十一名一甲进士、九名状元,分别占这一时期全国的十分之一、四分之一和三分之一。①

但是,随着商品经济的发展和市场的活跃,以及在流民运动冲击下户籍管理制度的松弛,这块地方的人们和其他地区的人们一样,逐渐发现做大生意固然需要大本钱,但做小生意却未必需要大本钱,而且未必不能大开张。有人还得出了这样一个结论:"士成功也十之一,贾而成功也十之九。"②大约在天顺、成化、弘治之际,在吉安府,在徽州府,在全国,开始卷起一股弃学经商的滚滚浪潮。放下书本去经商,熙熙攘攘为谋生,读书人在举业之外找到了一条既可解决生计、又可体现自我价值的新途径。

江右王门的卓荦人物罗洪先曾为其乡人吉水周宪(松冈)作过一个墓志铭,铭称周宪幼年丧父,兄弟三人均未长成,周宪与兄正习举业,一个弟弟才几岁,全家生计由寡母一人支撑。周宪自忖:"使予而儒,母氏劬劬;使予而商,身劬母康。吾何择哉!"遂弃学经商,独身走汉口,贷人子母钱,居奇化滞,家用得舒,母亲得息,兄长和弟弟也在他的资助下完成学业。③ 这个墓志铭作于嘉靖前期,按时间推算,周宪"自忖"及弃学经商当在成化时期。

约莫在同时,王门之学的开创者王守仁也作过一个相类似的墓表:"苏之昆山有节庵方公麟者,始为士,业举子。已而弃去,从

---

① 据《明清进士题名碑录》及顺治《吉安府志》、同治《吉安府志》统计。
② 《丰南志》第五册"百岁翁状",引自《明清徽商资料选编》。
③ 罗洪先:《念庵集》卷一六《董岭周君松冈墓志铭》。

其妻家朱氏居。朱故业商,其友曰:'子乃去士而从商乎?'翁笑曰:'子乌知士之不为商,而商之不为士乎?'"①这个墓表作于嘉靖四年(1525),按时间推算,方麟毅然冲破旧俗,从妻家居,并就此弃学经商,也是在成化时期。

"使予而儒,母氏劬劬;使予而商,身劬母康。""乌知士之不为商,而商之不为士乎?"这些由大儒们总结出来的格言,既为千百万士子指明了一条活路,又反映了社会关系的变化和人们价值观念的更新。

士既可为商,商也可为士。这种转换在景泰时便开始了。

景泰元年(1450)正月,因边事需饷,定输纳之例,舍人、军民纳粟纳马者"悉赐冠带,以荣其身",汉代的入粟拜爵故事一千余年后在明代重演。② 景泰四年,临清县县学生员伍铭等人提出,愿纳米八百石赈济灾民,条件是入国子监读书。政府应允了伍铭等人的要求,并告示全国各布政司及直隶府、州、县学的生员,凡有能运米八百石(后减至五百石或马七匹)于临清、东昌、徐州三处赈灾者,均可入国子监读书。③ 从此,国子监内多了一种"例监"。但这时只允许官学"生员"纳粟入监。到成化,"白身"即非在学生员也可加倍输纳入国子监,称"俊秀子弟"。由于完完全全是以钱米换取入学资格,"俊秀子弟"们被士子视为"异类",国子监从此也被戏称有"铜臭"味。④

但是,改弦易辙的商人及商人子弟入监后,却以自身的努力令士子们刮目相看。成化五年(1469)殿试,山西安邑人张瓒凭真功

---

① 王守仁:《阳明全书》卷二五《节庵方公墓表》。
② 《明英宗实录》卷一八七,景泰元年正月壬寅。
③ 《明英宗实录》卷二二八,景泰四年四月己酉。
④ 《万历野获编》卷一五《(科场)纳粟民生高第》。

夫进入首甲,但因是"例监"出身而被抑为二甲第二名。成化二十二年(1486),北京国子监的"俊秀子弟"、年过不惑的江西南城人罗玘力挫群英,在人才济济的顺天乡试中得了解元,第二年京闱考中进士,选庶吉士,入翰林院读书。其策论"理既明畅,词亦奇古",文名震海内,学者称"圭峰先生"。①

这两件事在明朝科举史上具有划时代的意义,捐纳既为商人及其子弟入仕开辟了道路,张瓒与罗玘的成功又使他们完全有资格在同一层次上与士人对话,人们不再敢轻视"例监"。

当时的另一个规定是,京官三品以上任久绩著者可荫一子入国子监读书。成化二十年(1484)七月礼部尚书周洪谟对此作了评说:

> 近例文职三品以上历任年深者得遣一子入监读书。后复奉旨,三品以上官果有政声显著者,许一子自陈,礼部仍依《诸司职掌》考试,有能通经书大义者方许入监,否则发回原籍为民,毋概奏扰。伏睹《诸司》所载荫子之法,二品官之子该授六品职,三品官之子该授七品职,考试本经或四书,能大义者即得授官。今乞恩入监者自坐班、历事、听选,通计十七八年方得授官,今又加以考试之严,则入皆畏惧,不敢乞恩,有孤朝廷盛典。故自成化三年再开恩例之后,迄今一十八年,大臣之子入监者不过六十余人。乞仍依近例,凡大臣已经考满、准给诰命者,许一子自陈,本部审其子可教者,奏请送监作养,庶大臣之子均荷造就之典,得预叙用之列。②

从这道奏疏可以看出,一方面是商人及其子弟可纳米入监,另

---

① 何良俊:《四友斋丛说》卷一〇《史六》。
② 《明宪宗实录》卷二五四,成化二十年七月戊戌。

一方面大臣荫子制度却趋于严格。在入国子监的问题上,三品京官未必抵得上五百石米或七匹马,难怪商人可以傲视品官。况且,随着官场风气的趋于腐败,既然做官是为了图财,那么只要能发财,又何必一定做官?从严格意义上说,经商而获得的商业利润比做官而牟取的赃款赃物,确实要干净得多。如果仅从这一点看,弃学经商比学而优则仕也确实光彩而坦荡得多。

与此同时,学术界也发生了新的变化。

成化二年(1466),广东新会县白沙里三十八岁的两度落第举人陈献章重游北京国子监,祭酒邢让令其试和宋代著名学者杨时的"此日不再得"诗。及见陈献章的和诗,邢让不禁大为惊讶:"即龟山(杨时号龟山先生)不如也!"扬言于朝,以为真儒复出。陈献章由是名动京师,新科状元罗伦及被选为庶吉士的进士章懋、庄㫤等均以为相见恨晚。虽然三年后陈献章会试再次下第,却名声不减。成化十八年(1482),广东布政使彭韶、巡抚都御史朱英先后向朝廷推举,说是"国以仁贤为宝,臣自度才德不及(陈)献章万万,臣居高位,而令献章老丘壑,恐坐失社稷之宝"。[1] 较之当年举朝皆望薛瑄和吴与弼,也有过之而无不及。

但陈献章的学问,虽然在为学目标上和宋元以来的理学家别无二致,也是旨在"作圣",即完成儒家一贯主张的伦理道德的修养;但为学方法却和具有官方哲学地位的朱熹理学异趣,而和陆九渊心学同旨。他的学说被社会所接受,其本身便反映了成化时社会观念及学术思潮的发展趋势,标志着明初朱子学说一统局面的结束及心学思潮的开始。[2] 正是在这种学术思潮以及产生这种学

---

① 黄宗羲:《明儒学案》卷五《白沙学案》。
② 参见侯外庐等:《宋明理学史》下卷一册第六章"陈献章的江门心学"。

术思潮的社会风尚中,才孕育出了震古烁今的王守仁心学。

1967 年在上海嘉定县明代宣姓墓葬中发现的成化七年到十四年北京永顺堂刊印的十三种说唱词话,以及现今所见明代最早的一批民间小曲、成化间金台鲁氏刊行的《新编四季五更驻云飞》《新编题西厢记咏十二月赛驻云飞》《新编太平时赛赛驻云飞》《新编寡妇烈女诗曲》等四种民歌集,①则可以看出市民意识和市民文学在压抑一百年后的重新抬头。

成化时期社会风尚的变化以及由此而出现的一系列新事物、新思潮,预示着一个新时代的到来。但是,成化时社会风尚的变化却又注定不可能将明代社会引向近代社会。如果在这部传记中对此展开讨论,显然是不适宜的,这里只举出一个实例,来说明成化以后社会问题的走向。

成化二年十二月商人吕铭等人买通宦官,得以运米辽东,中纳当年两淮运司存积盐五万五千引。这件事无论从哪个方向发展,都具有重要意义。如果明政府以此为开端,开放盐禁,给盐商以公平竞争的全国性市场,那么很可能使商业活动按自身的规律发展,从而开始由农业社会到商业社会乃至工业社会的过渡。但这在当时却是完全不可能的。排除所有非政治因素,仅仅是当政者的态度,便足以堵塞这条道路。

一方面,自认为是奉公守法的官员坚持祖宗成法,不容许有人危害国家的专卖权。但是,他们只能抵制住一般商人的要求和分量不足的权贵的压力,却抵制不住大商人和包括皇帝在内的大权贵的压力,国家禁榷政策必须向他们开放。另一方面,大商人和权贵们也不希望政策的全面开放,他们需要禁榷政策下的不平等竞

---

① 　参见刘大杰:《中国文学发展史》第二十六章"明代的散曲与民歌"。

争,以牟取暴利。因此,权势和金钱一开始便纠结在一起,官与商一开始便进行联姻,经济规律自始至终受到政治权力的强有力的干预。所不同的是,政治"清明"如洪武时,干预是单轨的,政治趋于腐败如成化时,干预是双轨的。

顾炎武《天下郡国利病书》引用了一段在明朝中后期十分流行的话:"农事之获利倍而劳最,愚懦之民为之;工之获利二而劳多,雕巧之民为之;商贾之获利三而劳轻,心计之民为之;贩盐之获利五而无劳,豪猾之民为之。"①这段话的意义不但在于反映了人们对社会分工的认识,更主要是揭示了"获利"的手段和利润之间的关系。一般的商业利润固然高于农业和手工业,但比起盐业及其他垄断性行业,却又相差甚远。由于高额利润不是靠平等竞争而是靠政治权力的赋予,这种利润便不易投入产业部门,而是继续投入与权力的交换。因而,商业活动的表象繁荣,不但不可能推动社会生产力的进步和生产关系的变革,相反,只能导致社会道德的堕落、政治权力的腐败,最终也导致经济本身的崩溃。但是,由于这种作用是一个缓慢的渐进过程,成化朝的君臣们是预测不到的。他们留给弘治朝君臣的,乃是一个外无强敌、内无大敌、百业兴旺、万民乐业的太平世道。

---

① 顾炎武:《天下郡国利病书》原编第四册《苏上》。

明宪宗大事年表

正统十二年（1447）　1岁

　　十一月初二日生,名见深,母周氏。

正统十三年（1448）　2岁

　　四月,南、北直隶及河南、山东、湖广旱蝗,陕西、江西大水。五月,以钞法不通,禁用铜钱。七月,黄河决大名,淹三百里;又决新乡、荥泽,淹二千余里。八月,江西建昌人邓茂七在福建沙县聚众起事,称"铲平王"。

正统十四年（1449）　3岁

　　二月,御史丁瑄、指挥刘福击杀邓茂七。五月,命司礼监太监金英同法司录囚,内官录囚遂为永制。八月,英宗祁镇亲征瓦剌,兵溃土木堡,被俘。皇太后命郕王祁钰监国、立见深为皇太子。九月,郕王即皇帝位,遥尊祁镇为太上皇。十月,也先犯京师,兵部尚书于谦督诸将击却之。

景泰元年（1450）　4岁

　　正月,以边事需饷,始定输纳之例,军民纳粟、纳马给冠带。八月,太上皇(祁镇)还京师,居南宫。

景泰二年（1451）　5岁

景泰三年（1452）　6岁

　　五月,废皇太子见深为沂王,立皇子见济为皇太子。十二月,始立团营,武臣、内臣分统,于谦及武清侯石亨,太监刘永

318

诚、曹吉祥节制。

景泰四年（1453）　7 岁

三月,巡抚凤阳等处佥都御史王竑赈凤阳、淮安、徐州及山东、河南饥民,全活二百一十万人。四月,为赈济徐淮灾民,始令生员纳粟入国子监。八月,也先自称大元田盛（天圣）大可汗。十一月,皇太子见济死。

景泰五年（1454）　8 岁

五月,礼部郎中章纶、御史钟同请复沂王见深为皇太子,下锦衣卫狱。七月,南京大理少卿廖庄上疏,请令沂王见深亲儒臣、习书策。十月,也先被其部下所杀,蒙古瓦剌部衰落,鞑靼部渐盛。

景泰六年（1455）　9 岁

七月,右佥都御史徐有贞治黄河沙湾（今山东阳谷县东南）决口成功,水患为息,一百数十万顷良田获耕。刑科给事中徐正请迁沂王于所封之地,以绝人望,谪戍铁岭卫。八月,廖庄以母丧赴京,杖于廷,并杖章纶、钟同于狱。

景泰七年（1456）　10 岁

十二月,景帝病重。

景泰八年　天顺元年（1457）　11 岁

正月,群臣集议,请复立沂王为太子。武清侯石亨、左副都御史徐有贞等拥英宗复位,是为"夺门之变"。杀兵部尚书于谦、大学士王文。二月,罢团营。三月,复立沂王见深为皇太子,更名见濡。

天顺二年（1458）　12 岁

四月,皇太子出阁讲读。复设巡抚官,以京官巡抚地方。八月,大学士李贤、彭时为总裁官,修《大明一统志》,书成,共九十卷。十月,遣锦衣卫官四出刺事,李贤请罢,不许。

天顺三年(1459) 13 岁

十月,命法司令廷臣霜降后录重囚,称"朝审",遂为定制。

天顺四年(1460) 14 岁

正月,下石亨于锦衣卫狱,不久死于狱中。

天顺五年(1461) 15 岁

七月,太监曹吉祥从子曹钦发动兵变,为怀宁伯孙镗所杀。磔曹吉祥,夷其族。

天顺六年(1462) 16 岁

九月,以告讦日盛,狱舍囚多,于城西武库隙地扩建锦衣卫狱。

天顺七年(1463) 17 岁

二月,会试,贡院起火,烧死举子九十余人。十一月,大藤峡瑶民攻入梧州,官军不敢敌。

天顺八年(1464) 18 岁

正月,英宗去世,太子见深继位,是为宪宗纯皇帝。以明年为成化元年。侍读学士钱溥以交结内官谪顺德知县,兵部侍郎韩雍坐累贬浙江参政。二月,始以内批授官,自后相继不绝,称"传奉官"。下锦衣卫指挥佥事门达于狱。三月,放还选取宫人及没官妇女。毁西城锦衣卫新狱。复立团营,会昌侯孙继宗同太监刘永诚总管提督,十二营各由侯、伯、都督等官坐营团练,御史各一人巡察,旋命内官各一人坐营管操。五月,葬英宗于裕陵。六月,理学家薛瑄病逝。七月,立吴氏为皇后。八月,始御经筵。废皇后吴氏。十月,立王氏为皇后。立武举法。以没入曹吉祥地为宫中庄田,"皇庄"之名自此始。此后,外戚、宦官多夺民地为庄田。十一月,南京给事中王徽、王渊等以言事下狱,谪远州判官。是年,四川赵铎起事,自称"赵王",次年中伏死。

成化元年(1465) 19岁

正月,都督赵辅充总兵官,韩雍以佥都御史赞理军务,讨大藤峡瑶民。二月,雪已故兵部尚书于谦狱。三月,四川"山都掌蛮"起事。幸太学。荆襄流民起事,刘通称"汉王"。十二月,韩雍攻入大藤峡,改名"断藤峡"。抚宁伯朱永充总兵官,工部尚书白圭提督军务,讨荆襄流民。

成化二年(1466) 20岁

正月,更定团营制,十二营团练军称"选锋",不入选者归三大营"老家"供役。皇长子生,母万氏。复三品荐举方面官之例。三月,册封万氏为贵妃。选延绥民壮编成什伍,号"土兵"。闰三月,朱永、白圭破荆襄流民,刘通被俘。五月,翰林院修撰罗伦因夺情事劾大学士李贤,谪福建市舶司副提举。六月,彰武伯杨信充总兵官,往延绥讨鞑靼毛里孩部。八月,遣兵部尚书王复、左都御史李秉整饬延绥、大同边备。十月,石和尚被俘,荆襄事平。十一月,皇长子死,万皇妃擅宠如故。十二月,大学士李贤卒。

成化三年(1467) 21岁

正月,廷议复套,命抚宁侯朱永充总兵官,副都御史王越参赞军务,讨毛里孩。二月,湖广总兵官李震破靖州苗。大学士刘定之请经筵照例赐宴,"毋烦玉音",自是君臣之间无一词相接。三月,复开浙江、福建、四川、云南银场,以内臣领之。五月,荆门州学训导高瑶请复景帝帝号。六月,襄城伯李瑾充总兵官,兵部尚书程信提督军务,讨山都掌蛮。八月,《英宗睿皇帝实录》成。九月,提督军务左都御史李秉、靖虏将军总兵官赵辅破建州女真,斩指挥使董山、李满住。十二月,翰林院编修章懋、黄仲昭,检讨庄昶疏谏上元张灯,杖于阙下。是年,南京佥都御史高明平定盐民起事。

成化四年(1468) 22 岁

三月,以水旱免湖广税粮一百余万石。诏“中外势家毋得擅请田土”。从提督两广军务韩雍议,两广分设巡抚。四月,庆云伯周寿以太后弟冒禁求涿州田六十余顷,许之。加番僧封号。四川“山都掌蛮”败散。六月,以旱灾免江西秋粮二百八十万石。开城“土达”满俊反。钱太后死,经科道官八十人伏哭文华门外,得与英宗合葬。十月,吏部考核诸司,斥罢中外听选官三百余人。十一月,总督军务副都御史项忠等讨平满俊。十二月,朝鲜国王李瑈卒,遣中官册封其世子李晃为王,旋命今后册封正副使不用中官,著为令。

成化五年(1469) 23 岁

正月,吏部尚书李秉以考核遭谤,致仕。四月,皇子祐极生,母贤妃柏氏。正一嗣教真人张元吉坐杀四十余人下狱论死。八月,太后弟周彧乞武强、武邑二县地六百余顷,经复勘均为民田,不许。十一月,两广设总督,开府梧州,为永制。是年,理学家吴与弼卒。

成化六年(1470) 24 岁

二月,因灾荒严重,遣使分巡直省,考察官吏,访军民疾苦。三月,抚宁侯朱永充总兵官,右副都御史王越参赞军务,备边延绥。是夏,北直隶、山东、河南旱涝相仍,民食草木几尽。七月,皇子祐樘生,母纪氏。十月,以旱灾免河南、山东军民税粮七十七万五千余石。十一月,李原称“太平王”,在荆襄聚众起事。命右都御史项忠总督河南、湖广、荆襄军务,会兵征剿。是年,河套鞑靼部多次犯延绥、甘肃诸边。是年,画家、文学家唐寅、书画家文徵明生。

成化七年(1471) 25 岁

正月,复正统时例,命京官五品以上及科道官各举堪为州县官者一人。二月,复设九江、苏州、杭州钞关(设于宣德时,成化四年罢)。三月,遣官于芜湖、沙市、杭州三处抽分竹木。是春,以京师连年饥馑,发仓粟八十万石平粜。七月,项忠在荆襄招抚流民九十三万。九月,始定漕粮长运法。十月,以王恕为刑部左侍郎,治理运河。十一月,立皇子祐极为皇太子。项忠奏平荆襄。十二月,因星变,避正殿、撤乐,应群臣之请,召大学士彭时、商辂、万安于文华殿,此后不复召见大臣。是年,安南王黎灏攻破占城。

成化八年(1472) 26 岁

正月,皇太子祐极卒,传言为贵妃万氏所害。二月,兵部尚书白圭请发京、边军十万屯延绥搜套,输饷于河南、山西,内地骚然。三月,以皇太子出葬,殿试由初一改为十五日。四月,定五年一遣京官往各地录囚之制。五月,命武靖侯赵辅充总兵官、都御史王越总督军务,节制陕西、延绥、宁夏诸边军马搜套。七月,南畿大风雨,坏天地郊坛、孝陵庙宇,苏、松、扬三府及浙江大水,溺死近三万人。九月,遣使谕安南,令归所侵占城地,为安南守关者所阻,不得入。巡抚延绥右副都御史余子俊请修边墙。十一月,以宁晋伯刘聚代赵辅为总兵官,屯延绥。十二月,京师设二巡抚,分驻遵化、真定,为定制。定运粮京师,年额四百万石。是年,哲学家、教育家王守仁生。

成化九年（1473） 27 岁

正月,吐鲁番酋长阿力据哈密城,哈密告难,遣使谕之。四月,以山东饥,全免当年税粮。九月,王越袭河套鞑靼于红盐池。淮、徐、临、德四仓支运七十万石之米悉改长运(又名"改兑",即改水次交兑)。十二月,以北京、山东、河南等处水旱,免征民间马课。是冬,以吐鲁番阿力抗不奉命,合赤斤、罕东诸部讨之。

成化十年（1474） 28 岁

正月,命王越总制延绥、甘肃、宁夏三边,三边设总制自此始。五月,申藏妖书之禁。免山西、陕西被灾税粮一百三十万石。闰六月,余子俊修延绥边墙成。七月,免江西被灾税粮八十六万石。九月,以水灾免南直隶苏、松、常、镇四府被灾秋粮四十三万余石。诏侯、伯及驸马年少者皆入国子监读书。十月,都督同知李文讨吐鲁番,不克而还。十二月,罢采金之役,时于湖广宝庆等地开采,岁役五十五万人,死者无算,仅得金三十余两。

成化十一年（1475） 29 岁

正月,以哈密失国,人民流移,命其酋长罕慎权主国事,给衣粮谷种。二月,禁酷刑,除人命奸盗死罪外,其余只用鞭朴。闭河南等处银矿。三月,大学士彭时卒。四月,《宋元通鉴纲目》成,自制序文。五月,召见皇子祐樘于西内。八月,浚通惠河。鞑靼遣使通贡,边患稍息。福建大疫,延及江西,死者无算。十一月,立皇子祐樘为皇太子。十二月,复景泰帝帝号。

成化十二年（1476） 30 岁

三月,湖广总兵官李震破靖州叛苗。五月,命左副都御史原杰抚治荆襄流民。六月,浚通惠河成。七月,京师黑眚见。九月,始命太监汪直刺事。十二月,开设郧阳府。

成化十三年(1477)　31 岁

正月,以水灾免浙江税粮四十一万石。置西厂,以汪直督之,屡兴大狱。闰二月,免山东被灾税粮四十一万石。三月,免河南被灾税粮三十九万石。四月,甘肃地裂,宁夏地震,榆林、凉州及山东沂州属县同日地震。五月,罢西厂。六月,复设西厂。大学士商辂致仕。七月,诏翰林院会同内阁考察属官。八月,以应天之淮安、扬州、徐州、凤阳及山东兖州水灾,分遣刑部郎中张文等驰往,发仓粟赈民。以吐鲁番久据哈密,命边臣筑城苦峪谷,移哈密卫治之。十二月,以水灾免苏、松、常、镇四府夏税五十余万石。

成化十四年(1478)　32 岁

正月,吏部考察朝觐官,奏免二千余人。二月,皇太子出阁讲学。三月,复开辽东马市,从朵颜三卫之请。以浙江饥馑,罢采花木之役。五月,汪直奏武举设科,分乡、会、殿试,如文科例。六月,汪直巡边辽东。四川巡抚张瓒平松潘苗民。七月,命郎中林孟乔等赈灾京畿、山东。江西人杨福伪称汪直,威福大张,为福建镇守太监卢胜所执。八月,遣南京刑部侍郎金绅巡视江西水灾。九月,黄河决开封城堤。十二月,免北京被灾税粮二十万石。是年,给事中冯义、行人张瑾出使占城、满刺加,携私货以售,又受贿占城。吐鲁番酋长阿力死,子阿里麻嗣,遣使来贡。

成化十五年(1479)　33 岁

四月,以方士李孜省为太常寺丞。五月,兵部侍郎马文升、巡抚苏松副都御史牟俸为汪直等人构陷,下狱谪戍,科道官五十六人以互相容隐廷杖。七月,命汪直行边大同、宣府。九月,四川播州苗民起事。闰十月,汪直、朱永及巡抚辽东右副都御史陈钺等出塞击女真,掩杀贡使。是年,免山东、湖广、广东、河南、南京灾区税粮一百四十万石。安南遣兵侵入云南蒙自边界,筑室据居,边臣力止,始退。

成化十六年(1480)　34岁

正月,鞑靼亦思马因部扰延绥,命朱永、汪直、王越讨之。女真各部入云阳堡骚扰杀掠。二月,王越、汪直袭破亦思马因于威宁海子。六月,禁贵戚势家侵占民田。七月,倭寇扰福建。十二月,广西田州土官黄明聚众发难,旋败。是年,免湖广、河南灾区税粮一百一十余万石。

成化十七年(1481)　35岁

二月,南京、凤阳、庐州、淮安、扬州、和州、兖州及河南州县同日地震。遣官分核天下库藏出纳。王越、汪直等击溃鞑靼于黑石崖。四月,定五年大审之例,以丙、辛年行之。十一月,取太仓银三分之一入内库。是年,以方士李孜省为右通政、道士邓常恩为太常寺卿,方伎、僧、道日渐用事。免山西、浙江灾区税粮九十五万石及湖广税粮十分之六。书谕安南还老挝、占城侵地。

成化十八年(1482)　36岁

三月,巡抚苏松副都御史王恕奏免所属府州秋粮六十余万石,周行赈贷,全活二百余万口。罢西厂。四月,哈密故王子罕慎寄居苦峪十年,得甘肃总兵官王玺之助,复哈密城,还居故土。六月,亦思马因扰延绥,被扼于边墙,大败。八月,京畿、河南大水,漂损庐舍数十万间,淹死军民一万多人。闰八月,诏天下刑官毋滞讼,有滞讼半年以上者,巡按御史奏闻逮治。十月,取太仓银四十万入内库。十二月,御制《文华大训》成,以教皇太子。是年,免山西被灾夏粮五十四万石及山东、河南、北京、陕西、辽东灾区税粮。

成化十九年(1483) 37岁

三月,禁宦官牟利中盐。五月,命司礼监太监怀恩同户部尚书余子俊查阅京营之弊。六月,调汪直南京御马监,旋贬为奉御,其党皆罢黜。七月,鞑靼小王子犯大同,官军败,命朱永率京军御之。八月,官兵击败小王子。九月,中官王敬、术士王臣等以购书采药骚扰江南,旋为东厂所发,王臣弃市。理学家陈献章至京,授翰林院检讨放归。十二月,罢传奉官。

成化二十年(1484) 38岁

正月,京师永平诸府及宣府、大同、辽东同日地震。掌东厂司礼太监尚铭谪充南京净军。三月,理学家余干、处士胡居仁卒。五月,起马文升为左副都御史,巡抚辽东,民皆鼓舞。六月,设云南孟密安抚司(今属缅甸)。七月,以旱灾停陕西岁办物料。十月,刑部员外郎林俊以劾僧继晓下狱,谪云南。鞑靼诸部复入居河套。十一月,封罕慎为哈密忠顺王。是年,以山东、湖广、河南、陕西、山西及京畿、江北各省灾伤迭告,遣官赈济,免税粮一百余万石,又预度僧、道六万人赈灾。

成化二十一年(1485) 39岁

正月,元旦傍晚星变。大赦天下,诏群臣极言时政,行宽恤之政。遣户部左侍郎李衍等赈山西、陕西、河南饥。廷臣各应诏上封事。降李孜省上林监丞,僧继晓黜为民,罢斥传奉官。二月,余子俊请于宣、大筑边墙。闰四月,开纳米例,赈河南饥。六月,命武臣纳粟袭军职。诏:"盛夏祁寒,朝臣所奏毋得过五事。"九月,大学士刘珝被倾轧致仕。十月,复李孜省左通政、邓常恩太常卿,被罢传奉官纷纷起用复职,大臣相继被逐。是年,免南京、山东、山西、河南、陕西、四川灾区税粮三百余万石。

成化二十二年（1486） 40岁

四月,清畿内勋戚庄田。五月,吏部尚书尹曼为大学士万安及李孜省构陷致仕。九月,中旨罢南京兵部尚书王恕,兵部尚书马文升改南京。十一月,占城王古来为安南所逼,来奔。

成化二十三年（1487） 41岁

正月,万贵妃暴卒。遣南京都察院右都御史屠滽护送占城王古来归国。五月,朵颜三卫为鞑靼所追,走避边塞,诏给刍粮,令于近边地驻牧。七月,封皇子五人为王,以年幼不之国。八月十三日,病重不视朝。二十二日,病逝。九月,皇太子祐樘即皇帝位,是为孝宗敬皇帝,以明年为弘治元年。斥逐诸佞倖李孜省及太监梁芳、外戚万喜等。上大行皇帝尊谥"纯皇帝",庙号"宪宗"。十月,汰传奉官二千余人,罢遣禅师、真人、法王、国师等一千四百余人。尊皇太后周氏为太皇太后,皇后王氏为皇太后。十二月,葬纯皇帝于茂陵。

参考文献

（汉）班固：《汉书》，中华书局标点本 1962 年版。

（清）张廷玉等：《明史》，中华书局标点本 1974 年版。

《明实录》（太祖至神宗），南京图书馆藏钞本，江西师范大学图书馆藏。

《明太祖宝训》，台北"中央研究院"史语所校勘本，上海书店出版社 1982 年版。

《明宪宗宝训》，台北"中央研究院"史语所校勘本，上海书店出版社 1982 年版。

弘治《明会典》，文渊阁四库全书，上海古籍出版社影印本。

万历重修《明会典》，中华书局 1989 年影印本。

《御批通鉴辑览》，文渊阁四库全书，上海古籍出版社影印本。

（明）陈子龙：《明经世文编》，中华书局 1962 年版。

（明）陈洪谟：《治世余闻》《继世纪闻》，中华书局 1985 年版。

（明）程敏政：《篁墩文集》，文渊阁四库全书，上海古籍出版社影印本。

（明）邓士龙辑，许大龄、王天有主点校：《国朝典故》，北京大学出版社 1993 年版。

（明）顾起元：《客座赘语》，中华书局 1987 年版。

（明）韩昂：《图绘宝鉴续编》，文渊阁四库全书，上海古籍出版社影印本。

（明）何良俊：《四友斋丛说》，中华书局1959年版。

（明）焦竑：《献徵录》，上海书店出版社1987年版。

（明）李开先：《李开先集》，中华书局1959年版。

（明）李贤：《古穰集》，文渊阁四库全书，上海古籍出版社影印本。

（明）李东阳：《怀麓堂集》，文渊阁四库全书，上海古籍出版社影印本。

（明）李清馥：《闽中理学渊源考》，文渊阁四库全书，上海古籍出版社影印本。

（明）李时珍：《本草纲目》，重庆大学出版社1995年版。

（明）李诩：《戒庵老人漫笔》，中华书局1982年版。

（明）廖道南：《殿阁词林记》，文渊阁四库全书，上海古籍出版社影印本。

（明）林俊：《见素集》，文渊阁四库全书，上海古籍出版社影印本。

（明）刘若愚：《酌中志》，北京古籍出版社1994年版。

（明）陆容：《菽园杂记》，中华书局1985年版。

（明）陆深：《俨山外集》，文渊阁四库全书，上海古籍出版社影印本。

（明）马文升：《端肃奏议》，文渊阁四库全书，上海古籍出版社影印本。

（明）彭时：《彭文宪笔记》，中华书局1985年版。

（明）瞿佑等：《剪灯新话（外二种）》，上海古籍出版社1981年版。

（明）沈德符：《万历野获编》，中华书局1959年版。

（明）宋应星：《天工开物》，广东人民出版社1976年版。

（明）王錡：《寓圃杂记》，中华书局 1984 年版。

（明）王家彦：《王忠端公文集》，清顺治十六年本。

（明）王恕：《王端毅奏议》，文渊阁四库全书，上海古籍出版社影印本。

（明）王士性：《广志绎》，中华书局 1981 年版。

（明）王世贞：《弇山堂别集》，文渊阁四库全书，上海古籍出版社影印本。

（明）王世贞：《弇州四部稿》，文渊阁四库全书，上海古籍出版社影印本。

（明）王世贞：《弇州续稿》，文渊阁四库全书，上海古籍出版社影印本。

（明）王守仁：《王阳明全集》，上海古籍出版社 1992 年版。

（明）汪砢玉：《珊瑚纲》，文渊阁四库全书，上海古籍出版社影印本。

（明）叶盛：《水东日记》，中华书局 1997 年版。

（明）于慎行：《谷山笔麈》，中华书局 1984 年版。

（明）余继登：《典故纪闻》，中华书局 1981 年版。

（明）张瀚：《松窗梦语》，中华书局 1985 年版。

（明）郑晓：《今言》，中华书局 1984 年版。

（明）朱谋垔：《画史会要》，文渊阁四库全书，上海古籍出版社影印本。

（明）朱国祯：《涌幢小品》，中华书局 1959 年版。

（清）顾炎武：《顾亭林诗文集·亭林文集》，中华书局 1959 年版。

（清）顾炎武：《日知录》，上海古籍出版社 1985 年版。

（清）谷应泰：《明史纪事本末》，中华书局 1977 年版。

（清）黄虞稷：《千顷堂书目》，上海古籍出版社影印本。

（清）黄宗羲：《明儒学案》，中华书局 1985 年版。

（清）夏燮：《明通鉴》，中华书局 1959 年版。

（清）谈迁：《国榷》，中华书局 1958 年版。

（清）查继佐：《罪惟录》，浙江古籍出版社 2012 年版。

（清）赵翼：《廿二史札记校证》，中华书局 1984 年版。

（清）赵翼：《陔余丛考》，上海古籍出版社 2011 年版。

正德《瑞州府志》，《天一阁藏明代地方志选刊续编》，上海书店出版社 1990 年版。

嘉靖《池州府志》，《天一阁藏明代地方志选刊》，上海书店出版社 1981 年版。

嘉靖《（广信）永丰县志》，《天一阁藏明代方志选刊》本，上海书店出版社 1982 年版。

雍正《畿辅通志》，文渊阁四库全书，上海古籍出版社影印本。

雍正《江南通志》，文渊阁四库全书，上海古籍出版社影印本。

雍正《江西通志》，文渊阁四库全书，上海古籍出版社影印本。

雍正《河南通志》，文渊阁四库全书，上海古籍出版社影印本。

白寿彝总主编：《中国通史》，上海人民出版社 1993 年版。

方志远：《明代城市与市民文学》，中华书局 2004 年版。

方志远：《明代国家权力结构及运行机制》，中国科学出版社 2008 年版。

方志远：《明清湘鄂赣地区的"讼风"》，《文史》2004 年第 3 辑，中华书局 2004 年版。

傅衣凌：《从中国历史的早熟性论明清时代》，《明清史国际学术讨论会论文集》，天津人民出版社 1982 年版。

孟森：《明清史讲义》，中华书局 1981 年版。

[美]牟复礼、崔瑞德主编:《剑桥中国明代史》,张书生等译,中国社会科学出版社 1992 年版。

张德信:《明朝典制》,吉林文史出版社 1998 年版。

张显清、林金树主编:《明代政治史》,广西师范大学出版社 2003 年版。

郑克晟:《明代政争探源》,天津古籍出版社 1988 年版。

后　记

　　作为君主,明宪宗成化帝朱见深在中国历史上是默默无闻、无所作为的。即使在明代的十六位皇帝中,他也并不引人注意。但作为人,他又是有血有肉有情感有个性的。一方面,他不得不接受命运的安排,以及祖宗法度、圣贤道理的限制;另一方面,又不甘心命运的摆布和陈规的束缚,时有令人瞠目结舌的举动。

　　作为一个时代,明宪宗成化时期是一个没有权威、被人忽视的时代,但又是一个充满活力、极富特色的时代。明朝乃至明、清两代的历史,正是在这一时期开始发生转折;同时,这一转折的方向和终结,也可以通过这一时期的现象做出预测。由于这种转折不是由叱咤风云的伟人所推动,也不是以惊天动地的事件为标志,而是由社会内部自身的矛盾运动并通过无数琐细小事所表现,故而滑出了人们的研究视野。

　　选择这样一个人物和这样一个时代,在已往的人物传记和史学论著中是不多见的。但是,中国历史上的帝王又以默默无闻、无所作为者居多,中国历史上富有转折性的时代也多是没有权威、被人忽视的时代。因此,研究这样一个人物和这样一个时代,将对认识中国历史的发展规律提供一些新的启迪,也可为读者提供一些了解中国历史发展的新角度和新素材。

　　本书是帝王传记,因此,理应对作为帝王的成化帝一生所经历的重要政治事件及其特有的统治风格进行全面叙述和公允评价。

本书又是人物传记,因此,也理应通过生活细节和感情纠葛来揭示其性格特征。将君临天下至高无上的帝王和具有七情六欲、喜怒哀乐的常人有机统一起来,是本书力求实现的目标之一。

以传主的活动为线索,反映出一个时代的全貌,并揭示二者之间的关系,是本书力求实现的第二个目标。成化帝在位的二十三年,既是明朝经历了土木之变的社会危机和夺门之变的政治动荡之后,重新趋于稳定并开始长时期经济持续发展的过渡时期,又是社会经历了近一个世纪的冷酷严峻时代后,向嘉靖、万历自由奔放时代转变的过渡时期。在这个时期,国家的政治决策机制、军事组织形式、财政管理方针,以及社会经济结构、人们的思维方式和价值观念,均发生了重要变化,阶级关系、民族关系和统治阶级内部的派系斗争,也出现了新的态势。这些,理应在本书得到如实的记叙。

历史科学的严肃性和历史本身的生动性,要求本书应该用流畅的文字和轻松的笔调向读者展示一个活生生的人和一个真实的时代。游刃于学术性和可读性之间,是本书力求实现的第三个目标。

但是,理想和实际总是无法完全统一的。在写作过程中,最感到困难的乃是传主本人。这是个见首不见尾的人物,公开的活动极少,而且没有完整的著作传世。至于他的"上谕""御批",究竟哪些出自他本人的手笔,哪些又是大学士和司礼监太监们的代笔,也实在难以考辨。其次是材料的取舍。作为帝王,在位时发生的重大社会问题和政治事件,应该说都和他有关系;而作为人物传记,又不能用大量的与传主无直接关系的事情将传主淹没。最后还有作者自身的专业习惯。一般来说,文学传记唯恐过实,首先考虑的是人物形象;史学传记唯恐失真,首先考虑的是历史原貌。将二者结合起来,是一个十分需要却又不易做好的事。写完此书以后,自忖是尊重了历史真实,但人物形象是否鲜明,心中实在无底,有待读者评论。

在本书的写作过程中,自始至终得到业师欧阳琛教授的关注。先生多次和我讨论对明宪宗及成化时代的看法,本书的不少论点是在他的启发下形成的。谢宏维教授对本书的出版做了诸多工作,方兴副研究员校订了全稿,并订正了一些错误。我的不少学生主动承担了摘抄资料和誊录文稿的烦琐事项,本书有他们的汗水,在此谨致谢意。

方志远

2019 年 3 月 31 日

于江西师大东区寓所

责任编辑:赵圣涛

封面设计:王欢欢

责任校对:吕　飞

图书在版编目(CIP)数据

明宪宗传/方志远 著. —北京:人民出版社,2019.10

ISBN 978－7－01－021144－2

Ⅰ. ①明…　Ⅱ. ①方…　Ⅲ. ①明宪宗(1447－1487)－传记

　Ⅳ. ①K827＝48

中国版本图书馆 CIP 数据核字(2019)第 175051 号

明宪宗传

MINGXIANZONG ZHUAN

方志远　著

人 民 出 版 社 出版发行

(100706　北京市东城区隆福寺街 99 号)

北京中科印刷有限公司印刷　新华书店经销

2019 年 10 月第 1 版　2019 年 10 月北京第 1 次印刷

开本:880 毫米×1230 毫米 1/32　印张:10.625

字数:310 千字

ISBN 978－7－01－021144－2　定价:69.00 元

邮购地址 100706　北京市东城区隆福寺街 99 号

人民东方图书销售中心　电话 (010)65250042　65289539